CNB
533
교회의 정체성과 역사성 확립
신자의 신앙생활 위한 길잡이

KB208416

교회헌법 해설

이 광 호

한국개혁장로회
Korea Reformed Presbyterian Church

2018년

교회와성경

지은이 | 이광호

영남대학교와 경북대학교대학원에서 법학과 서양사학을 공부했으며, 고려신학대학원 (M.Div.)과 ACTS(Th.M.)에서 신학일반 및 조직신학을 공부한 후 대구 가톨릭대학교 (Ph.D.)에서 선교학을 위한 비교종교학을 연구하였다. '홍은개혁신학연구원'에서 성경신학 담당교수를 비롯해 고신대학교, 고려신학대학원, 영남신학대학교, 브니엘신학교, 대구 가톨릭대학교, 숭실대학교 등에서 학생들을 가르쳤으며, 이슬람 전문선교단체인 국제 WIN선교회 한국대표를 지냈다. 현재는 실로암교회에서 담임목회를 하면서 한국개혁장 로회신학교 교장을 맡고 있으며 부경신학연구원에서 강의하고 있다.

저서

- 성경에 나타난 성도의 사회참여(1990)
- 갈라디아서 강해(1990)
- 더불어 나누는 즐거움(1995)
- 기독교관점에서 본 세계문화사(1998)
- 세계 선교의 새로운 과제들(1998)
- 이슬람과 한국의 민간신앙(1998)
- 아빠, 교회 그만하고 슈퍼하자요(1995)
- 교회와 신앙(2002)
- 한국교회 무엇을 개혁할 것인가(2004)
- 한의 학제적 연구(공저)(2004)
- 세상속의 교회(2005)
- 한국교회의 문제점과 극복방안(공저)(2005)
- 교회, 변화인가 변질인가(2015)
- CNB 501 에세이 산상수훈(2005)
- CNB 502 예수님 생애 마지막 7일(2006)
- CNB 503 구약신학의 구속사적 이해(2006)
- CNB 504 신약신학의 구속사적 이해(2006)
- CNB 505 창세기(2007)
- CNB 506 바울의 생애와 바울서신(2007)
- CNB 507 손에 잡히는 신앙생활(2007)
- CNB 508 아름다운 신앙생활(2007)
- CNB 509 열매 맺는 신앙생활(2007)
- CNB 510 웨스트민스터 신앙고백(2008)
- CNB 511 사무엘서(2010)
- CNB 512 요한복음(2009)
- CNB 513 요한계시록(2009)
- CNB 514 로마서(2010)
- CNB 515 야고보서(2010)
- CNB 516 다니엘서(2011)
- CNB 517 열왕기상하(2011)
- CNB 518 고린도전후서(2012)
- CNB 519 개혁조직신학(2012)
- CNB 520 마태복음(2013)
- CNB 521 히브리서(2013)
- CNB 522 출애굽기(2013)
- CNB 523 목회서신(2014)
- CNB 524 사사기, 룻기(2014)
- CNB 525 옥중서신(2014)
- CNB 526 요한 1, 2, 3서, 유다서(2014)
- CNB 527 레위기(2015)
- CNB 528 스코틀랜드 신앙고백서(2015)
- CNB 529 이사야(2016)
- CNB 530 갈라디아서(2016)
- CNB 531 잠언(2017)
- CNB 532 욥기(2018)

역서

- 모슬렘 세계에 예수 그리스도를 심자(Charles R. Marsh, 1985년, CLC)
  - 예수님의 수제자들(F. F. Bruce, 1988년, CLC)
  - 치유함을 받으라(Colin Urquhart, 1988년, CLC)

홈페이지 http://siloam-church.org

교회헌법 해설

CNB 533

교회헌법 해설

A Commentary on the Order of Church
by Kwangho Lee
Copyright ⓒ 2018 by Kwangho Lee

Published by the Church & Bible Publishing House

초판 인쇄 | 2018년 3월 1일
초판 발행 | 2018년 3월 10일

발행처 | 교회와성경
주소 | 평택시 특구로 43번길 90 (서정동)
전화 | 031-662-4742
등록번호 | 제2012-03호
등록일자 | 2012년 7월 12일

발행인 | 문민규
지은이 | 이광호
편집주간 | 송영찬
편집 | 신명기
디자인 | 조혜진

총판 | (주) 비전북출판유통
주소 | 경기도 고양시 일산서구 송산로 499-10 (우) 10212
전화 | 031-907-3927(대) 팩스 031-905-3927

저작권자 ⓒ 2018 이광호

ISBN 978-89-98322-22-9 93230

Printed in Seoul of Korea

CNB 시리즈
서 문

CNB The Church and The Bible 시리즈는 개혁신앙의 교회관과 성경신학적 구속사 해석에 근거한 신·구약 성경 연구 시리즈이다.

이 시리즈는 보다 정확한 성경 본문 해석을 바탕으로 역사적 개혁 교회의 면모를 조명하고 우리 시대의 교회가 마땅히 추구해야 할 방향을 제시함으로써 교회의 삶과 문화를 창달하는 것을 그 목적으로 하고 있다.

따라서 이 시리즈는 진지하게 성경을 연구하며 본문이 제시하는 메시지에 충실하고 있다. 그렇다고 이 시리즈가 다분히 학문적이거나 또는 적용이라는 의미에 국한되지 않는다. 학구적인 자세는 변함 없지만 궁극적으로 하나님의 나라를 지향함에 있어 개혁주의 교회관을 분명히 하기 위해 보다 더 관심을 가진다는 의미이다.

본 시리즈의 집필자들은 이미 신·구약 계시로써 말씀하셨던 하나님께서 지금도 말씀하고 계시며, 몸된 교회의 머리이자 영원한 왕이신 그리스도께서 지금도 통치하시며, 태초부터 모든 성도들을 부르시어 복음으로 성장하게 하시는 성령께서 지금도 구원 사역을 성취하심으로써 창세로부터 종말에 이르기까지 거룩한 나라로서 교회가 여전히 존재하고 있음을 그 무엇보다도 중요하게 여기고 있다.

아무쪼록 이 시리즈를 통해 계시에 근거한 바른 교회관과 성경관을 가지고 이 땅에 진정한 그리스도인의 삶과 문화가 확장되기를 바라는 바이다.

시리즈 편집인

김영철 목사, 미문(美門)교회 목사, Th.M.
송영찬 목사, 기독교개혁신보 편집국장, M.Div.
오광만 목사, 대한신학대학원대학교 교수, Ph.D.
이광호 목사, 실로암교회 목사, Ph.D.

교회헌법 해설

A Commentary on the Order of Church

2018년

교회와성경

머리말

지상 교회는 민주적인 방식으로 다스려지는 공동체가 아니며, 특정 개인이나 소수 집단이 종교적으로 지배하는 단체도 아니다. 그리고 교회를 위한 헌법은 단순히 지상 교회의 조직에서 발생한 것이 아니라 하나님의 말씀과 역사상의 참된 교회 가운데 질서를 유지하기 위한 방편으로 제정된 것이다.

우리가 기억해야 할 바는 교회의 헌법은 교회 질서와 밀접하게 연관되어 있다는 사실이다. 헌법은 성경의 교훈 아래 놓여 있으며 절대적인 성격을 지니지 않는다. 따라서 본질과 원리가 보존된다면 시대와 지역에 따라 약간의 변화가 나타날 수 있다.

지상 교회 내부에서 제정된 법은 일반 세속국가에서 일컫는 헌법과는 그 성격이 전혀 다르다. 세속국가의 헌법은 모든 하위법의 기초가 된다고 말할 수 있다. 그에 반해 교회의 헌법은 성경의 교훈에 따라 지상 교회를 보호하기 위해 존재한다.

그러므로 교회법은 가능한 한 단순해야 하며 성경의 원리 안에서 유연성이 있어야 한다. 법 조항이 지나치게 많아지거나 법률적으로 너무 구체화되어 경직되면 성경의 교훈을 침해할 우려가 따르게 된다. 그 법은 지상 교회를 보호하기 위한 최소한의 역할을 해야 하기 때문이다.

성경의 교훈을 근간으로 하여 공적으로 작성된 헌법은 주님의 사랑과 더불어 유연성을 유지하는 것은 매우 중요하다. 따라서 그 법이 지향하고 있는 바는 항상 성경의 교훈을 넘어서지 말아야 하며 교회 가운데 공적으로 공개된 상태에 있어야 한다. 그것을 통해 개인의 종교적인 성향으로 인한 일탈 행위를 방지할 수 있게 된다.

우리는, 지상 교회 가운데 질서를 위한 교회적인 약속이 필수적이라는 사실을 기억해야 한다. 또한 교회법이 얼마나 세련되게 만들어졌는가 보다는 그 약속이 얼마나 신실하게 잘 지켜지고 있는가 하는 점이 중요하다. 아무리 그럴듯한 법이라 할지라도 성도들이 그것을 올바르게 준수하지 않는다면 아무런 의미가 없다.

그러므로 교회의 헌법은 모든 세례교인들이 어느 정도 숙지하고 있어야 한다. 이 법은 목사와 장로를 비롯한 소수의 성도들만 알고 있어야 할 내용이 아니다. 신앙생활을 하며 자기가 속한 교회의 법질서를 알지 못한다면 원만한 신앙생활을 유지하기 어렵다.

우리가 또한 반드시 깨달아야 할 바는 우리의 교회 헌법이 완벽할 수는 없다는 사실이다. 하지만 본 교회에 속한 모든 성도들은 교회법에 대한 최대한의 존중감을 가지고 지키도록 힘써야 한다. 그것을 통해 교회가 잘못된 방향으로 흘러가지 않도록 하며 항상 자신을 돌아볼 수 있는 기능을 하게 되는 것이다.

본 헌법은 전문(前文)과 함께 본 교단의 '고백적 진술' 을 담고 있다. 그 안에는 신구약성경에 대한 절대적인 고백과 더불어 역사적 신앙고백서들과 교리문답서들이 포함되어 있다. 이는 성령 하나님께서 역사 가운데서 자신의 교회를 인도해 오신 신령한 흔적이라 믿기 때문이다. 또한 그 다음으로는 우리시대 교회가 처한 여러 형편들에 연관된 고백적 진술들이 나열되어 있다.

그리고 본 헌법에서는 교회 정치와 예배 모범에 관한 내용들을 규약적인 관점에서 기술하고 있다. 본 교단에 속한 교회와 성도들은 이 내용들을 어느 정도 기억하고 있어야 할 의무를 지닌다. 그것은 우리의 고백에 따라 교회를 보존하기 위한 목적과 더불어 모든 성도들의 신앙적인 권리와 의무를 다하게 하기 위함이다.

이에 대한 이해를 위해 본 책자가 성도들에게 약간의 도움이 되기 바란다. 앞으로 세월이 더 흐르게 되면 새로운 항목들이 추가될 수 있을 것이며 그것을 위해서는 적절한 개정이 필요할 것이다. 하지만 그것은 교회의 단순한 편의를 위한 것이어서는 안 되며 주님의 재림 때까지 지상 교회를 굳건히 보존하기 위한 것이어야 한다. 본 교단에 속한 모든 지교회들과 성도들은 이에 대한 분명한 깨달음을 가질 수 있어야만 한다.

2018년 3월
한국개혁장로회(KRPC) 실로암교회
이광호 목사

13

차 례

교회헌법

한국개혁장로회
Korea Reformed Presbyterian Church

❧ 목 차 ❧

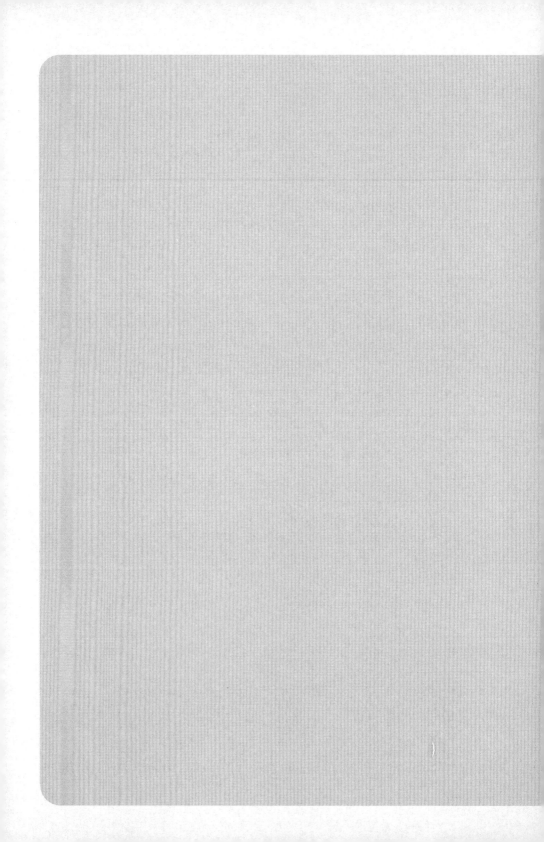

전 문

전 문

　21세기에 들어선 한국교회는 과연 어디를 향해 가고 있는가? 이 땅에 복음의 씨앗이 뿌려진 지 150년이 되어 간다. 신실한 믿음의 형제들이 진지하게 전달했던 진리의 말씀이 제자리에서 밀려나고 있다.

　사도교회와 초대교회를 지나 중세교회와 근세교회에 이르기까지 믿음의 선배들이 피 흘리기까지 싸웠던 모습이 퇴색되어 버렸다. 자유주의 · 신비주의 · 기복주의 · 세속주의 · 은사주의 · 번영주의 등 불건전한 사상들이 교회 안으로 깊숙이 들어와 있다. 나아가 한국교회의 윤리적 수준은 세상보다 못한 지경에 이르렀다.

　우리는 이런 한국교회의 안타까운 현실을 보며 하나님 앞에서 참된 교회를 회복하기 위해 새롭게 출발하고자 한다. 우리는 이를 시대적 사명과 요청으로 받아들인다. 우리의 작은 행보를 통해 안일한 사고에 빠진 주변의 교회들이 도전을 받고 다시 일어날 수 있게 되길 바란다.

　우리는 무분별하게 난립하는 수많은 교단 가운데 또 하나의 이름을 올리고 싶은 생각은 없다. 단지 하나님의 진리와 성령께서 인도해 오신 역사적으로 건전한 교회 가운데 남아 있고자 할 따름이다. 따라서 연약한 교회와 성도에 대해서는 진정한 사랑을 베풀고자 노력하겠지만, 하나님의 말씀과 진리를 멸시하고 주님의 몸 된 교회를 허무는 세력에 대해서는 단호한 태도를 보일 것이다.

　우리는 〈고백적 진술〉에 표방한 내용을 현실적인 표준으로 받아들인다. 이에 대해 동의하는 교회와 성도에게는 항상 문이 열려 있다. 물론 이와 다소 다른 입장을 가진 교회라 할지라도 건전한 신학과 신앙의 골격을 유지하고 있다면 여전히 존중하는 마음을 가진다.

우리는 주님의 재림을 소망하는 가운데 교회의 장래를 내다본다. 언약의 자녀들과 그 자녀들의 자녀들 그리고 먼 후손들이 우리를 통해 참된 신앙을 상속받게 되길 바란다. 세상이 한없이 타락하고 교회라는 이름을 가진 단체들이 변절해도 그와 구별되는 참된 교회가 유지되기를 바라는 것이다. 이 일을 위해 공동의 발걸음을 내딛는 우리에게 하나님의 은혜가 임하기를 간절히 소망한다.

2013년 6월 2일
한국개혁장로회
헌법제정위원회

고백적 진술

고백적 진술

- 우리는 신·구약 성경 66권이 유일한 계시의 말씀인 것과 사도교회 시대 이후 계시가 종결되었음을 믿고 고백한다.

- 우리는 사도 신경, 니케아 신조, 아타나시우스 신조, 칼케돈신조, 벨직 신앙고백서, 하이델베르크 요리문답, 도르트레히트 신조, 웨스트민스터 신앙고백서 및 대·소요리 문답을 성경과 조화되는 고백으로 받아들인다. 이와 동시에 교회는 건전한 고백정신과 더불어 이에 대한 교육을 소홀히 하지 말아야 함을 확인한다.

- 우리는 오직 하나님 한 분만이 교회의 유일한 주인이심을 고백하며 하나님의 몸 된 교회에서 특별히 더 많은 권세를 가지고 있는 자가 없음을 신앙적인 삶 가운데 구체적으로 실천한다.

- 우리는 전통적인 교회의 직분관을 계승한다. 항존직인 목사·장로·집사를 교회의 직분으로 받아들이며, 여성목사제도를 수용하지 않는다.

- 우리는 자유주의·신비주의·은사주의·세속주의·기복주의·혼합주의·종교다원주의 신학 사상을 배격한다. 아울러 타락한 교권주의와 인본적인 교회 민주주의도 거부한다.

- 우리는 이혼 경력이 있는 성도를 정죄하지 않으나, 교회의 순결과 자녀들의 올바른 성장과 교육을 위해서 항존직 직분자로 세우지 않는다.

- 우리는 세속적 유행을 따르지 않고 사도교회로부터 이어받은 역사적으로 건전한 교회의 상속과 보존을 위해 최선의 노력을 기울인다. 교회는 역사적 과거와 미래에 연결되어 있음을 기억해야만 한다.

- 우리는 군대에서 시행되는 집단 세례와 같은 세례의 남발과 성찬이 무분별하게 시행되는 것을 경계한다.

- 우리는 동성애와 동성결혼 그리고 성전환이 교회 안에 용납되어서는 안 될 죄악임을 밝힌다. 다만 이와 같은 죄악을 회개하고 청산한 자들을 성도로 받아들이는 것은 당연한 일이다.

- 우리는 자살이 하나님 앞에 죄악임을 분명히 한다. 구원의 은혜를 아는 성도는 스스로 자신의 목숨을 끊는 행위를 저지르지 않는다.

- 우리는 인위적 낙태행위가 살인행위라는 사실을 인정한다. 태아가 장애상태에 있거나, 부도덕한 성적 관계 때문에 생겨난 태아라 할지라도 우리에게는 낙태할 수 있는 권리가 없다.

- 우리는 모든 인위적인 인간생명 제작행위는 하나님께 저항하는 행위임을 분명히 밝힌다. 생식세포나 체세포를 이용한 인간복제 등은 위험한 현대 과학의 산물로서 명백한 비윤리적 행위로 간주한다.

- 우리는 다양한 형태의 진화론을 거부하며, 외계인의 존재를 받아들이지 않는다.

- 우리는 교회 안의 성도들 사이에 빈부귀천에 의한 어떠한 차별도 없음을 선언한다. 교회 안에서는 직업과 학벌을 비롯한 사회적 배경이 존경과 경시의 기준이 되어서는 안 된다.

- 우리는 교회 내부에 기독교적인 모습을 띠고 침투하는 세속적인 유행에 대해 민감하게 경계하는 자세를 가진다. 무분별한 종교적인 음악·악기·춤·연극 등이 예배 가운데 도입되는 것을 용납하지 않는다.

- 우리는 영화나 TV 등 영상매체에서 보이는 불건전한 영상물과 프로스포츠나 격투기 같이 정도를 넘은 운동경기 그리고 다양한 성적 담화에 대해 경계하는 자세를 유지한다.

- 우리는 언약의 자녀가 세속 교육에 물들지 않도록 최대한 노력을 기울인다. 자녀가 학교공부에 충실하도록 지도하기에 앞서 교회를 통한 말씀과 교리교육에 충실해야 함을 기억한다.

- 우리는 성경과 역사적 정통성을 띤 고백을 주의 깊게 살피지 않은 채 시도되는 제도중심의 교회연합운동을 영적 간음행위로 본다. 참된 교회 연합은 성경의 가르침과 신앙고백의 일치를 중심으로 연합되어야 함을 분명히 인식한다.

정 치

제1장 _ 총칙

제1조 명칭
본 교단은 한국개혁장로회(Korean Reformed Presbyterian Church)라 칭한다.

제2조 신조
우리는 사도 신경, 니케아 신조, 아타나시우스 신조, 칼케돈 신조, 벨직 신앙고백서, 하이델베르크 요리문답, 도르트레히트 신조, 웨스트민스터 신앙고백서 및 대·소 요리문답을 성경과 조화되는 고백으로 받아들인다.

제3조 자세
1. 우리는 신구약 성경 66권이 영감 된 하나님의 말씀으로서 최종 권위를 가졌음을 인정하고 복종하며, 성경의 전체 내용은 구속사를 통해 하나님 나라의 완성을 목표로 진행되는 통일된 언약적 흐름을 포함하고 있다는 사실을 인식하고, 이에 근거하여 성경을 해석하고 가르치기에 힘쓴다.
2. 우리는 계시된 성경과 더불어 역사하시는 성령에 의지하여 공예배시에 나누어지는 말씀과 성찬을 통한 '성도의 교제'가 뜻하는 본래 의미를 구현하기를 힘쓴다.
3. 우리는 하나의 거룩한 보편 교회의 속성을 삶으로 체험하고 삶에서 드러내며 교회의 한 지체로서 신령하고 자유스럽고 자연스럽게 장성해 가기를 힘쓴다.
4. 우리는 성경적인 신앙을 성실 근면한 자세로 따르고 복음에 반하는 세력의 도전에 대해서는 단호히 '전투하는 교회'의 자세를 취함으로써, 이미 이 땅에서부터 시작된 하나님 나라의 사역에 적극 참여하기를 힘쓴다.

5. 우리는 역사적 개혁주의 신앙과 신학을 잘 계승하고 전파하며 부지런히 연구하여 다음 세대에 올바른 신앙이 전수될 수 있도록 힘쓰며, 같은 신앙과 신학을 실천하는 타 교회와의 교제와 연합을 도모한다.

6. 우리는 시편을 비롯하여 영감 된 말씀을 가사로 한 찬송들을 부르기에 힘쓴다.

제2장 _ 회원

제4조 회원의 정의

우리는 하나의 몸에 연결된 거룩한 지체다. 회원은 제2조와 제3조에서 분명하게 밝힌 참된 교회의 성격을 확실하게 알고 사명을 각성하여, 이 정신을 세상에 드러내고 이루는 것을 삶의 목표로 삼는 신자다.

제5조 회원의 종류

1. 성찬 회원: 세례를 받은 신자 중에서 제3조의 정신을 품고 그렇게 생활하기로 하여 본 교단의 고백적 진술을 받아들이고 당회의 승인을 거쳐 회중들 앞에서 교회의 가르침을 따르기로 서약한 신자다.

2. 준성찬 회원: 유아세례를 받았으나 아직 공적 신앙고백을 하지 않은 신자와 유아세례를 받지 않았으나 교회가 언약의 자녀로 받아들인 신자다.

3. 원입 회원: 교인 명부에 등록되었으나 성찬 회원도 준성찬 회원도 아닌 신자다.

제6조 회원의 봉사

1. 회원은 공 예배에 참석하고 교회의 가르침에 복종해야 한다.

2. 회원은 전능하신 하나님께서 가족인 우리를 친히 보존하시며 자라게 하시는 것을 확신하고 교회의 존재와 운영에 관해 하나님께 의탁한다. 이 신앙을 가진 회원은 헌신함으로써 교회 운영의 소중한 역할을 감당한다.

3. 회원의 봉사는 거룩한 영광에 참여하는 일이다. 세속적인 것들 때문에 교회의 거룩함을 흐리게 하는 일이 없도록 항상 민감한 주의를 기울인다.

4. 회원의 봉사는 교회의 직분적 질서에 따른다.

제7조 회원의 권리

1. 성찬 회원은 성찬 참여권과 공동의회 회원권 및 교인으로서의 모든 청구권과 영적 보호를 받을 권리를 가지며, 선거권과 피선거권이 있다. 단, 성찬 회원이 노회에 서류를 제출하려면 당회를 거쳐야 한다.

2. 준성찬 회원은 성경과 교리와 헌법의 내용을 올바르게 교육받을 권리가 있다.

제8조 회원의 이명

1. 회원이 다른 교회로 이명(移名)할 경우에는 당회에 청원하여야 한다.

2. 당회는 이명 청원이 합당하다고 판단되는 경우 이명 증서를 발급한다. 단, 당사자가 이단으로 규정된 교회로 옮기려는 경우, 정당한 이유 없이 이명을 청원하는 경우, 소송 계류 중인 경우에는 이명 증서를 발급하지 않는다.

3. 책벌 하에 있는 회원의 이명 증서에는 책벌 사항을 명기하여야 한다.

제9조 회원의 자격 상실

1. 출교 처분을 받은 자.

2. 스스로 탈퇴한 자.

3. 타 교회로 이명한 자.

4. 당회가 삭명(削名)한 자.

제10조 회원의 자격 회복

회원의 자격을 잃은 신자가 다시 교회로 돌아왔을 때는 당회의 승인을 얻어 자격을 회복한다.

제3장 _ 직원

제11조 직원의 구분

교회의 직원은 목사 · 장로 · 집사다. 모든 직원은 상하관계에 있지 않으며 직무의 차이는 은사의 차이에서 온다.

제12조 목사

1. 자격

목사는 성경에서 규정한(딤전 3:1-7; 딛1:5-9) 감독(장로)의 자격을 갖춘 남자 성도로서 본 교단이 인정한 신학교육 과정을 이수하고 교회질서 상 무흠한 상태를 유지한 자여야 한다.

2. 직무

목사는 진리의 말씀을 참되게 가르치며 성례를 집행하며 목양하는 일에 전무하는 장로다. 목사의 권위는 하나님의 말씀을 받들어 순종하는 일에서 발생한다. 목사는 진리의 말씀을 옳게 분별하여 설교하고 교육하는 데 힘써야 한다.

3. 임직

1) 본 교단 신학교의 신학 과정이나 본 교단이 인정하는 신학 연구 과정
   을 이수한 신학 연구생 중에 노회 시취부의 검증을 받고 교회의 청빙
   을 받아 임직 한다.
2) 노회 시취부는 필기와 면접으로 신중히 검증한다. 필기시험의 과목
   은 성경신학, 조직신학, 역사신학, 교회법 관련 내용이다.
3) 임직 절차는 별도로 정한다.

제13조 장로

1. 자격

장로는 성경에서 규정한(딤전 3:1-7; 딛 1:5-9) 감독(장로)의 자격을 갖춘 남자
중에 해당 교회의 무흠 성찬 회원으로서 5년을 지나야 한다.

2. 직무

장로는 목사와 협력하여 교회의 영적 상황을 돌보는 자다. 특히, 성도들
이 목사의 설교와 교육 내용을 잘 이해하고 실행하는지 감독하고 양육하
며, 교리적 오해나 도덕적 부패가 없도록 방지할 책임이 있다. 이를 위해
심방과 더불어 어린 성도들의 양육과 주일학교 교육에 힘써야 한다.

3. 임직

장로는 공동의회에서 선출하며, 초임 시에 노회가 실시하는 직분자 교
육과정을 이수하고 인준 받아야 한다. 임기는 4년이며 연임할 수 없으나,
특별한 경우 노회의 감독 하에 임기와 연임 여부를 조정할 수 있다. 임직
절차는 별도로 정한다.

제14조 집사

1. 자격

집사는 성경에서 규정한(딤전 3:8-13) 집사의 자격을 갖춘 남녀 중에 해당 교회의 무흠 성찬 회원으로서 3년을 지나야 한다.

2. 직무

집사는 예배 봉사와 더불어 구제와 서무와 재정과 통상적으로 행하는 교회의 제반 행사를 담당하여 봉사한다.

3. 임직

집사는 공동의회에서 선출하며, 초임 시에 당회가 실시하는 직분자 교육과정을 이수해야 한다. 임기는 2년이며 재선출을 통해 연임할 수 있다. 임직 절차는 별도로 정한다.

제4장 _ 치리회

제15조 치리회

치리회는 당회 · 노회 · 총회로 구분한다. 치리회들은 상하관계에 있지 않고 동등하다. 다만 더 큰 치리회의 결정은 더 많은 교회를 대표하는 결정 이므로 성경 진리에 어긋남이 없는 한 더 작은 치리회들은 따라야 하고, 중요한 결정 사항은 더 작은 치리회에서 먼저 의결하는 과정을 거쳐야 한다.

제16조 당회

1. 구성

목사와 장로 2인 이상으로 구성한다. 당회의 의장은 목사가 담당하며 서기를 둔다. 서기는 교회의 서기가 된다.

2. 회집과 성수

정기 당회는 매월 1회 이상 소집하며 임시당회는 목사나 당회원 3분의 1이상의 요청으로 소집할 수 있다. 당회장을 포함하여 당회원 5분의 4이상이 출석하면 개회할 수 있다.

3. 직무

1) 교인의 신앙과 행위를 총괄 감독 지도 교육한다.
2) 말씀의 참된 선포를 위해 예배를 주관하며 설교를 선한 의도로 감독한다.
3) 성례의 바른 집행과 권징의 신실한 실행을 관장한다.
4) 신학 연구생을 선발하고 감독하여 살핀다.
5) 교인의 입회와 탈퇴, 장로와 집사의 임직 휴직 사직에 관한 사무를 담당한다.
6) 교인 명부 및 각종 서류를 관리 보관한다.

제17조 노회

1. 구성

노회는 각각의 지교회에서 파송된 목사와 총대 장로 2인으로 구성한다.

2. 회집과 성수

1) 회의 소집: 노회장이 소집하며 사회한다. 노회장 유고시에는 부회장, 서기, 순으로 노회장의 임무를 맡는다. 소집통지서는 노회 개최 15일 이전에 발송한다.
2) 정기 회의: 매년 1회 이상 모인다.
3) 임시회의: 노회 회원 3분의 1이상의 요청이나 노회 임원회의 요청으

로 소집할 수 있으며 통지한 안건 외에는 의결할 수 없다.

4) 개회 성수: 등록된 노회원 4분의 3이상 출석하면 개회한다.

5) 임원 구성: 회장·부회장·서기·회계를 둔다. 단 회장·부회장·서기는 목사 회원으로 한다.

3. 직무

1) 지교회의 상황을 살펴 신앙과 행위의 순결을 지킨다.

2) 지교회 안 교권주의의 활동을 막는다.

3) 지교회의 설립·분립·통합·폐쇄의 사무를 처리한다.

4) 목사의 임직 휴직 사직과 장로의 임직에 연관된 사무를 처리한다.

5) 지교회 당회가 제출한 의제들을 처리한다.

6) 각종 고시를 시행한다.

제18조 총회

1. 구성

노회가 파송한 총대 목사와 총대 장로로 구성한다. 총회가 구성될 때까지는 독노회가 총회의 직무를 대행한다.

2. 회집과 성수

1) 총회는 매년 1회 예정한 일시와 장소에서 정기로 회집한다.

2) 회의가 끝나면 파회한다.

3) 회원 노회 4분의 3이상과 등록된 총회 회원 4분의 3이상 출석으로 개회한다.

3. 직무

1) 성경적 신앙을 수호하기 위해 신조, 헌법, 권징 조례, 예배 모범, 규칙

등을 제정하고 해석할 권한을 가진다.

2) 노회의 설립·분립·통합·폐지·구역 조정 등의 사무를 처리한다.

3) 신학 교육기관을 설립하고 관리한다.

4) 필요에 따라 선교부·출판부 등의 부서를 두어 관리한다.

5) 타 교단과의 관계를 논의한다.

제5장 _ 운영회

제19조 공동의회

1. 구성

지교회의 성찬 회원으로 구성한다.

2. 회집과 성수

1) 기회의 : 1년 1회 목사가 소집하고 사회하며, 1주일 전에 개최 시간과 장소를 교회에 공적으로 광고해야 한다. 목사 유고시 의장은 지 교회에서 요청한 노회 소속 목사가 된다.

2) 임시회의 : 당회나 제직회나 노회의 요구 또는 성찬 회원 3분의 1이상의 발의로 회집할 수 있다. 하지만 사전에 통지한 안건 외에 다른 문제에 대해서는 의결하지 못한다.

3) 개회성수 : 성찬 회원 5분의 4이상 출석하면 개회할 수 있고 당회장이 의장을 당회 서기가 서기를 겸한다.

3. 직무

1) 목사의 청빙과 직원의 선택 의결

2) 연간 사업의 예산과 결산 의결

3) 노회나 총회의 지시사항 의결

4) 부동산 취득과 처분에 관한 사항 의결

5) 기타 지 교회 내의 중요사항 의결

제20조 제직회

1. 구성

목사와 장로와 집사로 구성한다.

2. 임원

회장 · 서기 · 회계를 둔다. 회장은 당회장, 서기는 당회 서기가 되고 회계는 제직회에서 집사들 가운데서 선출한다.

3. 회집과 성수

분기별 정기회 또는 임시회가 필요하면 당회나 집사회의 요청에 따라 목사가 소집하며 제직회원 4분의 3이상의 출석으로 개회한다.

4. 직무

재정문제를 비롯한 교회의 제반 사항을 논의하고 의결한다. 또한, 당회와 집사회의 결정 사항들을 공유하고 협력하며 교회의 제반 행사에 관한 직무를 담당한다.

제21조 집사회

1. 구성

집사로 구성한다.

2. 회집과 성수

정기 집사회는 자체 결의로 모이며, 임시 집사회는 당회의 요청, 혹은 집사 회원 3분의 1이상의 요청으로 집사회장이 소집한다. 재적회원 4분의 3이상의 출석으로 개회한다.

3. 직무

재정과 서무와 구제와 통상적으로 행하는 교회 행사를 논의하고 집행한다.

제6장 _ 기타

제22조 신학교

1. 목사 후보생 혹은 신학 연구생을 훈련하는 교육 기관을 유지한다.
2. 신학 교수는 당회가 추천한 목사 후보생과 신학 연구생을 가르치며 교회의 요청에 응하여 신학적 조언을 한다.
3. 신학교 운영을 위한 정관과 학칙은 별도로 정하여 총회의 승인을 받는다.

제23조 선교사

총회 선교부가 선교사의 자격·파송 및 지원에 관해 심의하고 결정한다. 선교부 운영을 위한 정관은 별도로 정하여 총회의 승인을 받는다.

제24조 재정

1. 교회 재정 수입은 교회 회원의 자원하는 연보를 원칙으로 한다.

2. 노회와 총회의 재정은 회원 교회의 의무적 회비로 충당한다. 회비 규
   정은 별도로 정한다.

제25조 개정

본 헌법의 개정은 총회 재적 3분의 2이상의 발의로 개정위원회를 구성
하여 개정안을 심의하여 총회의 회의에 부치며 총회 출석회원 5분의 4이
상 동의로 개정할 수 있다.

(2013년 6월 2일 제정)

(2016년 1월 12일 개정)

부 록

예배 모범

예식절차	고려할 점
묵상기도 시편찬송*	· 묵상기도는 영혼의 무릎을 꿇어 경건한 마음으로 예배를 시작할 수 있도록 돕는다. · * 표식은 일어선다.
신앙고백* 대표기도 성경봉독 시편찬송	· 성경봉독은 신구약성경에 기록된 말씀을 차례를 따라 공 적으로 봉독한다. · 신앙고백은 사도 신경을 사용하여 보편 교회의 일치성을 드러낸다. · 대표기도는 교회의 기도를 대표하므로 장로가 한다.
설교본문교독 설 교 시편찬송	· 설교자는 말씀선포 전후에 간단한 기도를 한다.
성찬말씀 십 계 명 분병분잔 시편찬송	이 항목들은 성례를 집행하는 주일에만 순서에 포함한다. · 집행 전에 자기를 살피도록 돕기 위해 십계명을 봉독한다. · 한 달에 1회 이상 집행하되 의미 없는 무분별한 집행을 경 계한다. · 언약(말씀)을 인치는(성례) 순서를 따라 말씀 강론 후에 집행한다.
연보 · 헌상 권징 · 알림	· 연보는 물질을 바치는 행위를 넘어 하나님께서 허락하신 삶에 대한 고백적인 의미가 담겨 있다. · 헌상은 제사의 의미는 전혀 없으며 자신을 하나님께 드리 는 것을 표한다. · 권징은 설교를 통해서도 표현되지만, 공적인 알림을 통해 성도들 간에 서로 돌아보는 기능을 하게 한다.
시편찬송* 축 도*	· 축도는 축복을 비는 기도가 아니며 민 6:24-26나 고후 13:13 등의 말씀 그대로를 선언한다.

노회의 정기시찰을 위한 문답

목사 문답

1. 진실한 마음으로 복음의 말씀을 전하고자 힘쓰는지요?
2. 공 예배를 위하여 성실하게 준비하는지요?
3. 성도들의 가정을 심방하기 위해 최선의 노력을 기울이는지요?
4. 병중에 어려움을 당한 성도들을 심방하는지요?
5. 교단과 교회의 각종 공적인 모임에 성실하게 참석하고자 노력하는 지요?
6. 성경을 통해 진리를 탐구하는 일에 최선을 다하는지요?
7. 성경을 탐구하는 일에 특별히 방해되는 요인이나 교인은 없는지요?
8. 말씀 전체를 통해 균형 잡힌 설교를 하기 위해 어떤 방법을 취하는 지요?
9. 영적인 생활과 가정생활은 어떤지요?
10. 경제적인 어려움에 처한 것은 아닌지요?

장로 및 당회 문답

(장로 문답)
1. 성도들을 심방하고 권면하며 돌보는 일에 최선을 다하는지요?
2. 교회를 살피면서 알게 된 중요한 사항을 사실대로 당회에 보고하는 지요?

3. 성경적인 설교와 가르침을 수호하기 위해 장로로서 특별한 관심을 가지고 참여하는지요?

4. 고통당하는 성도들을 찾아 격려하며 돌보기를 힘쓰는지요?

5. 당회의 모임에 성실하게 참여하며 노회의 총대가 될 경우 임무를 다하는지요?

6. 교회의 여러 기관에 관심을 가지고 기도하는지요?

7. 신앙이 어린 자들을 권면하기 위해 힘쓰고 있는지요?

8. 가정과 직장에서의 삶이 영적으로 원만한지요?

9. 성경을 읽고 연구하는 일에 최선을 다하는지요?

(당회 문답)

1. 당회의 장로 수가 적절하며 그 임무를 분담하고 있는지요?

2. 성도들을 위하여 체계적인 교육을 실시하며 저들의 삶을 살피고 있는지요?

3. 적절한 세례 교육을 실시하며 고백을 공적으로 확인하는지요?

4. 유아세례를 받는 아기의 부모 교육을 위한 적절한 과정이 있는지요?

5. 성인들과 아이들을 위하여 전통적인 신앙고백서와 교리 교육서를 통한 교육을 하는지요?

6. 성찬은 정기적으로 엄숙하게 시행하는지요?

7. 당회의 보편교회에 대한 인식이 분명한지요?

8. 공 예배를 드리기 위해 공적인 주의를 기울이는지요?

9. 세속적인 문화가 교회 안으로 침투하는 것을 방지하기 위한 노력을 기울이는지요?

10. 잘못된 신학사상의 유입을 방지하기 위해 항상 신경을 쓰고 있는지요?

11. 당회록과 교인 명부를 비롯한 각종 문서를 잘 비치하고 있는지요?

집사 및 집사회 문답

1. 집사회의 집사 수가 적절하며 그 직무를 잘 분담하고 있는지요?
2. 집사회는 법에 따라 정기적으로 회집하는지요?
3. 매년 재정의 예산 책정과 결산을 위해 신실하게 임하고 있는지요?
4. 집사회의 회의록과 회계에 연관된 문서를 잘 구비하고 있는지요?
5. 청빙한 목사의 생활에 대한 전반적인 관심을 기울이는지요?
6. 현재의 목회자 생활비와 목회 활동비가 부족하거나 과도하지 않고 적절한지요?
7. 교회를 위한 성도들의 연보가 합당하게 드려진다고 생각하는지요?
8. 교회 가운데 어려움을 겪는 성도들을 적절하게 살피는지요?
9. 집사회의 보편교회에 대한 인식이 분명한지요?
10. 공 예배를 드리기 위해 공적인 주의를 기울이는지요?

제직회 문답

1. 장로들과 집사들의 제직회는 정기적으로 모이며 원활하게 운영되고 있는지요?
2. 정기 공동의회는 적법하게 개최되는지요?
3. 각 직분자들과 직분회 사이에 독선적이거나 권위주의적인 요소는 없는지요?
4. 각 직분자들은 상호 존중하는 마음이 있는지요?

당회의 각종 문답

정회원 가입 문답

1. 본 교단의 신앙고백과 고백진술문, 그리고 헌법을 기꺼이 받아들이는지요?
2. 하나님 중심, 성경중심, 교회중심의 성실한 삶을 살고자 애쓰는지요?
3. 교회를 개인의 신앙에 맞추려 하지 않고 자신의 신앙을 교회에 맞추겠는지요?
4. 가정생활과 사회생활에 신실한 자세로 임하기로 작정하시는지요?
5. 교회의 질서를 따르고 화합하기 위해 최선의 노력을 기울이고자 하는지요?

방문자(손님교인)를 위한 성찬 참여 문답

1. 성함이 어떻게 되는지요?
2. 어느 교단 어느 교회에서 세례를 받았는지요?
3. 신구약성경을 하나님의 말씀으로 믿고 사도신경과 정통교회가 상속하고 있는 신앙고백에 참여하고 있는지요?
4. 다른 교회에서 치리나 징계 중에 있지는 않은지요?
5. 우리 교회를 어떻게 알고 방문하게 되었는지요?

　* 필요할 경우 성찬을 나누기 전 광고: "우리 교회에서는 당회의 문답을 거치지 않는 사람들은 성찬에 참여시키지 않습니다. 신앙고백이 확인된 성도들만 성찬에 참여할 수 있습니다."

세례 및 입교 예식서

유아 세례 순서

[예배 전 절차]

- 집례자: "당회는 유아 세례를 받을 자녀의 부모 교육을 실시했으며 신앙 고백을 확인했습니다. 그 사실을 다시 한 번 교회 앞에서 공적으로 확인하고자 합니다."
- 부 모: 회중 앞에서 다짐하는 공적인 고백

[예배 중 절차]

- 부모 호명
- 선언

　세례는 새 언약 백성이 되었음을 표하고 인치는 것입니다. 물로 씻어 정결케 하는 의식은 성도를 정결케 하는 힘이 인간의 외부에 있다는 사실을 말해줍니다. 우리는 예수 그리스도께서 죄를 씻어 주심으로써만 정결케 될 수 있음을 고백합니다.

　유아는 스스로 자신의 신앙을 고백할 수 없으나 언약의 자녀라는 사실을 확인하고 공적으로 인칠 필요가 있습니다. 이 아이가 올바른 신앙을 고백하고 성찬 상에 나아오기까지 교회의 위탁을 받아 저를 양육하는 부모의 신앙적 자세가 중요하므로 이를 공적으로 확인하고자 질문을 하니 신실한 마음으로 답변해 주시기 바랍니다.

- 부모 서약

　질문1: "이 아이가 죄악 중에 잉태되고 태어나서 영원한 심판의 자리에 놓여 있지만, 예수 그리스도 안에서 거룩하게 구별되어 그의 몸된 교회의 지체가 되어야 한다는 사실을 믿습니까?"

질문2: "교회에서 가르치는 신구약성경과 그에 조화되는 신앙고백서
들에 담긴 교훈이 구원을 위한 참되고 안전한 교훈인 것을 믿
습니까?"

질문3: "부모의 세속적인 염원이 아닌 성경의 가르침과 소망에 따라
주님의 교양과 훈계로 가르치며, 자녀에게 신앙의 본을 보이
고 자녀들을 위한 기도에 힘쓸 것을 약속합니까?"

• 세례 및 선포
"예수 그리스도를 믿는 성도 ㅇㅇㅇ(와 ㅇㅇㅇ)의 자녀 ㅇㅇㅇ에게
성부와 성자와 성령의 이름으로 세례를 주노라."
"성도 ㅇㅇㅇ는 한국개혁장로회 ㅇㅇㅇ 교회의 유아세례 교인이 된
것을 성부와 성자와 성령의 이름으로 선포합니다. 아멘."

입교와 성인 세례 순서

[예배 전 절차]
• 집례자: "당회는 입교와 세례를 받을 성도(들)에 대하여 교단이 정한
합법적인 교육을 실시했으며, 신앙 고백을 확인했습니다. 그 사실을
다시 한 번 교회 앞에서 공적으로 확인하고자 합니다."
• 수세자 및 입교자: 회중 앞에서 다짐하는 공적인 고백

[예배 중 절차]
• 호명
• 신앙 확인

성도 ○○○의 신앙을 당회가 살피고 인정하였습니다. 이 자리에서 공적으로 신앙을 확인하려 하니 진실하게 답변해 주시기 바랍니다.

• 선언

세례는 새 언약 백성이 되었음을 표하고 인치는 것입니다. 우리는 언약의 물로써 옛사람이 죽고 새사람이 되었음을 고백합니다. 물로 씻어 정결케 하는 의식은 성도를 정결케 하는 힘이 인간의 외부에 있다는 사실을 말해줍니다. 우리는 예수 그리스도께서 죄를 씻어 주심으로써만 정결케 될 수 있음을 고백합니다. 이에 대한 믿음을 공적으로 확인하고자 질문을 드리니 신실한 마음으로 서약에 임해 주시기 바랍니다.

• 공적인 서약

질문1: "그대는 하나님의 진노를 받아야 마땅한 죄인인 줄 인정합니까?"

질문2: "그대는 예수 그리스도의 십자가 사역을 통한 은혜로 구원받게 됨을 믿습니까?"

질문3: "그대는 주 예수 그리스도가 유일한 구주되심을 믿습니까?"

질문4: "그대는 성령의 소원을 따라 육체의 욕망과 싸우며 살기로 다짐합니까?"

질문5: "그대는 교회의 지체로서 교회의 사역과 권징에 복종하기로 작정합니까?"

• 세례 및 선포

"예수 그리스도를 믿는 성도 ○○○에게 성부와 성자와 성령의 이름으로 세례를 주노라."

"성도 ○○○는 한국개혁장로회 ○○○교회의 입교인(세례교인)이 된 것을 성부와 성자와 성령의 이름으로 선포합니다. 아멘."

한국개혁장로회신학교

신학교 설립 의의

한국개혁장로회는 사도교회와 정통 개혁교회의 역사적 상속을 위한 목회자 양성을 목적으로 신학교를 개설한다. 동시에 본교는 계시된 신구약 성경 66권을 기초로 하여 체계적인 신학을 공부하고자 하는 일반 성도들에게 학습의 기회를 주고자 한다. 또한 변천하는 세상 가운데서 신학적 해석이 요구될 경우, 본교는 각 교회 당회와 노회를 통한 연구와 더불어 최종적인 신학적 답변을 제시하는 기능을 담당하게 된다.

학 칙

제1장 총칙

제1조(목적): 교회를 위해 경건하고 신실한 말씀 사역자를 양성하고, 성숙한 신앙인을 교육하고자 한다.

제2조(명칭): 한국개혁장로회 신학교(이하 본교)라 한다.

제2장 개설과정, 입학

제3조(개설 과정)
 ① 일반 과정: 신학 일반에 관한 기초 교육과정
 ② 심화 과정: 신학 일반에 관한 심화 교육과정

③ 연구 과정: 경건과 학문을 겸비한 목회자 양성과정

제4조(입학 시기): 매학기 초 20일 이내로 한다.

제5조(입학 자격)
① 일반 과정: 서류 전형과 면접시험을 통과한 자
② 심화 과정: 서류 전형과 면접시험을 통과한 자
③ 연구 과정: 아래의 서류를 구비하고 면접시험에 통과한 자
  • 한국개혁장로회(이하 본 교단) 소속교회 치리회(당회)의 추천서 혹은 본 교단 목사 2인의 추천서
  • 소명에 관한 생각을 포함한 자기소개서
  • 제 졸업 증명서 및 성적 증명서
  • 경력 증명서

제3장 수업 연한, 일수

제6조(수업 연한과 수강 과목)
① 각 과정의 최단 이수 기간은 일반 과정 2년, 심화 과정 2년, 연구 과정 3년이다.
② 일반 과정과 심화 과정은 한 학기 4과목 수강을 기본으로 한다.
③ 연구 과정은 기본 수강 과목과 더불어 교무회의에서 특별히 요구하는 필요 수강 과목의 내용에 따른다.

제7조(수업 일수)
① 1년에 2학기를 기준으로 하며, 매학기 14주를 기본으로 한다.
② 1학기는 3월 초에, 2학기는 9월 초에 시작한다.

제4장 휴학, 복학, 제적, 졸업 및 수료

제8조(휴학): 질병이나 사고 혹은 기타 사유로 4주 이상 결석해야 할 경우에는 소정의 절차를 거쳐서 휴학할 수 있다.

제9조(복학): 휴학 사유가 소멸되었을 경우 소정의 절차를 거쳐 복학할 수 있다.

제10조(제적): 다음의 경우는 본교에서 제적한다.
 ① 성경과 신앙고백에 어긋난 언행을 하여 교육하기에 부적합한 자
 ② 성향과 행실이 불량하여 본교 설립 목적에 부적합 한 자
 ③ 학업에 불성실하거나 학업 성취도가 지나치게 낮은 자

제11조(졸업 및 수료)
 ① 연구 과정을 졸업한 자는 본교나 본 교단과 공식적인 교류가 있는 교회에서 목사나 선교사 등 교역자로 청빙 받을 수 있다.
 ② 일반 과정과 심화 과정을 졸업 및 수료한 자는 상급 과정에서 공부할 수 있는 기회를 얻는다.
 ③ 과정을 끝내고 과제물을 제출하지 않을 경우 수료하게 된다.

제5장 교과 과정

제12조(이수 단위): 교과 이수 단위는 학점으로 표시한다.

제13조(학점 평가)
 ① 평가 근거

- 일반 과정: 출석, 수업 태도
- 심화 과정: 출석, 수업 태도, 각 과목별 과제물
- 연구 과정: 출석, 수업 태도, 각 과목별 과제물, 시험(추가 과제물로 대체 가능)

② 과목별 등급
- A+ (95~100점, 평점 4.5)
- A (90~94, 4.0),
- B+ (85~89, 3.5)
- B (80~84, 3.0)
- C+ (75~79, 2.5)
- C (70~74, 2.0)
- D+ (65~69, 1.5)
- D (60~64, 1.0)
- F (59이하, 0)

제14조(취득 학점)
① 졸업에 필요한 최소 취득 학점은 일반 과정 32학점, 심화 과정 36 학점(논문 4학점 포함), 연구 과정 96학점(논문 6학점 포함)을 기준으로 한다.
② 교무회의가 인정하는 신학교나 학자에게서 취득한 학점은 연구과 정 졸업 및 수료에 필요한 학점으로 인정될 수 있다.

제15조(출석 일수): 학생은 수강 신청한 교과목의 강의에 출석해야 하 며, 1/4 이상을 결석할 경우는 해당 과목의 학점을 취득할 수 없다.

제16조(추가 시험): 질병이나 사고 및 부득이한 사유로 정기 시험에 응 시하지 못한 자는 일정 금액을 납입하고 추가 시험을 칠 수 있으나 취 득 최고 학점은 A까지로 한다.

제17조(재시험): 평점이 F 이하인 자는 일정 기한 내에 일정 금액을 납입 후 교장의 허락을 받아 재시험에 응할 수 있으나 성적 취득 최고 학점은 C+까지로 한다.

제18조(성적 무효): 학점 평균이 D+이하인 자는 다음 학기로 진급할 수 없다.

제6장 교원과 직무

제19조(교원 종류와 개설과목)
① 교원은 본 교단 소속 교수와 시간 강사로 구성한다.
② 교원이 담당할 과목은 성경신학, 조직신학, 역사신학, 적용신학, 교양과목 등이다.

제20조(교원 임명)
① 교장: 본 교단의 목사로서 본교의 건학 정신을 실천할 수 있는 경건과 신학을 겸비한 사람으로 교무회의에서 선임하되, 임기는 3년이며 연임할 수 있다.
② 교수: 본 교단의 목사나 신학적 식견을 가진 성도로서 석사 이상의 학술학위를 가진 자나 신앙과 신학을 확인할 수 있는 출판물이나 논문이 있는 자를 교수가 추천하여 교무회의에서 결정한다. (단, 목사가 아닌 경우에는 해당 전공분야 강의를 원칙으로 함.)
③ 강사: 본 교단 외부에서도 강사를 초빙할 수 있으며 교무회의에서 결정한다.

제21조(교장)

① 학교 제반 업무를 총괄하고 건학 정신을 구현한다.

② 교수를 겸직할 수 있다.

제22조(교무 회의)

① 교무회의는 본교 교수로 구성한다.

② 교학처장은 교과 과정 운영, 학생의 학적과 학업 관리와 관련된 업무를 전담한다.

③ 학생처장은 교수와 학생이 연구와 학업에 전념할 수 있도록 필요한 재정과 서무와 관리 등 학교 운영의 제반 사항을 전담한다.

제7장 부칙

① 학칙은 2016년 1월 본 교단 노회의 승인과 함께 효력을 가진다.

② 학칙은 교무회의 전원합의에 의해 수정할 수 있다.

한국개혁장로회신학교 교수(강사) 서약서

1. 성경: 나는 신구약성경 66권이 하나님의 말씀이며 그리스도인의 삶에 대한 유일한 법칙이라 믿는다. 나는 성경의 무오, 축자영감, 유기적 영감을 인정한다.

2. 고백: 나는 사도신경, 니케아신조, 아타나시우스신조, 칼케돈신조, 벨직신앙고백서, 하이델베르크요리문답, 도르트레히트신조, 웨스트민스터 신앙고백서 및 대소요리문답을 성경의 가르침과 조화되는 것으로 고백한다.

3. 정치: 나는 장로교 교회정치가 성경의 교훈과 원리에 부합하는 것으로 여기며, 한국개혁장로회의 헌법에 담긴 신학과 정신을 존중한다.

4. 나는 이 학교에서 위의 내용과 상반되거나 조화되지 않는 내용을 직접적으로나 간접적으로 가르치지 않을 것이며(여기서 간접적이라는 말은 넌지시 말하거나 관심을 불러일으키는 것을 포함한다). 이것을 위반할 경우 본 학교 교수(강사)직의 해직, 정직 등의 조처에 이의를 제기하지 않을 것을 서약한다.

5. 나는 학생들에게 모범이 되는 경건생활을 유지할 것을 서약한다.

한국개혁장로회(KRPC) 신학교
서약일 :　　년　　월　　일
서약자 :　　　　　　(인)

교회헌법 해설

이광호

전 문

전 문

21세기에 들어선 한국교회는 과연 어디를 향해 가고 있는가? 이 땅에 복음의 씨앗이 뿌려진 지 150년이 되어 간다. 신실한 믿음의 형제들이 진지하게 전달했던 진리의 말씀이 제자리에서 밀려나고 있다.

사도교회와 초대교회를 지나 중세교회와 근세교회에 이르기까지 믿음의 선배들이 피 흘리기까지 싸웠던 모습이 퇴색되어 버렸다. 자유주의 · 신비주의 · 기복주의 · 세속주의 · 은사주의 · 번영주의 등 불건전한 사상들이 교회 안으로 깊숙이 들어와 있다. 나아가 한국교회의 윤리적 수준은 세상보다 못한 지경에 이르렀다.

우리는 이런 한국교회의 안타까운 현실을 보며 하나님 앞에서 참된 교회를 회복하기 위해 새롭게 출발하고자 한다. 우리는 이를 시대적 사명과 요청으로 받아들인다. 우리의 작은 행보를 통해 안일한 사고에 빠진 주변의 교회들이 도전을 받고 다시 일어날 수 있게 되길 바란다.

우리는 무분별하게 난립하는 수많은 교단 가운데 또 하나의 이름을 올리고 싶은 생각은 없다. 단지 하나님의 진리와 성령께서 인도해 오신 역사적으로 건전한 교회 가운데 남아 있고자 할 따름이다. 따라서 연약한 교회와 성도에 대해서는 진정한 사랑을 베풀고자 노력하겠지만, 하나님의 말씀과 진리를 멸시하고 주님의 몸 된 교회를 허무는 세력에 대해서는 단호한 태도를 보일 것이다.

우리는 〈고백적 진술〉에 표방한 내용을 현실적인 표준으로 받아들인다. 이에 대해 동의하는 교회와 성도에게는 항상 문이 열려 있다. 물론 이와 다소 다른 입장을 가진 교회라 할지라도 건전한 신학과 신앙의 골격을 유지하고 있다면 여전히 존중하는 마음을 가진다.

우리는 주님의 재림을 소망하는 가운데 교회의 장래를 내다본다. 언약의 자녀들과 그 자녀들의 자녀들 그리고 먼 후손들이 우리를 통해 참된 신앙을 상속받게 되길 바란다. 세상이 한없이 타락하고 교회라는 이름을 가진 단체들이 변절해도 그와 구별되는 참된 교회가 유지되기를 바라는 것이다. 이 일을 위해 공동의 발걸음을 내딛는 우리에게 하나님의 은혜가 임하기를 간절히 소망한다.

2013년 6월 2일
한국개혁장로회
헌법제정위원회

| 해설 |

본 헌법 전문(前文)의 구조는 내용상으로 볼 때 전체적으로 여섯 부분으로 나누어져 있다. 그것은 한국교회와 우리 시대에 대한 〈반성〉, 과거 믿음의 선배들의 신앙을 통한 〈진단〉, 우리가 처한 상황에 대한 〈시대적 사명〉, 교회와 성도들이 가져야 할 〈각오〉, 현대에 직면하고 있는 성도로서의 〈고백〉, 현재와 미래에 연결된 〈교회의 상속〉으로 구성되어 있다. 우리는 이제 그 구체적인 의미를 되새겨 볼 필요가 있다.

(1) 시대적 반성 - "21세기에 들어선 한국교회는 과연 어디를 향해 가고 있는가? 이 땅에 복음의 씨앗이 뿌려진 지 150년이 되어 간다. 신실한 믿음의 형제들이 진지하게 전달했던 진리의 말씀이 제자리에서 밀려나고 있다."

본 헌법의 전문 맨 앞부분에서는 우리가 처한 안타까운 시대를 언급하고 있다. 19세기 후반 한국 땅에 복음이 소개된 후 20세기를 지나 21세기를 넘어서면서 세상은 전반적으로 급변하고 있다. 그동안 과학적인 측면뿐 아니라 정신, 문화적인 측면에서도 엄청난 변화가 일어났다. 그것은 전체적으로 볼 때 가히 혁명적이라 해도 과언이 아니다.

문제는 그 변화는 눈에 보이는 과학 문명이나 형식적 문화를 넘어 눈에 보이지 않는 정신적인 영역에서 더 큰 소용돌이가 일어나고 있다는 사실이다. 그것은 인간의 본질에 해당되는 요소뿐 아니라 전통적인 가치관 자체를 뒤흔들어 놓고 있다.

그런데 우리가 기억해야 할 심각한 문제는, 자기 시대에 태어나 살아가는 사람들은 그 변화에 대한 인식을 제대로 하지 못한다는 점이다. 이 세상에 태어나 경험을 통해 보고 듣는 것은 그 자체로서 개인적인 삶에 동화되어 고착될 수밖에 없기 때문이다. 따라서 시대에 따른 왜곡된 인간성 자체에 대한 비판이 어려워질 수밖에 없다. 대다수 인간들은 변화된 상태 자체를 인간의 원칙적인 삶으로 여겨 받아들이게 된다.

그러나 하나님의 교회와 그에 속한 성도들은 성경을 통한 명확한 해석을 하지 않으면 안 된다. 시대에 휩쓸려 살아가는 인간이 아니라 성경에서 말하는 인간을 기준으로 살펴볼 수 있어야 하는 것이다. 그런 과정을 거치지 않고는 원래의 인간에 대한 해석이 점차 어려워지게 된다.

그럼에도 불구하고 현대인들은 그것을 그다지 중요하게 여기지 않는다. 즉 성경을 통해 인간과 인간사회를 적극적으로 해석하는 것을 원치 않는다. 안타깝게도 이에 대해서는 신앙을 가지고 있다는 현대 기독교인들 역시 그다지 다르지 않다. 이는 하나님의 말씀이 제자리에서 점차 밀려나고 있다는 사실을 반증해 준다. 하지만 참된 성도들은 이에 대한 분명한 이해와 더불어 군건한 기반을 갖추어야만 한다.

----

(2) 현실적 진단 - "사도교회와 초대교회를 지나 중세교회와 근세교회에 이르기까지 믿음의 선배들이 피 흘리기까지 싸웠던 모습이 퇴색되어 버렸다. 자유주의 · 신비주의 · 기복주의 · 세속주의 · 은사주의 · 번영주의 등 불건전한 사상들이 교회 안으

로 깊숙이 들어와 있다. 나아가 한국교회의 윤리적 수준은 세상보다 못한 지경에 이르렀다."

헌법 전문에서는 그 다음으로 우리 시대 교회가 처한 현실적인 진단을 하고 있다. 사도교회로부터 초대교회에서는 믿음의 선배들이 하나님의 진리를 지키기 위해 피를 흘리기까지 싸웠다. 중세를 지나면서 교회가 정치적인 억압에서 벗어나게 되자 교인들은 도리어 배도와 타락의 길을 걸었다. 그런 중에서도 교회의 교회다움을 회복하기 위해 결연한 신앙 자세로 싸운 믿음의 선배들이 많이 있었다.

근대에 들어와서 이성주의와 계몽사상이 만연하고 진화론을 비롯한 인간파괴 현상이 두드러지면서 하나님의 말씀인 성경이 심각한 도전을 받게 되었다. 인본주의화 된 서구의 사상은 19세기 후반에 접어들어 신학적 자유주의가 횡행하면서 실질적으로 하나님을 거부하는 움직임을 강하게 일으켰다. 물론 배도에 빠진 자들은 입술로 하나님을 인정한다고 주장했지만 실제로는 성경에 계시된 하나님을 부정하기에 이르렀다. 그런 와중에서도 참된 신앙을 보수하기 위해 애쓰는 선배들이 많이 있었다.

이와 같은 위태로운 현상은 초첨단 과학시대와 더불어 극대화 된 포스트모던 시대라 일컬어지는 현대에 들어와 모든 가치의 기준을 뒤흔들어버렸다. 그리하여 우리 시대에는 자유주의, 신비주의, 기복주의, 세속주의, 은사주의, 번영주의 등 불건전한 사상들이 교회 안으로 깊숙이 들어오게 되었다. 그것은 결국 종교 혼합주의적인 양상을 그대로 드러내고 있다.

그렇게 되자 현대 한국교회는 성경에 계시된 하나님의 영원한 진리보다는 이 땅에서의 일시적인 삶에 더 많은 관심을 기울이게 되었다. 그것은 어리석은 자들로 하여금 이기적인 목적에 익숙해져 가도록 만들었다. 그렇게 됨으로써 극도의 높은 수준을 유지해야 할 교회의 윤리적 형편은 타락한 세상보다 못한 지경에 이르렀다. 즉 교회가 일반 윤리적인 측면에서

조차 세상의 손가락질을 당하고 비난받는 지경에 이르게 된 것이다. 이와 같은 우리의 형편은 부끄러움으로 가득한 최악의 상태라고 해도 과언이 아니다.

----

(3) 시대적 사명 - "우리는 이런 한국교회의 안타까운 현실을 보며 하나님 앞에서 참된 교회를 회복하기 위해 새롭게 출발하고자 한다. 우리는 이를 시대적 사명과 요청으로 받아들인다. 우리의 작은 행보를 통해 안일한 사고에 빠진 주변의 교회들이 도전을 받고 다시 일어날 수 있게 되길 바란다."

이와 같이 배도에 빠진 악한 시대에 존재하는 교회와 성도들은 자신에게 맡겨진 특별한 사명이 있다는 사실을 기억해야 한다. 이에 대해서는 물론 지상의 모든 교회들과 성도들에게는 언제 어디에 살든지 항상 나름대로 시대적인 사명이 주어졌다. 문제는 그 사명을 어떻게 인식하고 지켜나가야 할 것인가 하는 점이다.

점점 사악해져 가는 세상과 그 가운데서 세상과 더불어 그 악을 누리는 타락한 교회를 우리는 눈여겨보며 경계의 끈을 늦추지 말아야 한다. 그래야만 그 가운데서 신음하는 연약한 하나님의 자녀들을 찾아 도움을 줄 수 있을 것이기 때문이다. 건강한 교회라면 당연히 이를 시대적 사명이자 요청으로 받아들여야 한다.

신실한 성도들이 성령 하나님의 도우심에 힘입어 말씀에 순종해 갈 때 안일한 사고에 빠진 주변의 교회들이 선한 도전을 받을 수 있다. 그것을 통해 우리 시대에 교회를 위한 회복 운동이 일어나기를 바라는 것이다. 이는 물론 각 성도들이 자신에게 맡겨진 시대적 사명에 대한 분명한 인식을 소유할 때 비로소 그것은 교회가 가질 수 있는 소망이 된다.

----

(4) 우리의 각오 - "우리는 무분별하게 난립하는 수많은 교단 가운데 또 하나
의 이름을 올리고 싶은 생각은 없다. 단지 하나님의 진리
와 성령께서 인도해 오신 역사적으로 건전한 교회 가운데
남아 있고자 할 따름이다. 따라서 연약한 교회와 성도에
대해서는 진정한 사랑을 베풀고자 노력하겠지만, 하나님
의 말씀과 진리를 멸시하고 주님의 몸 된 교회를 허무는 세
력에 대해서는 단호한 태도를 보일 것이다."

우리는 하나님의 자녀로서 결코 이 세상에서 안일하게 살아갈 수 없다.
세상은 항상 교회를 향한 공격적인 자세를 취하고 있기 때문이다. 정신을
바짝 차리지 않으면 자기도 모르는 사이 그에 동화되어 버리기 쉽다.

우리 시대의 대다수 교회들은 원래의 신앙적인 정체성을 상실하고 있다
고 해도 과언이 아니다. 그들은 일반 종교적인 목적이나 이기적인 욕망으
로 교회를 설립하기도 하고 교단을 세우기도 한다. 어리석은 자들은 그렇
게 하는 것이 기독교적 신앙 행위인 것으로 여긴다.

하지만 전문 가운데는, 참된 신앙을 소유한 자들이 단순히 새로운 교단
을 세우려는 것이 아니라 타락한 기독교를 따라가지 않고 역사적으로 건
전한 교회들 가운데 남아 있고자 한다는 사실을 천명하고 있다. 성숙한 성
도들은 이와 더불어 연약한 교회들을 말씀을 통해 도울 준비를 갖추고 있
어야 하며 배도에 빠진 무리들과는 단호한 자세로 맞서 싸울 준비를 하고
있어야만 한다.

그렇게 하기 위해서는 먼저 교회와 성도들이 영적으로 강건해지지 않으
면 안 된다. 그들은 하나님 앞에서 온전히 서 있어야 할 뿐 아니라 계시된
말씀을 심중에 받아들여 신앙에 충실해야만 한다. 그렇게 할 때 비록 규모

가 작고 미약하게 보이는 무리이지만 그 존재 의미가 역사 가운데 살아나
게 될 것이다.

----

(5) 우리의 고백 - "우리는 〈고백적 진술〉에 표방한 내용을 현실적인 표준으
로 받아들인다. 이에 대해 동의하는 교회와 성도에게는 항
상 문이 열려 있다. 물론 이와 다소 다른 입장을 가진 교회
라 할지라도 건전한 신학과 신앙의 골격을 유지하고 있다
면 여전히 존중하는 마음을 가진다."

신학은 역사의 변천과 더불어 함께 발전해 갈 수밖에 없다. 그러나 그
발전은 일반적인 의미와는 전혀 다르다. 진정한 신학 자체는, 베드로나 바
울 같은 사도들의 신학으로부터 더 이상 세속적인 가치에 의해 발전될 것
이 없다. 우리는 도리어 그 믿음의 선배들에 의해 확증된 진리를 있는 그
대로 배워야만 한다. 그들의 성경관과 하나님과 인간에 관한 이해, 우주
만물에 대한 온전한 지식은 오늘날 우리와는 가히 비교할 수 없을 만큼 온
전했다.

그럼에도 불구하고 신학은 역사 가운데 발전해 가는 것으로 말할 수 있
다. 그것은 성경의 교훈이 불변하는데 반해 타락한 세상이 무서운 변화의
소용돌이 가운데 존재하기 때문이다. 즉 과거에는 없었던 것이 끊임없이
생겨나 변화를 일으키게 된다. 즉 악한 것들이 조합되어 더 악한 것들을
만들어 내며 타락한 인간의 지식이 끊임없이 새로운 악들을 교묘하게 제
조해낸다. 그것은 비단 정신적인 것들 뿐 아니라 물질적인 내용들을 포함
한다.

우리는 역사 가운데서 끊임없이 과학이 발달하며 과거에 없었던 다양한
기계들이 생겨나게 되는 것을 목격하며 경험하고 있다. 그와 같은 변화하

는 문명과 문화를 통해 새로운 가치관들이 지속적으로 형성된다. 그렇게 되면 처음에는 생소하던 것이 점차적으로 지극히 당연한 것처럼 되어버린다. 인간들은 그 과정 중에서 자기도 알지 못하는 사이 엄청난 혼선을 겪을 수밖에 없게 된다.

개별 인간들에게 거의 절대적인 영향을 미치는 국가 체제의 변화와 가족에 대한 개념 및 가정에 대한 가치관 변화는 우리가 겪게 되는 대표적인 분야이다. 그에 따라 사회의 급속한 변화와 더불어 들어온 결혼관에도 엄청난 변화가 일어나게 된다. 우리 시대의 타락한 성문화와 동성 결혼 등은 인간성을 파괴할만한 악한 위력을 가지고 있지만 그 가운데 살아가는 사람들은 그것을 거의 깨닫지 못하고 있다. 따라서 지상 교회는 그에 대한 분명한 대응을 하지 않으면 안 된다.

---

(6) 교회의 상속 - "우리는 주님의 재림을 소망하는 가운데 교회의 장래를 내다본다. 언약의 자녀들과 그 자녀들의 자녀들 그리고 먼 후손들이 우리를 통해 참된 신앙을 상속받게 되길 바란다. 세상이 한없이 타락하고 교회라는 이름을 가진 단체들이 변절해도 그와 구별되는 참된 교회가 유지되기를 바라는 것이다. 이 일을 위해 공동의 발걸음을 내딛는 우리에게 하나님의 은혜가 임하기를 간절히 소망한다."

우리 시대에 존재하는 참된 교회들은 역사 가운데서 갑자기 생성된 것이 아니다. 따라서 교회는 인간들의 판단에 따라 함부로 세워져서는 안 된다. 만일 그런 식으로 교회를 설립하게 되면 인간의 욕망을 추구하는 매우 위태로운 종교단체가 될 우려가 따른다.

오순절 성령 강림과 더불어 세워진 지상 교회는 사도교회로부터 지속적으로 상속되어 왔다. 오늘날 우리는 그 후 이어지는 역사적 보편교회를 이어받고 있다. 따라서 참된 교회에 속한 성도들이라면 자기 시대뿐 아니라 과거 하나님께서 인도해 오신 역사적 교회를 기억하고 있어야만 한다. 과거의 교회와 현재의 모든 교회들은 상호 하나로 연결되어 있기 때문이다.

이는 지상 교회들은 각 시대에 내던져진 종교적인 집단이 아니라 구속사를 계승하고 있다는 사실을 잘 말해주고 있다. 우리의 교회도 현재 이 땅에 존재하고 있지만 미래를 향하고 있다. 이 말은 우리 시대의 교회가 장차 우리의 후손들에게 상속되어 가는 과정에 놓여 있다는 의미를 지닌다. 따라서 지상 교회는 항상 과거를 기억하며 현재를 도모하고 미래에 보존되어 갈 교회를 염두에 두고 있어야만 한다. 우리는 이에 대한 분명한 이해를 하지 않으면 안 된다.

본 헌법의 전문에 나타난 정신이 우리의 후손들을 위해 역사적 교회 가운데 잘 전승되기를 바란다. 이는 결코 단순한 이론으로 남아 있어서는 안 되며 우리 가운데 역동적으로 살아 움직여야 할 내용이다. 우리는 전문을 잘 이해하는 가운데 성경의 교훈과 더불어 이에 대한 정신을 잘 계승해 가도록 애써야 할 것이다.

고백적 진술

고백적 진술

- 우리는 신·구약 성경 66권이 유일한 계시의 말씀인 것과 사도교회 시대 이후 계시가 종결되었음을 믿고 고백한다.

- 우리는 사도 신경, 니케아 신조, 아타나시우스 신조, 칼케돈신조, 벨직 신앙고백서, 하이델베르크 요리문답, 도르트레히트 신조, 웨스트민스터 신앙고백서 및 대·소요리 문답을 성경과 조화되는 고백으로 받아들인다. 이와 동시에 교회는 건전한 고백정신과 더불어 이에 대한 교육을 소홀히 하지 말아야 함을 확인한다.

- 우리는 오직 하나님 한 분만이 교회의 유일한 주인이심을 고백하며 하나님의 몸 된 교회에서 특별히 더 많은 권세를 가지고 있는 자가 없음을 신앙적인 삶 가운데 구체적으로 실천한다.

- 우리는 전통적인 교회의 직분관을 계승한다. 항존직인 목사·장로·집사를 교회의 직분으로 받아들이며, 여성목사제도를 수용하지 않는다.

- 우리는 자유주의·신비주의·은사주의·세속주의·기복주의·혼합주의·종교다원주의 신학 사상을 배격한다. 아울러 타락한 교권주의와 인본적인 교회 민주주의도 거부한다.

- 우리는 이혼 경력이 있는 성도를 정죄하지 않으나, 교회의 순결과 자녀들의 올바른 성장과 교육을 위해서 항존직 직분자로 세우지 않는다.

- 우리는 세속적 유행을 따르지 않고 사도교회로부터 이어받은 역사적으로 건전한 교회의 상속과 보존을 위해 최선의 노력을 기울인다. 교회는 역사적 과거와 미래에 연결되어 있음을 기억해야만 한다.

- 우리는 군대에서 시행되는 집단 세례와 같은 세례의 남발과 성찬이 무분별하게 시행되는 것을 경계한다.

- 우리는 동성애와 동성결혼 그리고 성전환이 교회 안에 용납되어서는 안 될 죄악임을 밝힌다. 다만 이와 같은 죄악을 회개하고 청산한 자들을 성도로 받아들이는 것은 당연한 일이다.

- 우리는 자살이 하나님 앞에 죄악임을 분명히 한다. 구원의 은혜를 아는 성도는 스스로 자신의 목숨을 끊는 행위를 저지르지 않는다.

- 우리는 인위적 낙태행위가 살인행위라는 사실을 인정한다. 태아가 장애상태에 있거나, 부도덕한 성적 관계 때문에 생겨난 태아라 할지라도 우리에게는 낙태할 수 있는 권리가 없다.

- 우리는 모든 인위적인 인간생명 제작행위는 하나님께 저항하는 행위임을 분명히 밝힌다. 생식세포나 체세포를 이용한 인간복제 등은 위험한 현대 과학의 산물로서 명백한 비윤리적 행위로 간주한다.

- 우리는 다양한 형태의 진화론을 거부하며, 외계인의 존재를 받아들이지 않는다.

- 우리는 교회 안의 성도들 사이에 빈부귀천에 의한 어떠한 차별도 없음을 선언한다. 교회 안에서는 직업과 학벌을 비롯한 사회적 배경이 존경과 경시의 기준이 되어서는 안 된다.

- 우리는 교회 내부에 기독교적인 모습을 띠고 침투하는 세속적인 유행에 대해 민감하게 경계하는 자세를 가진다. 무분별한 종교적인 음악 · 악기 · 춤 · 연극 등이 예배 가운데 도입되는 것을 용납하지 않는다.

- 우리는 영화나 TV 등 영상매체에서 보이는 불건전한 영상물과 프로 스

포츠나 격투기 같이 정도를 넘은 운동경기 그리고 다양한 성적 담화에 대해 경계하는 자세를 유지한다.

• 우리는 언약의 자녀가 세속 교육에 물들지 않도록 최대한 노력을 기울인다. 자녀가 학교공부에 충실하도록 지도하기에 앞서 교회를 통한 말씀과 교리교육에 충실해야 함을 기억한다.

• 우리는 성경과 역사적 정통성을 띤 고백을 주의 깊게 살피지 않은 채 시도되는 제도중심의 교회연합운동을 영적 간음행위로 본다. 참된 교회 연합은 성경의 가르침과 신앙고백의 일치를 중심으로 연합되어야 함을 분명히 인식한다.

| 해설 |

우리 헌법에 명시된 '고백적 진술'은 열여덟 개 항목으로 구성되어 있다. 전체적으로 보아 신구약 성경 66권에 대한 고백과 역사적 신앙고백서와 교리문답에 대한 입장을 밝히고 있다. 그리고 교회 내부와 세상에 대해 교회와 성도들이 처신해야 할 기본적인 내용들을 담고 있다. 각 조항에 대한 구체적인 의미를 올바르게 이해하는 것은 매우 중요하다.

우리가 또한 여기서 분명히 이해해야 할 바는 〈고백진술문〉은 어떤 경우에도 논의와 토론, 재론의 여지가 없다는 사실이다. 즉 세상의 변천에 따라 장차 등장하게 될지 모르는 위험한 요소들에 대한 고백적 내용을 추가하는 가능하다. 하지만 기존에 기술되어 포함된 내용을 삭제하거나 변개하기 위한 결의는 할 수 없다.

----

(1) "우리는 신·구약 성경 66권이 유일한 계시의 말씀인 것과 사도교회 시대

이후 계시가 종결되었음을 믿고 고백한다."

성경은 하나님으로부터 계시된 말씀이다. 즉 성경이 역사 가운데서 하나님의 말씀으로 인정받게 된 것이 아니라 그 자체로서 하나님의 말씀이다. 따라서 그 말씀은 이 세상에서 인간들의 의도에 따라 작성되거나 기술되지 않고 천상으로부터 직접 계시되었다.

우리는 신구약 성경 66권이 하나님께서 천상으로부터 계시하신 완벽한 진리의 말씀인 것으로 믿는다. 이 가운데 어느 한 부분도 가볍게 여겨질 수 없으며 성경과 성경 사이에는 권위의 차이가 전혀 없다. 각 성경의 분량이나 기록자에 따라 권위의 경중이 구별되지 않는 것이다. 나아가 특정한 시대와 실제로 미쳤던 영향력의 정도에 따라 중요도 여부가 평가되지 않는다.

또한 우리는 사도교회 시대 이후 곧 AD 70년 로마제국에 의해 예루살렘 성전이 완전히 파괴된 후에는 하나님의 특별계시가 종결되었음을 믿고 고백한다. 이는 보편적 의미를 지닌 특별계시에 대한 것과 연관되어 있다. 이 말은 우리 시대에는 어떤 기적도 존재하지 않는다고 말하는 것과 다르다. 여전히 다양한 기적들이 발생한다고 할지라도 그것은 하나님의 특별계시로 기능하지 않는 것이다.

한편 신구약 성경을 완벽한 하나님의 말씀으로 받아들이지 않는 자들을 건전한 교인이라 말할 수 없다. 나아가 성경을 보통 사람들이 읽어야 할 유익한 고전 정도로 이해하는 자들도 마찬가지다. 그런 사람들은 삼위일체 하나님을 온전히 알지 못하는 자들이다.

그리고 외경이나 위경을 인정하지 않는다. 하지만 구약의 외경(apocrypha)은 일반적으로 역사적인 의미를 지닌 좋은 책으로 받아들여지고 있다. 〈제1에스드라서〉〈제2에스드라서〉〈토비트〉〈유딧〉〈에스델〉〈지혜서〉〈집회서〉〈바룩서〉〈예레미야의 편지〉〈아자리야의 기도와 세 젊은이의 노래〉〈수산나〉〈벨과 뱀〉〈므낫세의 기도〉〈마카베오상(上)〉〈마카베오하(下)〉 등이 그것들이다. 이 책들은 하나님으로부터 계시된 진리의 말씀은 아니지만 많은 교훈을 얻을 수 있는 책인 것이다.

이에 반해 위경(Pseudographia)은 좋지 않은 나쁜 책이다. 참된 진리를 어지럽히는 역할을 하기 때문이다. 〈도마복음〉〈니고데모복음〉〈바돌로매복음〉〈베드로복음〉〈마리아복음〉〈요셉복음〉〈맛디아복음〉〈나사렛인복음〉〈애굽인복음〉〈바울행전〉〈요한행전〉〈안드레행전〉〈도마행전〉〈베드로행전〉〈바나바행전〉〈빌립행전〉〈빌라도행전〉〈야고보행전〉〈라오디게아서〉〈바나바서신〉〈베드로묵시〉〈바울묵시〉〈야고보묵시〉〈도마묵시〉〈스데반계시록〉 등이 있다. 우리는 위경을 경계해야 하며 그런 불건전한 책들로부터 도움을 받을 만한 것은 전혀 없다.

----

(2) "우리는 사도 신경, 니케아 신조, 아타나시우스 신조, 칼케돈신조, 벨직 신앙고백서, 하이델베르크 요리문답, 도르트레히트 신조, 웨스트민스터 신앙고백서 및 대 · 소요리 문답을 성경과 조화되는 고백으로 받아들인다. 이와 동시에 교회는 건전한 고백정신과 더불어 이에 대한 교육을 소홀히 하지 말아야 함을 확인한다."

우리는 정통 신학 혹은 신앙에 관한 언급을 하며, 동시에 개혁 신학 혹은 개혁 신앙에 관한 이야기를 한다. 일반적으로 정통신학이라 하면 325년 니케아 공의회, 381년 콘스탄티노플 공의회, 431년 에베소 공의회, 451년 칼케돈 공의회의 결의사항을 역사적이며 공적인 것으로 받아들이는 것을 의미한다. 이는 성령 하나님의 간섭을 순수하게 받아들였던 것을 이해하는 것이다.

한편 개혁신학이라 하면 칼빈을 비롯한 종교개혁자들의 사상을 배경으로 하여 작성된 벨직 신앙고백서, 하이델베르크 요리문답, 도르트레히트 신조, 웨스트민스터 신앙고백서 및 대·소요리문답을 성경과 가장 조화되는 고백과 가르침으로 받아들이는 것을 의미한다. 이는 각 지역 교회가 성령 하나님의 도우심에 따라 말씀을 근거로 하여 교회를 지키기 위해 최선을 다해 싸웠으며 그 시대 교회에 의해 작성된 교회적 문서들을 표준으로 삼고 있다. 따라서 우리는 그 고백문서들과 교리문답서를 역사적인 소중한 거울과 지침으로 삼고 있는 것이다.

----

(3) "우리는 오직 하나님 한 분만이 교회의 유일한 주인이심을 고백하며 하나님의 몸 된 교회에서 특별히 더 많은 권세를 가지고 있는 자가 없음을 신앙적인 삶 가운데 구체적으로 실천한다."

살아계시는 참 하나님은 오직 한 분밖에 없다. 세상에 존재하는 모든 종교들은 거짓 종교에 지나지 않으며 그것을 따르는 자들이 내세우는 신들은 관념으로만 존재할 뿐 실제로는 아예 존재하지 않는다. 설령 유사한 신적인 존재가 있는 것처럼 보일지라도 그것은 성경이 말하는 신들이 아니라 신의 탈을 쓴 악한 영적인 존재들로 보아야 한다.

이 세상을 창조하신 영원한 신은 성경에 계시된 여호와 하나님이다. 그는 우주만물의 주인이시며 지상에 세워진 교회의 유일한 주인이 되신다. 따라서 우리는 하나님 한분만이 지상 교회의 유일한 주인이라는 사실을 믿고 고백한다. 따라서 그 이외에 어느 누구도 교회의 주인이 될 수 없으며 주인 행세를 해서는 안 된다.

그러므로 교회 안에서는 모든 성도들이 평등하며 상하 계층을 구성하지 않는다. 교회에는 특별히 더 많은 권세를 가진 인간들이 있을 수 없기 때문이다. 이는 단순한 이론적인 주장이 아니라 항상 교회적 삶 가운데 실행되어야 할 내용이다.

예수 그리스도의 십자가 사역으로 말미암아 하나님의 백성이 된 자들은 한 하나님을 '아버지'라 부르는 형제들이다. 그 모든 성도들은 남녀노소와 빈부귀천에 상관없이 그리스도 안에 존재하게 된다. 그러므로 형제가 된 성도들은 항상 다른 이웃들을 기억하며 상호 돕는 자의 위치에 서있어야만 하는 것이다.

----

(4) "우리는 전통적인 교회의 직분관을 계승한다. 항존직인 목사 · 장로 · 집사를 교회의 직분으로 받아들이며, 여성목사제도를 수용하지 않는다."

지상 교회에는 항존직인 목사, 장로, 집사가 있다. 이는 한번 직분을 받으면 평생 그 직분을 수행할 권한을 지닌 종신직을 의미하지 않는다. 항존직이란 역사 가운데 상속되어 가는 교회 가운데는 그 직분들이 항상 존재해야 하는 것을 의미한다. 따라서 참된 교회라면 반드시 목사, 장로, 집사가 있어야 한다.

교회 가운데 그와 같은 직분자들이 세워지는 것은 말씀을 기초로 하여 세워진 교회의 의사에 근거한다. 즉 원칙적으로 각 직분자들은 개인이 자원해서는 안 된다. 그리고 목사나 당회 등 누군가가 임명하여 세우는 것도 잘못된 것이다. 교회는 교회의 의사에 따라 성령의 인도하심에 따라 직분자를 세워야 하는 것이다.

그러므로 교회에는 교회가 세운 목사와 장로, 집사가 항상 있어야 하며 그 직분은 교회 가운데 계승되어 가야 한다. 교회가 맡긴 직분적 사역들을 통해 지상 교회가 유지 되어 가기 때문이다. 이는 주님의 재림 때까지 지속되어야 할 신령한 제도이다.

그렇지만 우리 시대에 와서 점차 확산되어가고 있는 여성 목사제도는 매우 잘못된 시대적 유행이다. 목사는 결코 여성들에게도 허용될 수 있는 직분이 아니다. 이는 교회에서 여성을 무시하기 때문에 아니라 하나님의 창조질서에 따른 성경의 교훈에 기초하고 있다. 현대의 여권주의자들 (feminists)은 여성도 남성과 마찬가지로 목사가 될 수 있다고 주장하지만 그 것은 성경이 허용하고 있는 것이라 말할 수 없다.

----

(5) "우리는 자유주의 · 신비주의 · 은사주의 · 세속주의 · 기복주의 · 혼합주의 · 종교다원주의 신학 사상을 배격한다. 아울러 타락한 교권주의와 인본적인 교회 민주주의도 거부한다."

우리 시대에는 매우 위험한 사조들이 기독교 안으로 침투해 들어와 있다. 현대 교회를 위협하는 가장 위험한 사상은 자유주의 사상이다. 그에 빠져 있는 자들은 성경을 천상으로부터 계시된 하나님의 말씀으로 받아들이지 않는다. 따라서 성경에 기록된 내용들 가운데 과학적으로 검증이 되지 않는 모든 이적들은 사실적인 사건이 아니라고 간주한다.

또한 신비주의는 초월적인 세계와 접촉하는 것을 장려하며 종교적인 영성을 추구하게 된다. 그와 같은 사상은 성경 말씀에 기록된 교훈보다 신비한 체험을 중요시한다. 그렇게 되면 성경 말씀을 통해 인격적으로 인도하시는 하나님이 아니라 개인의 초월적 체험을 최상의 것으로 받아들이는 심각한 오류에 빠지게 된다.

그리고 하나님의 구속사적인 의미를 멀리하는 자들은 은사주의에 빠져 있다. 그들은 사도교회 시대의 특이성을 무시하거나 그에 무지하기 때문에, 성경에서 행해진 모든 은사들이 지금도 그대로 발생하는 것으로 여긴다. 특히 고린도전서 12-14장에 기록된 방언과 예언, 치유의 은사 등이 현재도 그대로 있는 것으로 여기고 추구한다. 하지만 그런 은사들은 보편교회를 위한 배경이 되었으며 오늘날 우리 시대에는 존재하지 않는다.

또한 세속주의는 교회를 세상과 유사한 관점으로 동화시키는 것을 의미한다. 그런 자들은 세상의 가치와 하나님께서 피로 값 주고 사신 거룩한 교회의 가치관을 동일시하게 된다. 그렇게 되면 교회는 세상을 위해 문턱을 낮추게 되며, 상호 위험한 가치 교환이 이루어지게 되는 것이다.

이와 함께 우리는 교회 가운데서 기승을 부리는 기복주의를 경계한다. 악한 지도자들은 예수를 잘 믿으면 세상에서 큰 복을 받게 될 것처럼 선전하며, 어리석은 교인들은 하나님을 잘 믿으면 이 세상에서 복락을 누리게 될 것으로 믿고 있다. 세상의 복에 관심을 가진 사람들은 세상의 복을 풍족하게 받기 위해 예수를 믿게 된다. 따라서 그들은 하나님께 기도하면서도 그런 것들을 더 많이 채워 달라고 열심히 기도한다.

또한 우리가 경계해야 할 것은 기독교의 종교 혼합주의적 양상이다. 겉으로 볼 때 그것은 분명히 기독교처럼 비쳐지는데 그 실상은 전혀 그렇지 않는 모습을 지니고 있다. 성경을 가지고 설교하거나 찬송가를 부르기도 하지만 속 내용은 복음과 아무런 상관이 없는 것이다. 겉보기에 좋아 보이는 다양한 종교적인 내용들을 기독교 내에 도입하다보면 결국 혼합주의가 되어갈 수밖에 없다.

우리 시대의 교회가 특히 경계해야 할 사상은 종교다원주의이다. 그것을 추구하는 자들은 기독교에만 하나님의 구원이 있는 것이 아니라 다른 종교에도 구원이 있다고 주장한다. 그들은 오직 십자가에 달리신 예수 그리스도만이 유일한 구세주라고 믿는 전통적인 기독교인들을 독선에 빠진 오만한 자들로 본다. 그들은 다른 종교에 대한 관용을 보이며 매우 관대한 듯이 보이지만 그들은 성경이 계시한 하나님의 진리를 버리고 있다.

또한 우리가 경계해야 할 내용은 교회와 기독교 내부에서 형성된 타락한 교권주의이다. 교권주의자들은 종교적인 목적을 가지고 하나님의 권한을 빼앗아 제멋대로 사용하는 무서운 자들이다. 그들은 입술로는 하나님의 권위를 언급하지만 실상은 그것을 통해 자기의 종교적 권세를 추구하고 있다. 참된 교회 가운데는 머리이신 예수 그리스도 이외에 권세를 가진 자가 존재하지 않는다.

이와 더불어 현대교회를 강하게 위협하는 것은 인본적인 교회 민주주의이다. 교회는 결코 다수의 의견으로 모든 결정을 짓는 종교단체가 아니다. 하나님의 말씀이 교회 가운데 살아 존재하기 때문에 성도들은 그것을 통해 모든 것을 확정지어야 한다. 즉 사람들의 종교적인 이성과 경험이 판단의 근거가 될 수 없다. 특히 장로교회에서는 중요한 신학적인 문제는 민주적인 방식을 동원해 공동의회에서 확인하거나 결정짓는 것이 아니라 교회가 세운 당회가 그 일을 감당하게 된다.

---

(6) "우리는 이혼 경력이 있는 성도를 정죄하지 않으나, 교회의 순결과 자녀들의 올바른 성장과 교육을 위해서 항존직 직분자로 세우지 않는다."

우리시대의 가장 심각한 문제 가운데 하나는 가정문제이다. 가정은 인간들이 임의로 만든 것이 아니라 하나님의 섭리와 연관되어 있다. 남녀의 개인적인 합의에 의해 가정이 세워지는 것으로 보아서는 안 된다.

하나님의 자녀들의 입장에서 볼때 가정의 기초가 되는 혼인은 인간의 결단에 근거하지 않는다. 그것은 하나님의 창세전 예정과 선택에 밀접하게 연관되어 있다. 참된 성도들과 언약의 자녀들에 있어서는, 창세전부터 약속된 특정된 부부 사이에서 저들이 태어나도록 하나님으로부터 작정되어 있는 것으로 이해하는 것이 바람직하다. 따라서 성도의 혼인은 단순한 개인의 판단이 아니라 교회의 지도아래 준비되어야 한다.

우리는 또한 하나님께서 짝지어주신 부부는 이혼해서는 안 된다는 사실을 기억해야 한다. 즉 정상적인 부부에게는 어떤 경우에도 이혼이 허락되어서는 안 된다. 일부 교회들 가운데는 배우자의 성적인 부정이나 이단사상에 빠질 경우를 이혼의 조건이 되는 것으로 말하지만 그것은 올바른 자세라 말할 수 없다. 만일 이런 것들이 이혼의 조건이 된다면, 부부관계뿐 아니라 부모나 자식이 그와 같은 악행을 저지른다면 저들 역시 그 관계를 끊어야 할 것이다.

원리적인 측면에서 본다면, 부모가 이혼을 할 경우 그 자녀들은 본인의 의도와 아무런 상관없이 고통스런 가정 파탄을 경험해야만 한다. 이혼은 다른 가족 구성원에 대한 폭력 행위가 된다는 사실을 기억하지 않으면 안 된다. 모세의 율법에 명시된 '이혼 규례'는 언약의 백성들이 순결을 유지해야 함을 강조한 것이며, 신약시대 교인들의 이혼을 허락하는 근거가 될 수 없다.

그러므로 우리 교회는 이혼의 경력이 있는 교인들을 목사, 장로, 집사 등 항존직 직분자로 세우지 않는다. 하지만 일시적으로 별거하거나 잠시 갈라섰다가 다시금 원래의 가정을 회복했다면 아무런 흠결 상황이 되지 않는다. 물론 이혼의 경력이 있다고 할지라도 교회는 그를 차별이 없는 형제로 받아들이지만,[1] 교회의 항존 직분을 맡기지 않는 것은 교회를 상속받게 될 다음 세대에 대한 교육과 교회 질서를 올바르게 유지하기 위해서이다.

----

(7) "우리는 세속적 유행을 따르지 않고 사도교회로부터 이어받은 역사적으로 건전한 교회의 상속과 보존을 위해 최선의 노력을 기울인다. 교회는 역사적 과거와 미래에 연결되어 있음을 기억해야만 한다."

---

1) 보수주의적 개혁교회에서는 부당하게 이혼한 후 원래의 배우자가 생존한 상태에서 재혼 관계를 유지하는 것을 정당하지 않은 것으로 본다. 그럴 경우 교회의 성찬회원이 될 수 있는가 하는 문제는 당회의 충분한 검증과 결의에 따라야 한다.

현대는 모든 것이 개방된 사회라 해도 과언이 아니다. 과거 전통 사회에서는 드러나지 않고 감추어진 것들이 많았다. 특히 세상의 유행도 다른 지역이나 계층에 영향을 미치기 위해서는 상당한 기간들이 걸렸다.

따라서 과거 특정 유행에 민감하지 않던 시대에는 그것들이 적절하게 담으로 가로막혀 있었으며 새로운 유행을 접한다 해도 그에 대한 경계심으로 인해 쉽게 받아들이기 어려웠다. 이에 반해 우리 시대에는 모든 것들이 실시간으로 열려있다. 각종 매체들이 모든 유행들을 즉각 다른 영역으로 전달하고 있기 때문이다.

그런 유행들은 급기야 거룩해야 할 교회 안으로 스며들어 오고 있다. 그것은 세상의 가치관들을 동반하게 되며 말씀에 따라 살아가야 할 성도들의 생각을 혼잡스럽게 하고 있다. 이와 같은 유행은 젊고 어린 사람들에게 더욱 적극적으로 다가 온다. 지상 교회는 그에 대한 경계심을 늦추어서는 안 된다.

그러므로 성숙한 교회에 속한 성도들은 수평적인 사회 즉 옆을 두리번거리며 살아서는 안 된다. 즉 수직적인 관계를 확인하는 가운데 수평적인 모든 것들을 말씀으로 해석해 나갈 수 있어야 한다. 과거 사도교회 시대와 초대교회, 중세교회, 근세교회 들이 보존했던 참된 진리를 상속받아 실행하며 다음 세대의 교회에도 상속해 줄 준비를 갖추고 있어야 한다. 우리는 지상에 존재하는 참된 교회들이 역사적 과거와 미래에 탄탄하게 연결되어 있다는 사실을 기억하지 않으면 안 된다.

----

(8) "우리는 군대에서 시행되는 집단 세례와 같은 세례의 남발과 성찬이 무분별하게 시행되는 것을 경계한다."

교회는 표현되는 이름만으로 진정한 교회로 규정되지 않는다. 벨직신앙고백서는 참된 교회의 표지로써 '순수한 말씀선포', '올바른 성례', '정당한 권징'을 들고 있다. 그 세 가지의 표지가 존재한다면 참된 교회이지만 그것이 없거나 무시된다면 거짓교회로 규정하고 있는 것이다.

현대 한국교회가 직면한 가장 위험한 문제 가운데 하나는 참된 세례가 무시당하고 있다는 점이다. 세례는 하나님의 거룩한 교회에 입교하는 관문이 된다. 교회는 분별없이 아무나 받아들여서는 안 되며, 세례를 위해서는 반드시 수세자의 신앙 고백과 더불어 교회의 공적인 승인이 따라야만 한다.

그럼에도 불구하고 대다수 한국교회에서는 그것이 완전히 무시되고 있다. 군에서 집단적으로 베풀어지는 '소위 진중세례'는 영적인 간음행위와 다르지 않다. 문제는 거의 모든 교단들이 그 부당한 행위에 가담하고 있다는 사실이다.

하지만 아무리 좋은 의도라 할지라도 그것은 결코 용납되어서는 안 된다. 교회를 통한 지속적인 성찬이 약속되지 않고 성도들의 모임인 교회 공동체가 존재하지 않은 상태에서 세례가 베풀어질 수는 없다. 세례는 반드시 개체 교회에서 당회를 통한 교육과 더불어 베풀어져야 하며, 믿음의 형제는 그것을 통해 교회의 성찬 회원으로 받아들여져야 한다.

----

(9) "우리는 동성애와 동성결혼 그리고 성전환이 교회 안에 용납되어서는 안 될 죄악임을 밝힌다. 다만 이와 같은 죄악을 회개하고 청산한 자들을 성도로 받아들이는 것은 당연한 일이다."

성적인 개방에 있어서 우리시대는 사악하기 그지없다. 일반사회에서는 자유분방한 성문제는 이미 그 정도가 넘은 상태이다. 예술을 빙자한 외설은 이미 보편화되어 있다. 이는 아직 가치관이 형성되지 않은 청소년들에게는 치명적이라 하지 않을 수 없다.

세상에는 동성애와 동성결혼, 트렌스젠더가 더 이상 이상하지 않게 되어버렸다.[2] 서구의 많은 국가에서는 이미 그런 환경이 보편화되어 있다. 우리나라에도 벌써 상당히 퍼져 있는 상태이며 그와 같은 개념이 사람들의 인식에 평범하게 자리 잡게 되는 것은 시간문제일 따름이다. 타락한 세속국가는 점차 그런 악행들을 비판하는 것조차도 가로막고 있다.

그런데 보다 심각한 문제는 이와 같은 더러운 것들이 교회 안으로 밀려들어오고 있다는 사실이다.[3] 일부 진보적인 기독교와 신학자들은 교회가 그들을 차별해서는 안 된다고 주장하고 있다. 그것은 개인적인 성향이기 때문에 정죄할 수 없다는 것이다.

하지만 그런 것들은 하나님께 저항하는 무서운 범죄이다. 따라서 참된 교회라면 그와 같은 범죄를 절대로 용납하지 말아야 한다. 물론 하나님을 알지 못하던 과거에 그런 행적이 있었으나 완전히 청산하고 회개한 후 그 악행으로부터 돌아선 경우라면 다르다. 우리는 항상 이에 대한 분명한 이해를 하지 않으면 안 된다.

----

(10) "우리는 자살이 하나님 앞에 죄악임을 분명히 한다. 구원의 은혜를 아는 성도는 스스로 자신의 목숨을 끊는 행위를 저지르지 않는다."

자살은 자기의 생명을 직접 살해하는 죄악이다. 인간 역사 가운데 자살

---

2) 복음을 알기 전에 성전환수술을 받은 사람이 복음을 깨닫게 된다면 원래의 성을 되찾도록 해야 한다. 그 사람은 자신의 고유한 성을 회복해야 하며, 가능하다면 성기 복원수술을 하는 것이 자연스럽다. 만일 그것이 어렵다면 호르몬 투약을 중단하고 평생 성기 불구자로 살아간다 해도 하나님의 자녀로서는 그렇게 하는 것이 타당한 삶이 된다.

3) 장차 인간들이 더욱 타락하면 수간(獸姦)이 일반화되거나 '기계 인간'을 성적인 대상으로 삼게 될 날이 눈앞에 바짝 다가와 있다.

이 죄가 아니라고 주장하던 시대는 별로 없었다. 단지 자살한 죄인이 사망한 상태이기 때문에 죄 값을 물을 수 없을 따름이다. 물론 그 자살을 유도하거나 원인을 제공한 개인이든 사회이든 직간접적인 다른 범죄자가 있었는가 하는 것은 별개의 문제이다.

그런데 우리 시대에는 자살이 죄가 아니라는 식의 주장을 하는 경우가 보통이 되어 버렸다. 이는 인간의 생명이 개인의 소유인 것만으로 정착된 것과 연관되어 있다. 하지만 인간의 생명은 자기의 것만이 아니라 타인의 것이기도 한다. 즉 일반적으로 말하자면 부모가 자식을 낳았으므로 그 생명은 부모에게 속해 있다. 물론 성도의 생명은 하나님께 속한 것이므로 자기 마음대로 다루어서는 안 된다.

따라서 우리가 기억해야 할 바는 하나님의 은혜를 받아 영원한 구원에 참여한 자는 스스로 자기의 생명을 죽이는 자살행위를 하지 않는다는 사실이다. 하나님을 진정으로 믿고 아는 자라면 결코 그렇게 할 수 없다. 교회는 경각심을 가지고 그에 대한 분명한 가르침을 베풀어야만 한다.

물론 우리는 특별한 예외가 있음을 기억한다. 예를 들어 자동차에 치일 급박한 상황에 처한 어떤 사람의 생명을 구하기 위해 대신 차에 뛰어들어 자신의 생명을 스스로 포기하는 것은 일반적인 자살과 다르다. 즉 그것은 자신의 인생을 비관하여 스스로 목숨을 끊는 행위와는 다른 것이다.

> (11) "우리는 인위적 낙태행위가 살인행위라는 사실을 인정한다. 태아가 장애상태에 있거나, 부도덕한 성적 관계 때문에 생겨난 태아라 할지라도 우리에게는 낙태할 수 있는 권리가 없다."

인간은 태중에 잉태되는 순간부터 인간이다. 태중에 잉태된 아기는 점차 인간이 되어 가는 것이 아니라 처음부터 이미 완벽한 인간으로서 인격과 영혼을 가지고 있다. 따라서 어느 누구도 그 생명에 관여해서는 안 된다. 누구든지 그렇게 하는 자가 있다면 그것은 무서운 범죄 행위를 저지르는 것이란 사실을 깨달아야 한다.

우리는 태중에 있는 아기가 어떻게 하여 잉태되었는가 하는 점과 어떤 상태에 놓여 있는가 하는 점은 전혀 문제시되지 않는다는 사실을 기억해야 한다. 정상적이지 않은 부도덕한 성적인 관계로 말미암아 잉태되거나,[4] 태아에게 심각한 장애가 있다든지 하는 경우를 불문하고 그는 완벽한 인간이다. 즉 출생하기 전의 아기가 가진 모든 인간적인 권리는 태어난 후에 가지는 권리와 동일한 것이다.

그러므로 어떤 경우라 할지라도 태중에 있는 아기의 생명을 박탈할 수 있는 권리를 가진 자가 없다. 그를 잉태하고 있는 산모에게도 그런 권리가 주어지지 않았다. 만일 낙태를 통해 태아를 살해할 수 있다면 경우에 따라서는 갓 출생한 아기의 생명도 박탈할 수 있을 것이란 끔찍한 해석에 이르게 된다.[5] 즉 갓 태어난 아기를 확인하는 과정에서 여러 가지 문제들이 발견될 경우 그것을 이유로 아기의 생명을 박탈할 수는 없는 것이다.

----

(12) "우리는 모든 인위적인 인간생명 제작행위는 하나님께 저항하는 행위임을 분명히 밝힌다. 생식세포나 체세포를 이용한 인간복제 등은 위험한 현대 과학의 산물로서 명백한 비윤리적 행위로 간주한다."

------

4) 강간이나 윤간, 혹은 근친상간 등 극단적인 사정에 의해 태중에 아기가 잉태되는 경우라 할지라도 그 생명에 대한 존엄성은 인정되어야 한다.

5) 안타깝게도 인간 역사 가운데는 그와 같은 끔찍한 일들이 종종 있어왔다. 고대 스파르타에서는 건강한 아기를 얻을 목적으로 그런 일이 있었으며 초기 이슬람 이전의 아라비아 지역 사회에서도 그와 같은 악습이 있었다. 근대 중국에서도 산아 제한을 강요받을 때 민간에서는 그와 유사한 일들이 발생한 예가 있다.

현대 과학은 무서우리만큼 빠른 속도로 발전해가고 있다. 그것은 사실 어느 방향으로 얼마만큼 흘러가게 될지 현재로서는 짐작조차 하기 어렵다. 우리는 그와 같은 과학발달을 단순히 긍정적이거나 낙관적으로 받아들이지 않는다. 어떤 경우에는 비관적인 결과를 낳게 되며, 그것을 통해 예측할 수 없는 일들이 끊임없이 발생하게 된다.

그 가운데 하나가 인간들이 인간의 생명을 제작하는 행위와 연관되어 있다. 우리는 인위적인 모든 인간 생명 제작행위는 하나님께 저항하는 행위라는 사실을 기억해야 한다. 즉 인간의 생식세포나 체세포를 이용한 인간복제 등은 위험하기 짝이 없는 명백한 비윤리적인 행위이다. 설령 인간들이 좋은 의도에 따른 실험정신으로 그렇게 한다고 할지라도 그것은 용납되어서는 안 된다.

우리는 인간에게 생명을 부여하는 일은 오직 하나님께 달려 있는 것이란 사실을 잘 알고 있다. 하나님이 행하실 일을 인간들이 행하려고 한다면 그것은 하나님께 저항하는 행위가 아닐 수 없다. 이는 인간들이 감히 하나님을 밀쳐내고 조물주의 역할을 감당하려고 하는 것으로서 저들의 사악한 품성에 근거한다.

-----

(13) "우리는 다양한 형태의 진화론을 거부하며, 외계인의 존재를 받아들이지 않는다."

19세기 중엽 이후에 전 세계를 강타하기 시작한 진화론은 가장 사악한 이론이다. 물론 그것을 인간에게 대입시키는 것은 아무런 근거조차 없다. 그럼에도 불구하고 어리석은 자들은 진화론을 받아들이기 시작했으며 지금은 전 세계가 그 영향을 강하게 받고 있다. 미생물로부터 시작해 오랜 세월을 거치면서 인간이 되었다고 주장하는 진화론은 인간의 존엄성에 대한 가치를 근본적으로 해체하는 위력을 가지고 있다. 진화과정에 있는 인간들에게 특별한 존엄성을 부여할 이유가 없기 때문이다.

보다 심각한 문제는 기독교를 사칭하는 자들도 그 거짓 이론을 서서히 받아들이기 시작했다는 점이다. 그들은 변형된 진화론을 주장하며 창세기 1장에 기록된 내용을 하나님께서 창조하신 역사적 실제라는 사실을 거부한다. 즉 그들은 그 내용을 신화로 여기며 하나님의 구체적인 작정에 따른 창조 사역으로 받아들이지 않는 것이다.

세상과 타협하는 거짓 교사들이 교묘하게 변형시킨 이론은 이른바 유신진화론이다. 그들은 창세기 앞부분에 기록된 내용을 신화로 간주하며 역사적 사실로 인정하지 않는다. 다시 말하자면 그들은 실제 인물인 아담과 하와를 신화적인 인물로 간주한다. 그들은 성경에 기록된 내용을 그대로 받아들이기를 거부하고 있다.

또한 현대에 이르러 급격하게 유행하기 시작한 외계인 문제는 심각하다. 그것 역시 하나님의 존재와 창조 사역을 부인하는 진화론과 연관된 사상이다. 우주 어디엔가 외계인이 존재하는 것처럼 주장하는 자들은 순전히 상상에 의존한다. 그럼에도 불구하고 외계인을 목격했다는 사람들이 많이 있다. 그러나 우리가 기억해야 할 바는 저들이 보았다는 외계인이란 과학의 탈을 쓴 귀신이라는 사실이다.

우리는 진화론을 거부한다. 그 이론이 하나님을 인정하는 듯한 유신진화론이라 할지라도 교회는 그것을 절대로 용납하지 않는다. 나아가 외계인의 존재는 과학주의에 빠진 인간들의 허망한 주장이므로 우리는 그들의 생각을 받아들이지 않는다. 그것들은 인간들을 현혹하는 사탄에 의해 생겨난 주장들이기 때문이다.

----

(14) "우리는 교회 안의 성도들 사이에 빈부귀천에 의한 어떠한 차별도 없음

을 선언한다. 교회 안에서는 직업과 학벌을 비롯한 사회적 배경이 존경
과 경시의 기준이 되어서는 안 된다."

교회에 속한 모든 성도들은 형제자매 관계에 놓이게 된다. 그들 사이에
는 아무런 세상적인 계층이 존재하지 않는다. 신분이나 직업 같은 것은 교
회 내에서는 그 의미가 소멸한다고 해도 과언이 아니다. 물론 개인의 재능
이 교회를 위해 활용되는 것은 별개로 이해해야 한다.

나아가 교회 안에서는 직업과 학벌을 비롯한 사회적 배경이 존경과 경
시의 기준이 되어서는 안 된다. 이는 가정에서 좋은 대학에서 공부를 많이
하여 세상에서 높은 지위에 앉게 된 사람이 학교 교육을 제대로 받지 못하
고 어려운 업종에서 일하는 부모 형제에 대하여 교만한 마음을 가질 수 없
는 것과 같다.

이처럼 만일 교회 안에서 빈부귀천에 의한 차별이 존재한다면 참된 교
회라고 말할 수 없다. 여기서 우리가 주의해야 하는 것은 교만한 자세를
취하는 것도 잘못이지만 불필요한 열등감을 가지는 것도 옳지 않다는 사
실이다. 빈부격차나 사회적 지위 차이와 상관없이 신앙이 성숙한 쪽이 약
한 쪽을 거두어 돌아보는 것은 매우 중요하다.

---

(15) "우리는 교회 내부에 기독교적인 모습을 띠고 침투하는 세속적인 유행
에 대해 민감하게 경계하는 자세를 가진다. 무분별한 종교적인 음악·
악기·춤·연극 등이 예배 가운데 도입되는 것을 용납하지 않는다."

세상은 마치 지뢰밭과 같다고 해도 과언이 아니다. 더군다나 세속적인
유행은 어리석은 사람들을 현혹하기를 쉬지 않는다. 따라서 신앙이 어린
교인들은 악이 넘치는 세상에 함부로 다니지 말아야 하며, 성숙한 교인이

라 할지라도 깊은 주의를 기울여야 한다. 그리고 성숙한 이들은 어린 사람들에게 신중한 처신을 할 수 있도록 분별력을 키워주어야 한다.

세상의 가치를 휩쓰는 유행이 가진 거짓된 속성과 본질을 알지 못하는 자들은 겉보기에 화려한 그 형식을 보고 쉽게 속아 넘어가게 된다. 특히 사람들의 심성과 귀를 자극하는 가청적이며 가시적인 예술들은 주의를 기울여 응대해야 한다. 그렇게 하지 않으면 성경을 떠나 죄성을 발산하는 것들에 쉽게 빠져들기 쉽다.

우리가 더욱 경계해야 할 것은 종교적인 형식을 띠고 교회 안으로 스며들어오는 음악, 악기, 춤, 연극 등이다. 그런 것들은 사람들의 종교성을 교묘하게 자극할 수 있기 때문에 신앙이 어린 사람들은 그것이 마치 신앙을 표현하는 좋은 방편이라도 되는 듯 생각하게 된다. 그러나 교회는 그와 같은 유행들을 면밀히 살펴 교회 가운데 들어오는 것을 방지하고 용납하지 말아야 한다.

-----

(16) "우리는 영화나 TV 등 영상매체에서 보이는 불건전한 영상물과 프로 스포츠나 격투기 같이 정도를 넘은 운동경기 그리고 다양한 성적 담화에 대해 경계하는 자세를 유지한다."

우리 시대는 각종 영상 매체가 영향을 끼치지 않는 곳이 없다. 그것들 가운데 일부 유익한 내용들이 있기도 하지만 그렇지 않은 것이 태반을 이룬다. 동일한 매체 가운데 설령 좋은 부분이 있다고 할지라도 나쁜 것이 끼어있게 되면 그것은 전체적으로 나쁜 것이다. 악한 것은 늘 좋은 것을 삽시간에 삼켜버리는 속성을 지니기 때문이다.

예를 들어 영화나 TV 등은 불건전한 영상물들을 엄청난 양으로 쏟아내고 있다. 그에 익숙하다 보면 사고와 심성이 마비되어 옳고 그름에 대한 분별력이 현저하게 떨어질 수밖에 없다. 영화와 TV 연속극들 가운데는 윤리를 파괴하는 내용들이 주를 이룬다. 잘 가려서 보면 된다고 하는 자들이 있을지 모르지만 그것은 결코 그렇지 않다. 그것들이 가진 순기능보다 역기능이 훨씬 강력하고 크기 때문이다.

또한 현대 교회가 경각심을 가지고 경계해야 할 것 가운데 또 다른 하나는 스포츠 문제이다. 스포츠가 건강과 친교를 위한 목적이라면 좋은 역할을 할 수도 있다. 그러나 프로 운동경기나 격투기 같은 것은 우리에게 아무런 유익을 주지 않는다. 프로 스포츠가 말초적인 즐거움을 제공하는 정도라면 아무런 의미가 없는 것이라 말할 수 있다.

성도들은 운동을 할 때도 잘 가려서 할 필요가 있다. 친교와 건강을 위한 운동이라면 가급적이면 중간에 네트가 쳐진 종목을 권장할만하다. 그것은 서로 간 주고받는 인격적인 경기라 할 수 있을 것이기 때문이다. 그에 반해 서로간에 신체가 심하게 부딪치거나 격렬한 운동은 피하는 것이 좋다. 자칫 마음을 상하게 될 우려가 있기 때문이다.

이와 더불어 우리는 성적인 담론을 피해야 한다. 우리 시대에는 TV나 라디오를 통해 외설적인 내용이 섞인 이야기를 듣게 될 뿐 아니라, 방송 자체가 그런 식으로 제작되는 경우도 있다. 그것은 사람의 건전한 정신을 좀먹는 역할을 하게 된다. 그것은 현대사회가 직면한 심각한 문제가 아닐 수 없다. 따라서 우리는 성에 연관된 농담 같은 것이라면 입에도 떠올리지 말아야 한다.

----

(17) "우리는 언약의 자녀가 세속 교육에 물들지 않도록 최대한 노력을 기울인다. 자녀가 학교공부에 충실하도록 지도하기에 앞서 교회를 통한 말씀과 교리교육에 충실해야 함을 기억한다."

교회와 세상은 근본적인 가치체계 자체가 다르다. 교회는 하나님의 성품에 따라 거룩한 속성을 지니고 있으며 사탄이 지배하는 세상은 악한 속성을 지니고 있다. 따라서 교회는 교회에 속한 언약의 자녀들을 하나님의 속성에 따라 지도하고 가르쳐야 한다. 즉 교회에 속한 자녀들은 교회와 성도의 가정이 교육의 주체가 되어야 하는 것이다.

그렇지만 안타깝게도 우리의 현실은 전혀 그렇지 못하다. 우리는 일반적으로 자녀들을 세속학교에 보내야 하는 형편 가운데 놓여 있다. 이는 사실 매우 위험할 수 있는 것으로서 아이들을 세상에 맡기는 것과 마찬가지다. 따라서 그런 가운데서도 교회와 가정은 언약의 자녀들이 세속 교육에 물들지 않도록 최대한의 노력을 기울여야 한다.

이 말은 우리의 자녀들을 정직하고 성실한 인간으로 양육한다는 의미와 상당한 차이가 난다. 만일 그런 식으로 접근하게 된다면 학교 공부에 충실하여 세상에서 좋은 진로를 마련하면 된다는 논리에 빠지게 된다. 엄밀한 의미에서 볼 때 그것은 세속화의 다른 방법에 지나지 않는다.

그러므로 교회와 교회에 속한 성도의 가정은 언약의 자녀들에게 교회 교육을 통해 말씀과 교리를 배양하기 위해 최선의 노력을 다해야 한다. 우리는 그것이 언약의 자녀들이 세속에 빠지지 않는 방편이라는 사실을 기억하지 않으면 안 된다. 이를 구체적으로 잘 실현하기 위해서는 교회와 모든 성도들의 적극적이며 희생적인 협조가 반드시 요구된다.

----

(18) "우리는 성경과 역사적 정통성을 띤 고백을 주의 깊게 살피지 않은 채 시도되는 제도중심의 교회연합운동을 영적 간음행위로 본다. 참된 교회 연합은 성경의 가르침과 신앙고백의 일치를 중심으로 연합되어야 함을 분명히 인식한다."

우리는 성경과 역사적 정통성을 띤 고백을 소유한 교회를 참된 교회로 받아들인다. 이는 4, 5세기 정통성을 지닌 보편교회의 결의와 16, 17세기 종교개혁 시대를 중심으로 하여 작성된 신앙고백서들을 수용하는 교회들을 일컫는다. 따라서 교회 연합은 신학과 신앙적인 측면에서 올바른 자세를 가진 교회 가운데 이루어져야 한다.

그와 같은 역사적인 건전한 교회들로부터 상속된 교회를 무시한 채 시도되는 제도 중심의 교회 연합운동은 영적인 간음행위와도 같다. 그와 같은 운동을 하는 자들은 말씀과 신앙고백을 근간으로 하여 교회의 하나 됨을 강조하는 것이 아니라 정치적인 목적을 가지고 그렇게 하는 자들이다.

그러므로 성숙한 교회는 항상 성경의 가르침과 신앙고백이 전반적으로 통하는 교회를 찾아 나서게 된다. 이는 성숙한 교회를 지칭하고 있는 것이 아니라 비록 연약하고 어린 교회라 할지라도 그리스도께 속한 참 교회라면 형제로 받아들일 준비를 갖추고 있어야만 한다. 그리하여 성숙한 교회는 연약한 교회를 도와 성장을 지원해야 하는 것이다.

만일 주변에 참된 교회의 존재여부를 살피지 않고 독단적인 사고에 갇혀 있다면 설령 직접적인 분리를 지향하지 않을지라도 그것은 분리주의가 된다. 즉 영적 교만에 빠져 잘못된 우월주의에 빠지게 되기 때문이다. 성숙한 교회라면 흩어진 개체 교회들 가운데 건전한 성경관과 신앙고백을 하는 성도들이 있는지 관심 있게 살펴볼 수 있어야 한다.

정치

제1장 _총칙

제1조 명칭

본 교단은 한국개혁장로회(Korean Reformed Presbyterian Church)라 칭한다.

| 해설 |

세계에 흩어져 존재하는 교회들은 지역 교회일 수밖에 없다. 본 교단에서 말하는 한국(Korean)은 엄밀하게 볼 때 지역적인 의미와 더불어 언어민족적인 의미가 내포되어 있다. 즉 현재로 볼 때 한반도 내에 있는 교회들뿐 아니라 전 세계 여러 곳에 흩어져 있는 한국어를 사용하는 교회와 성도들도 범주 안에 두고 있는 것이다.

개혁(Reformed)은 일반적인 혁신에 연관된 '개혁'이라는 의미와는 달리 신앙고백적인 성격을 지니고 있다. 여기서 말하는 개혁이란 16, 17세기 종교개혁시대의 유산을 이어받고 있음을 의미한다. 이와 더불어 우리가 이해해야 할 점은 그 용어 가운데는 초대교회의 정통적 보편교회가 상속해 준 의미가 담겨져 있다는 사실이다.

종교개혁 당시 믿음의 선배들과 건전한 개혁주의 교회들은 4, 5세기 보편적 공교회의 결의를 매우 중요하게 받아들이고 있었다. 따라서 우리가 '개혁'(Reformed)이라는 용어를 사용할 때 그 안에는 니케아회의, 콘스탄티노플회의, 칼케돈회의, 에베소회의 등이 내포되어 있는 것이다.

그리고 장로교회(Presbyterian)란 말 가운데는 신앙고백과 더불어 장로교 정치체제에 관한 것을 드러내고 있다. 따라서 본 교단은 유럽의 개혁교회(Reformed Church)가 아니라 스코틀랜드와 잉글랜드의 장로교의 전통을 이어

받고 있다. 즉 본 교단의 제도적인 정체성은 장로교의 체제에 기반을 두고 있다.

물론 우리는 불가시적이며 우주적인 보편 교회에 속해 있다. 이는 역사적 교회와 현재 전 세계에 흩어져 존재하는 참된 교회와 연결되어 있음을 의미한다. 오순절 성령사건 이후 상속되어 온 모든 하나님의 교회들과 오늘날 여러 지역에 다양한 언어, 민족, 국가 가운데 존재하는 참된 교회들은 우리와 형제관계에 놓여 있다. 우리는 그들 가운데 '한국개혁장로교회'(KRPC)로서 직임을 다하게 된다.

제2조 신조

우리는 사도 신경, 니케아 신조, 아타나시우스 신조, 칼케돈 신조, 벨직 신앙고백서, 하이델베르크 요리문답, 도르트레히트 신조, 웨스트민스터 신앙고백서 및 대·소 요리문답을 성경과 조화되는 고백으로 받아들인다.

| 해설 |

(1) 사도신경(Apostles' Creed)

사도신경은 모든 신앙고백의 원형이 된다고 말할 수 있다. 하지만 그 고백서가 언제 어떤 과정을 거쳐 작성되었는지 명확하지 않다. 우리가 알 수 있는 바는 그 명칭과는 달리 이는 사도들이 직접 작성한 것은 아니라는 사실이다. 물론 그 작성 배경에 대해서는 분명히 알 수 없을지라도 사도들의 가르침을 계승한 교회의 공적인 문서였음은 틀림없다. 따라서 초대교회부터 역사상 건전한 교회들은 그 신앙고백서를 받아들였던 것이다.

또한 사도신경은 기독교가 공인되기 전 초대 교회와 정통교회 시대에는 모든 교회들에게 중요한 고백문서로서 기능을 감당했다. 현재도 서방교회의 전통을 이어받은 교회들은 사도신경을 고백한다. 16세기 종교개혁을 통해 성경과 교회의 의미를 회복한 신학사상을 이어받은 교회들은 대개 그렇다.

나아가 외형적인 역사상 서방교회에 그 뿌리를 둔 로마가톨릭교에서도 형식적으로는 사도신경을 받아들이고 있다. 한편 침례교를 비롯한 일부 교파에서는 사도신경이 성경에 직접 기록된 내용이 아니라는 이유로 공적인 신앙고백으로 사용하지 않는 경우도 있다. 물론 우리는 사도신경을 성경에 계시된 의미를 가장 잘 담고 있는 것으로 알고 공예배 시간에 공적으로 고백한다.

(2) 니케아신조(Nicene Creed)

콘스탄틴 황제가 313년 밀라노 칙령을 반포함으로써 기독교가 공인되었다. 그렇게 되자 그 동안 지하에 숨어있던 교회들이 바깥세상으로 나와 그 모습을 드러내게 되었다. 그것은 모진 박해를 받던 교회와 성도들이 신앙의 자유를 획득했음을 의미한다. 그와 같은 정치적인 변화는 긍정적인 많은 영향을 끼치게 된 것이 틀림없다. 하지만 그것이 모든 면에서 긍정적인 역할을 하지는 않았다.

다양한 사람들이 신학에 연관된 개인적인 사상들을 쏟아내게 되자 도리어 교회가 분열될 위험에 처하게 되었다. 그렇게 되자 황제는 325년 니케아에서 로마제국내의 감독들을 소집하여 기독교 역사상 처음 있는 기독교 제국 공의회를 개최했다. 신학을 확인함으로써 교회의 통일성을 유지하고 분열을 방지하고자 한 것이 그 중요한 목적 가운데 하나였다.

제1차 공의회였던 니케아 회의에는 318명의 감독들이 참석했다. 그 사람들 가운데 28명은 성경의 교훈에서 크게 벗어난 건전하지 않은 신학을 가진 아리우스주의자들이었다. 그들은 성부와 성자 예수 그리스도를 동일본질을 가진 분으로 인정하지 않았던 것이다.

당시 저들의 잘못된 이단 신학을 방어하기 위해 주도적인 위치에 서 있던 사람은 알렉산드리아의 알렉산더(Alexander)였다. 젊은 부제(deacon)였던 아타나시우스는 그를 수행하며 적극적으로 도왔다. 그는 나중 알렉산드리아의 감독직을 감당하게 되었다. 니케아 회의에서 두 달간의 그리스도에 대한 논쟁 끝에 알렉산더와 아타나시우스가 성경을 통해 증거한대로 성자이신 예수 그리스도는 피조물이 아니라 '성부와 성자는 동일본질을 가진 것'으로 확증했다. 그 결과 제1차 니케아 공의회에서 첫 번째 니케아 신조가 채택되기에 이르렀다.

그 후에도 아리우스주의자들과 사벨리우스의 양태론은 여전히 기승을 부리며 교회를 어지럽혔다. 이러한 문제들을 해결하기 위해 테오도시우스(Theodosius) 황제는 381년 콘스탄티노플에서 제2차 공의회를 소집했다. 그 회의에 모인 150명의 감독들은 삼위일체 교리인 '하나님은 동일한 본질(ousia)과 세 위격(hypostasis)를 가진 분'이라는, 아타나시우스와 갑파도기아의 세 교부들인 카이사랴의 바질(Basil of Caesarea), 나지안주스의 그레고리(Gregory of Nazianzus), 닛사의 그레고리(Gregory of Nyssa) 등의 성경 해석을 정통 교리로 확정지어 받아들였다.

이로써 콘스탄티노플 회의에서는 아리우스의 사상을 따르는 종속론과 사벨리우스의 양태론, 그리고 예수 그리스도의 인성을 부인한 아폴리나리우스 주의를 이단으로 정죄했다. 그 결과 제1차 니케아 신조를 보완한 '니케아-콘스탄티노플 신조'가 작성되었다. 우리가 일반적으로 말하는 '니케아 신조'란 제2차 공의회인 콘스탄티노플 회의(381년)에서 확정된 신조를 지칭하고 있다.

(3) 아타나시우스 신조

아타나시우스 신조는 일반적으로 430-500년 경 프랑스 남부 지역에서 나온 것으로 간주되고 있다. 이는 실제로 아타나시우스가 살았던 시기보다 한참 이후시대이다. 그럼에도 불구하고 그 신조가 아타나시우스 신조로 불리게 된 것은 아마도 그가 작성했을 가능성이 큰 것과 연관된 것으로 여겨진다. 즉 아타나시우스가 작성한 것이 교회들 혹은 교회 역사 가운데 존재하다가 공적인 것으로 확정된 것으로 보이는 것이다. 이 신조에는 삼위일체 하나님과 예수 그리스도에 대한 교리가 잘 드러나고 있다. 이는 샤를마뉴 대제(768-814) 시대에 이르러 보편적인 신조로 인정받게 되었다.

(4) 칼케돈 신조

5세기 초엽에는 그리스도의 신성과 인성에 관한 복잡한 문제들이 일어났다. 콘스탄티노플의 감독 네스토리우스(386-451)는 예수님의 신성과 인성이 구분되어야 한다고 생각했다. 따라서 성모 마리아는 인간 예수의 어머니 즉 크리스토토코스(Kristotokos)일 뿐 신성의 어머니인 테오토코스(Theotokos)는 될 수 없다고 주장했다.

이에 반해 알렉산드리아의 키릴로스(376-444)는 그리스도의 신성과 인성 사이에 속성교류(communicatio idiomatum)가 일어나기 때문에 예수님의 한 인격 안에서 신성과 인성을 분리할 수 없다고 했다. 따라서 성모 마리아는 하나님을 잉태한 것이라 주장했다. 그리하여 그는 네스토리우스가 예수님을 두 개의 분리된 인격을 나눈 것이라 비판했다.

또한 콘스탄티노플의 수도사였던 유티케스는 예수 그리스도의 신성을 지나치게 강조한 나머지 그의 참다운 인성을 부인했다. 그에 의하면 그리스도는 인간의 인격을 소유하지 않았으며 개별적인 인간 존재도 아니었다. 즉 예수 그리스도는 우리와 같은 인간적인 본성을 가진 존재가 아니었다.

이와 같은 상황 가운데서 451년 칼케돈에서 500여 명의 감독들이 참석한 제4차 공의회가 열렸다. 그 회의에서는 네스토리우스와 유티케스를 정죄했다. 그때 결정된 중요한 교리는, 예수 그리스도의 완전한 두 본성(two natures)인 신성과 인성은 분리되거나 혼합되지 않고 한 위격(one Person) 안에 온전히 연합되어 있다는 것이었다.

(5) 벨직신앙고백서

1561년에 작성된 이 신앙고백서는 네덜란드 개혁교회에서 공적으로 받아들였다. 그리하여 16-17세기를 거치면서 유럽의 혼란한 정치와 열악한 종교적인 환경 가운데서 수많은 개혁주의 신학자들이 네덜란드로 이주해 오면서 그 지역은 더욱 철저한 개혁 신앙을 정립하게 되었다.

그 전에 신성로마제국의 칼 5세는 이단(개신교)을 처형하는 칙령을 발표하고 개신교도들을 심하게 핍박했다. 1523년에는 어거스틴파의 수도승이 었던 헨리 보에스(Henry Voes)와 요한 에쉬(John Esch)를 부르셀에서 말뚝에 묶어 화형에 처하는 사건이 있었다. 그런 핍박은 스페인의 필리페 2세에 와서는 더욱 심해졌다. 그러나 하나님의 섭리는 이런 핍박 속에서 화란 지역에 개신 교회들이 많이 세워지는 원동력 역할을 하게 되었다.

이와 같은 순교 역사를 배경으로 한 이 신앙고백서는 몇몇 신학자들의 도움을 받아 귀도 드 브레(Guido de Bres)가 프랑스어로 작성했다. 이렇게 작성된 신앙고백서는 필리페 2세에게 보내졌다. 그것을 먼저 그에게 보낸 것은 개신교도들의 저항 방식이기도 했다.

당시 개신교도들은 반역자로 낙인 찍혀 있었으며 10만 명이 넘는 자들이 순교를 당했다. 그와 같은 상황에서 필리페 2세가 그 신앙고백서를 읽고 진실을 알아 관용 정책을 펴기를 기대했다. 하지만 그가 저들의 기대에 반하는 행동을 한다고 해도 그에게 참 신앙을 보여주고자 했다. 결과적으로 더욱 심한 박해를 몰고 왔지만 그 고백서는 교회 가운데 자리 잡았다.

벨직 신앙고백서는 작성된 후부터 곧 바로 개혁주의 교회 안에서 매우 중요한 위치를 차지하게 되었다. 1566년의 엔트웹 회의와 1568년 베셀 회의에서 이 신앙고백서가 공적으로 채택되었으며, 1571년 엠덴 총회와 도

르트에서 있었던 전국 총회(1574)와 미델부르그 총회(1581)에서도 그 신앙고
백서를 채택하기에 이르렀다.

그리고 1618-1619년에 있었던 국제 도르트 회의에서는 하이델베르그
요리문답과 함께 개혁교회의 중요한 신앙고백으로 채택하게 되었다. 그
리하여 그 신앙고백서를 개혁 교회의 기본적인 규범 교리로 받아들였다.
따라서 개혁 교회의 모든 직분자들은 그 고백서에 대한 서명을 하도록 결
의했다. 이렇게 하여 벨직신앙고백서는 하이델베르크 요리문답, 도르트
신조와 더불어 개혁교회의 중요한 표준문서로 자리매김을 하게 되었던
것이다.

(6) 하이델베르크 요리문답

하이델베르크 요리문답은 1563년 독일 팔츠(Pfalz) 영방(領邦)의 수도 하
이델베르크에서 작성되었다. 당시 그 지역에는 다양한 신학적 주장들이
난무했기 때문에 교회가 혼란을 겪고 있었다. 그런 상황 가운데서 선제후
프리드리히 3세는 그에 대한 분명한 신학을 정리하고자 했다. 교회에서의
성경적인 안전한 교육을 위해서는 절대로 필요한 작업이었다.

그것을 위해 팔츠의 제후는 우르시누스(Ursinus)와 올레비아누스
(Olevianus)를 비롯한 여러 학자들을 불러 성경에 근거한 신앙교육서를 작성
하도록 요구했다. 저들의 노력에 의해 하이델베르크 요리문답이 빛을 보
게 되었다. 그 문답서는 팔츠 지방에서 공식적인 신앙 규범과 표준 문서로
서 권위를 가졌다. 그것은 신학 교육의 기초 역할을 했으며 모든 성도들에
게 가르쳐졌다. 그리고 교회에서는 매 주일 오후에 공적으로 교육함으로
써 일 년에 한 차례씩 전체 내용을 학습하도록 했다.

시대를 반세기 가량 거슬러 올라가 보면, 마르틴 루터의 종교개혁이 하
이델베르크에 직접적인 영향을 끼쳤음을 알 수 있다. 1517년 10월 31일 비
텐베르크에서 발표한 루터의 95개조 항의문이 당시에는 충격적이었다. 그

것은 감히 로마 교황에 저항하는 겁 없는 행동으로 비쳐졌기 때문이다.

그러므로 루터가 속해 있던 어거스틴 수도회에서는 그 실상을 확인하지 않을 수 없었다. 수도회 지도부는 1518년 4월 루터를 하이델베르크 수도원으로 불렀다. 그때 루터는 유명한 '하이델베르크 명제'를 발표하게 되었다. 그는 인간들의 종교적인 목적을 추구하기 위해 동원한 모든 신학을 '영광의 신학'이라고 비판했다. 그 대신 오직 예수 그리스도만 의지하는 '십자가 신학'을 주장했다. 이 사건이 하이델베르크에서 있었다는 것은 그 도시가 독일의 어느 다른 지역보다 종교개혁을 빨리 접했음을 말해준다.

그렇지만 루터가 살아있을 동안에는 하이델베르크가 로마 교황의 영향을 벗어날 수 없었다. 그가 세상을 떠날 때가 되어서야 그 도시에 종교개혁의 바람이 불어오기 시작했다. 팔츠의 새로운 제후 프리드리히 2세(1544-1555)가 1545년 하이델베르크 성의 성탄절 날 로마교의 미사를 배척하고 개신교 방식의 성찬식을 시행하게 되었다. 그리고 이듬해 첫 주일인 1월 3일 날 하이델베르크 시내의 '성신 교회'에서는 개신교식의 성찬식을 행했다.

하이델베르크의 종교개혁은 성찬에 대한 변화로 인해 시작된 것으로 볼 수 있다. 당시 개신교 신앙을 가졌던 프리드리히 2세는 종교개혁에 박차를 가하고자 했다. 그리하여 1546년에는 종교개혁을 지속하기 위해 팔츠 지방 출신인 멜랑히톤(Melanchton)을 하이델베르크 대학으로 초빙하고자 했다. 하지만 그는 비텐베르크에서의 사역으로 인해 그의 초청을 받아들이지 못했다.

그러나 신성로마제국의 황제 칼 5세는 1548년 전 제국 내에 미사를 행하도록 강요했으며 하이델베르크도 그 요구를 피할 수 없었다. 하지만 1555년 칼 5세는 슈말칼텐 동맹에 속한 신교도 제후들과 '아우구스부르크 화의'를 맺음으로써 루터교를 인정하기에 이르렀다. 이로 말미암아 하이델베르크에서도 다시금 성경의 원리에 따른 예배를 드릴 수 있었다.

프리드리히 2세가 죽자 오토 하인리히가 팔츠 지방의 선제후가 되었다 (1556-59). 그는 1529년부터 루터교를 따르게 되어 슈말칼텐 동맹에 참여한 인물이었다. 선제후가 된 그는 이제 종교 개혁을 위해 본격적인 활동을 하기 위해 총력을 기울이기 시작했다.

그가 팔츠 지방의 교회 상황을 파악하여, 신앙 교육이 제대로 이루어지지 않는 점과 성찬이 올바르게 시행되지 않는 점, 그리고 백성들의 도덕적 타락이 심각하다는 사실을 알게 되었다. 그는 일반 백성들이 그렇게 된 원인은 성경에 대한 무지 때문이라 판단했다. 그 문제를 해결하기 위해 성경적인 교육을 위한 요리문답을 작성하고자 했으나 뜻을 이루지 못했다.

오토 하인리히가 죽은 후 그의 뒤를 이어 프리드리히 3세(1559-76)가 팔츠 지방의 선제후 자리에 올랐다. 그는 로마 가톨릭을 신봉하는 가정에서 교육을 받았으나 개신교 집안의 브란덴부르크 제후의 딸 마리아와 혼인했다. 그리하여 새로운 신앙을 접하게 되어 성경과 루터의 글을 읽으면서 개신교인이 되었다.

팔츠 지방의 선제후가 된 프리드리히 3세는 당시 타락한 교회를 올바르게 세우기 위해 모든 힘을 기울였다. 그가 당면했던 문제는 성찬론이었다. 당시 루터파 가운데 온건파와 과격파 사이의 대립이 이어졌다. 그리하여 제후는 멜랑히톤에게 자문을 구했으며 그가 성경적인 답변을 했을 때 그의 견해를 따랐다. 멜랑히톤은 칼빈과 거의 동일한 성찬관을 가지고 있던 인물이었다.

그리하여 프리드리히 3세는 팔츠 지방 교회를 위해 새로운 요리문답 작성하고자 했다. 그는 그것을 위해 신학교 교수단과 교회의 감독들과 직원으로 구성된 요리문답 작성위원회를 조직했다. 그 위원회에서는 우르시누스와 올레비아누스가 참된 신학 정립을 위한 주도적인 역할을 하게 되었다. 우리는 여기서 우르시누스와 올레비아누스에 대해 좀 더 구체적으로 알아 볼 필요가 있다.

우르시누스(1534-1583)는 브레슬라우(Breslau) 시의회의 후원으로 1550-57 년 사이 비텐베르크 대학에서 멜랑히돈의 시도 아래 신학을 공부한 인물 이다. 그는 1557년 멜랑히톤과 함께 하이델베르크를 방문하게 되었다. 그 후 그는 취리히를 방문해 불링거와 교제했으며, 제네바에서 칼빈, 베자를 만나 교제할 수 있었다. 그는 제네바에 머물면서 멜란히톤과 같은 입장을 지닌 칼빈의 성찬에 관한 이해를 더욱 분명히 알 수 있었다. 이는 우르시 누스가 루터와 쯔빙글리, 그리고 칼빈의 신학 사상에 대해 정통한 신학자 였음을 말해준다.

그는 1559년 고향으로 돌아가 가르치는 사역을 감당하기 시작했다. 그 러나 루터파 시의회에 의해 개혁파로 몰리게 되어 그 일을 그만 둘 수밖에 없었다. 그리하여 그는 취리히로 가서 버미글리(1500-1562) 밑에서 신학을 연구했다. 그의 추천으로 하이델베르크 대학의 교수가 되어 새로운 요리 문답서를 작성하는 임무를 부여받게 되었다.

한편 올레비아누스(1536-1587)는 프랑스에서 고전어와 법학을 공부하며 프랑스의 위그노들과 접촉하며 저들의 영향을 받았다. 그는 법학박사 학 위를 받은 후 제네바와 취리히에 가서 칼빈과 불링거의 지도를 받으며 신 학을 연구했다. 그는 프랑스의 위그노와 칼빈, 쯔빙글리 신학에 정통했다. 신학 수업을 마친 후 그는 칼빈과 파렐의 권유로 고향 트리어(Trier)에 돌아 가서 라틴어 교사로 일했다.

신학을 공부한 그가 교회에서 설교를 하자 그에게 귀를 기울이고 따르 는 사람들이 많았다. 그러나 트리어의 선제후이자 로마 교회의 대주교였 던 요한은 그것을 방관하지 않고 올레비아누스와 그의 추종자들을 감옥에 가두게 되었다. 하이델베르크의 프리드리히 3세는 그 소식을 듣고 보석금 을 대신 내어주고 그를 석방시켜주었다. 그가 그렇게 한 것은 올레비아누 스가 하이델베르크의 종교개혁을 위해 필요한 인물로 보았기 때문이다.

그리하여 그를 하이델베르크의 대학의 교수로 초빙하게 되었던 것이다.

우르시누스와 올레비아누스가 주도한 요리문답 작성 위원회가 1562년 12월에 임무를 완성하게 되자 프리드리히 3세는 그것을 심의하기 위한 특별 총회를 개최했다(1563년 1월 11-17일). 그때 회집한 목사들과 신학 교수들과 감독관들은 만장일치로 그것을 통과시켰다. 그리하여 프리드리히 3세는 그들의 결정에 대하여 재차 확인한 후 1월 19일 서문을 써서 출판사에 넘기게 되었다.

프리드리히 3세는 그 서문에서 당시 사람들의 도덕적 해이와 타락을 우려하면서 성경을 체계적으로 학습하지 않은 것이 그 원인이라는 점을 분명히 밝혔다. 그는 특히 교회의 교사들이 성경을 개인의 취향에 따라 가르쳐서는 안 된다는 사실을 언급했다. 따라서 교회는 새로 작성된 요리문답서를 통해 성경과 더불어 체계적인 교육이 이루어져야 한다는 사실을 강조했던 것이다.

(7) 도르트레히트신조

아르미니우스(Jacobus Arminius, 1560-1609)는 라이든 대학의 신학교수인 고마루스(Franciscus Gomarus)와의 논쟁을 통해 칼빈의 신학과 하이델베르크 요리문답 및 벨직 신앙고백서에 동의할 수 없음을 공개적으로 밝혔다. 그의 추종자들은 1610년, 개혁주의 신학 교리를 부정하면서 다섯 가지 이의를 제기했다. 1618년 개최된 도르트 총회는 네덜란드 교회가 내부에서 발생한 문제를 해결하기 위한 것이었지만 당시 세계 여러 나라의 교회 대표들을 초청했다.

참석자들은 네덜란드 전 지역의 노회가 파견한 총대들과 신학교수들, 잉글랜드와 팔츠, 헷세, 바젤, 베른, 샤프하우젠, 쮜리히, 제네바, 브레멘, 엠덴 등지의 총대들도 초청되었다. 프랑스 교회는 총대를 선출했지만 국왕의 출국금지령으로 인해 참석은 하지 못했으며, 브란덴부르크와 스코틀랜드 교회에서는 참석하지 않았다. 도르트 회의에서 작성된 문서는, 제1부 도르트 신조, 제2부 국내 총대들의 입장, 제3부 외국 총대들의 입장 등 3부로 구성되어 있다.

도르트레히트에 모인 개혁교회 총회는 아르미니우스 추종자들이 주장하는 다섯 가지 문제들에 대한 응답 형식으로 신조를 작성하게 되었다. 그 신조는 형식상 4개 항목으로 구성되어 있지만 실제로는 다섯 가지 요점을 포함하고 있다. 도르트 신조는 보통 칼빈주의의 5대 교리로 알려져 있는데, 영문 표기인 〈Total Depravity, Unconditional Elect, Irresistible Grace, Limited Atonement, Perseverance of saints〉의 머리글자를 따 '튤립(TULIP) 교리' 라 일컬어지기도 한다.

(8) 웨스트민스터신앙고백서 및 대소요리문답

웨스트민스터 총회는 찰스 1세가 통치하던 시기(1626-1649년) 잉글랜드 런던에서 개최되었다. 친로마가톨릭적이며 주교제도를 통해 왕권을 강화하고자 했던 찰스 1세의 태도는 교회의 환영을 받지 못했다. 그런 형편 가운데서도 그는 이미 장로교가 정착된 스코틀랜드 교회로 하여금 잉글랜드의 예배 형식을 따르도록 요구했다.

그렇게 되자 1637년 7월 에딘버러에서 저항운동이 일어났다. 스코틀랜드 교회는 1638년 12월 글래스고에서 총회를 소집하여 주교제도를 폐지하고 장로교회에 어긋나는 모든 요소들을 제거했다. 분노한 찰스 1세는 스코틀랜드로 군대를 파병했으나 잉글랜드 의회의 비협조로 말미암아 '언약파 군대' 라 일컬어진 스코틀랜드 군대에 패배했다.

그러자 찰스 1세는 잉글랜드 의회를 소집해 군비를 마련하고자 했으나 거부당했다. 급기야 왕은 의회를 해산하고 스코틀랜드 군대와 싸웠으나 또다시 패하고 말았다. 그로 인해 또다시 1640년 11월 의회를 소집했다. 그 때는 왕과 의회 간의 대립하는 상황이 되었다. 전세가 불리하던 초기의 의회파는 1643년 9월 스코틀랜드 언약파와 동맹(the solemn league and covenant)을 맺고 전황을 유리하게 만들어 갔다.

스코틀랜드 의회는 이 동맹을 통해 잉글랜드 교회가 장로교회로 개혁되기를 기대했다. 당시 잉글랜드 의회는 왕권을 약화시킬 정치적인 목적으로 교회 개혁을 시도하고 있었다. 의회는 그것을 위해 찰스 1세에게 교직자 총회 소집을 요구했다. 하지만 왕은 의회의 요구를 받아들이지 않았다.

그렇게 되자 왕의 재가 없이 의회가 상원의 동의를 얻어 웨스트민스터 사원의 '헨리 7세 채플'에서 '웨스트민스터 총회'를 소집했다. 151명의 총대 가운데는 상원의원 10명, 하원의원 20명, 그리고 121명의 목사들이 참여했다. 그리고 스코틀랜드 교회에서 5명의 목사들과 3명의 장로들을 파견했다. 의회로부터 과제를 받은 총회는 1643년 7월 1일 첫 회의부터 1649년 2월 22일 마지막 회의까지 5년 8개월 간 1,163번에 이르는 회의를 개최했다.

청교도적 성향을 지닌 총대들은 칼빈의 신학 전통에 따라 성경이 최종적인 권위를 가진 것으로 믿고 있었다. 그들은 성경을 역사적, 문법적으로 해석하여 그에 근거한 교리, 예배, 교회 정치 원리를 확립하고자 했다. 그 결과 네 개의 중요한 표준문서들이 작성되었다.

그것은 '예배모범'(1645년), '장로교 정치규범'(1645년), '신앙고백서'(1646년), '대소요리문답'(1648년) 등이다. 그 회의에서는 매주일 모이는 공예배에서는 기도로 시작하여, 시편 찬송, 설교 순으로 진행하도록 했으며, 주일 외에는 다른 종교절기를 다 폐하고 지키지 못하게 했다. 영국 의회는 1648년에, 그리고 스코틀랜드 장로교회 총회는 1647년에 웨스트민스터 신앙고백서를 공식 교리문서로 채택하게 되었다.

제3조 자세

1. 우리는 신구약 성경 66권이 영감 된 하나님의 말씀으로서 최종 권위를 가졌음을 인정하고 복종하며, 성경의 전체 내용은 구속사를 통해 하나님 나라의 완성을 목표로 진행되는 통일된 언약적 흐름을 포함하고 있다는 사실을 인식하고, 이에 근거하여 성경을 해석하고 가르치기에 힘쓴다.

| 해설 |

우리의 신앙에 있어서 가장 중요한 것은 성경 말씀과 성경관이다. 성경이 하나님의 계시라는 사실을 믿음으로 받아들이는 것이 성도들을 위한 신앙의 기초가 된다. 이에 대한 근본정신이 흐트러진 상태에서는 올바른 신앙이 세워질 수 없다. 따라서 우리는 신구약 성경을 하나님의 완벽한 계시로 받아들인다. 여기서 말하는 신구약 성경은 구약성경 39권과 신약성경 27권을 말한다. 이 책들 이외에 하나님의 말씀인 성경이라 할 수 있는 책은 존재하지 않는다.

성경은 특별히 부르심을 받은 여러 성도들의 손에 의해 기록되었지만 인간들의 의사에 따라 기록된 책이 아니다. 우리는 모든 성경이 유기적 영감에 의해 기록되었다는 사실과 축자적으로 글자 하나하나가 하나님에 의해 영감 받았다는 사실을 받아들인다. 이는 오늘날 우리가 소유하고 있는 필사되거나 번역된 성경책을 두고 하는 말이 아니라 맨 처음 계시된 성경 원본(the original text)을 의미한다.

물론 오늘날 우리에게 번역되어 전수된 성경도 번역상의 미숙함이 있다고 할지라도 하나님의 모든 뜻과 복음을 증거하기에 부족함이 전혀 없다. 하나님께서는 자신의 교회에 성경책을 허락하심으로써 자신의 구원 계획을 실현시켜 나가시게 된다. 따라서 교회가 성경 위에 존재하는 것이 아니라 성경의 모든 교훈들이 지상의 교회를 지배할 수 있어야 한다.

그 성경은 성도들에게 단순한 윤리적인 교훈을 주는 것을 목적으로 삼지 않는다. 성경의 전체 내용의 중심에는 하나님의 구속사가 흐르고 있다. 이는 하나님의 나라의 완성을 위해 역사적 종말을 향해 점진적으로 나아간다. 교회는 이에 대한 올바른 신앙인식에 근거하여 성경을 해석하고 가르치기에 힘써야만 한다.

또한 이 의미 가운데 포함된 것은 교회와 성도들의 '양심의 자유'이다. 이것은 양심에 따른 개인의 자유를 의미하지 않는다. 즉 개인이 양심을 빌미로 하여 성경을 마음대로 해석하거나 개인적인 판단에 따른 자유로운 신앙생활을 보장하는 것이 아니다. 이는 세속 국가의 사상적 억압으로부터의 자유를 일컫는다. 교회와 그에 속한 모든 성도들은 세상의 사상적 강압으로부터 양심의 자유를 주장할 수 있다.

----

2. 우리는 계시된 성경과 더불어 역사하시는 성령에 의지하여 공예배시에 나누어지는 말씀과 성찬을 통한 '성도의 교제'가 뜻하는 본래 의미를 구현하기를 힘쓴다.

| 해설 |

교회와 그에 속한 성도들의 중심에는 하나님을 예배하는 삶이 존재한다. 그것은 일상적인 의미를 지니고 있기도 하지만 공예배가 그 중심에 놓여 있어야 한다. 물론 그것은 하나님을 예배하는 인간들의 종교적인 심성이 아니라 경배를 받으시는 하나님의 뜻이 그 가운데 역동적으로 작용하게 된다.

그러므로 성도들이 하나님을 경배할 때 인간들의 이성과 경험이 아닌 계시된 성경의 교훈에 의존하지 않으면 안 된다. 그것 또한 성령 하나님의 적극적인 도우심을 힘입어야만 한다. 따라서 삶에 있어서 모든 예배의 중심과 근거가 되는 공예배에서는 하나님의 말씀과 더불어 그리스도의 몸을 먹고 마시는 성찬이 그 가운데 존재하게 된다.

우리는 하나님으로부터 계시된 성경이 신앙의 실천을 요구하는 말씀으로서 단순한 이론서가 아니라는 사실을 기억해야만 한다. 따라서 지상 교회는 항상 하나님의 말씀인 성경을 통해 진리를 알고 일상적인 삶 가운데 그 내용을 실현해 가게 된다. 특히 매주일 교회가 함께 드리는 공예배를 통해 성도의 교제(Holy Communion)가 구체적으로 이루어진다.

물론 그것은 개별 인간들의 종교적인 의지와 결단에 따르지 않는다. 하나님의 성령께서 지상교회를 주관하시고 각 성도들의 심령에 역사하심으로써 그것이 가능하게 된다. 우리는 이와 같은 신앙 자세가 가장 소중하다는 사실을 올바르게 깨닫지 않으면 안 된다.

이와 더불어 우리는 공예배에서 선포되는 말씀과 성찬을 통해 신앙이 자라나며 교회가 성장해 간다는 사실을 기억해야만 한다, 성도의 신앙은 신학적인 지식이나 봉사활동 혹은 종교적인 수양을 통해 자라는 것이 아니다. 또한 일반적인 교제와 인간관계 혹은 직분과 경륜에 따라 신앙이 성장하지 않는다. 오직 공예배 시간에 선포되는 말씀과 성찬을 통해 성도의 신앙이 자라나며 교회가 성장해 가게 되는 것이다.

----

3. 우리는 하나의 거룩한 보편 교회의 속성을 삶으로 체험하고 삶에서 드러내며 교회의 한 지체로서 신령하고 자유스럽고 자연스럽게 장성해 가기를 힘쓴다.

| 해설 |

모든 하나님의 자녀들은 세상에 살아가는 동안 예외 없이 현재적인 보편교회에 속해 있다. 물론 그 보편 교회에 속하기 위해서는 원칙적으로 그

에 단단히 연결된 지교회에 속해 있어야만 한다. 이는 성경에 관한 지적 인식을 소유한 성도들 뿐 아니라 신앙이 미성숙한 성도들과 나이가 어린 성도들이나 태중에 있는 성도들까지도 영육간의 보호자와 더불어 지 교회에 속해 있는 것이다.

우리는 지상의 교회가 원칙적인 측면에서 볼 때 하나라는 사실을 이해하지 않으면 안 된다. 하나님께서 피로 값주고 사신 예수 그리스도의 신부는 하나이며 여럿이 될 수 없다. 비록 여러 지역에 다양한 형태로 존재한다고 할지라도 장소뿐 아니라 역사적으로 흩어진 교회들은 전부가 하나의 몸을 이루고 있기 때문이다.

우리가 기억해야 할 바는 보편적인 교회의 하나 됨은 매주일 확인되고 있다는 사실이다. 그것은 공예배 시간을 통해 선포되는 말씀과 더불어 성찬의 시행을 통해 구체적으로 드러난다. 온 세계에 흩어져 있는 지교회들은 거룩한 음식인 성찬을 나눌 때 보편교회를 의식하지 않으면 안 된다. 즉 지교회에서 그리스도의 몸을 상징하는 떡과 포도주를 나누어 먹지만, 그 의미상 보편 교회에서 공적으로 진행되는 하나의 사건에 참여하게 되는 것이다.

그러므로 지상교회는 십자가에 달려 죽으심으로써 제공된 예수님의 몸인 성찬을 통해 성도들의 영혼은 천상의 나라로 올라간다. 그것을 통해 피부색깔이나 살고 있는 지역에 상관없이 보편 교회에 속한 모든 성도들이 한 자리에 모이는 성격을 지니게 된다. 그것은 물론 성령 하나님의 도우심에 따라 믿음으로써 실제적인 사건으로 발생한다. 그것은 물론 세상에 대하여 죽은 성도들에게 특별히 허락된 그리스도와 연합하는 신비로운 사건이다.

이처럼 지상교회에 속한 성도들은 거룩한 보편 교회의 속성을 삶 가운데서 체험해야 하며 신앙생활 가운데 그 의미가 드러나야 한다. 이는 지교회에 속한 성도로서 그리스도의 신부인 하나의 보편교회에 대한 분명한 깨달음을 소유하지 않으면 안 된다는 사실을 말해준다. 따라서 교회에 속한 성도들은 신령하고 자유롭고 자연스럽게 그리스도의 분량에 이르기까지 성장해 가기를 힘써야 한다.

> 4. 우리는 성경적인 신앙을 성실 근면한 자세로 따르고 복음에 반하는 세력의 도전에 대해서는 단호히 '전투하는 교회'의 자세를 취함으로써, 이미 이 땅에서부터 시작된 하나님 나라의 사역에 적극 참여하기를 힘쓴다.

| 해설 |

참된 신앙은 인간에게서 발생하지 않는다. 즉 신앙은 개인의 판단력에 근거하는 것이 아니라 계시된 하나님의 말씀에 근거한다. 하나님의 자녀들은 인간의 이성과 감성을 기초로 한 신앙을 세워서는 안 된다. 참된 신앙은 오직 하나님의 말씀에 기초하게 될 따름이다. 어리석은 자들은 세상에서 익힌 자기의 이성과 경험을 신앙의 기초로 삼으려고 한다. 그것은 위험천만한 생각이 아닐 수 없다.

지상 교회와 그에 속한 성도들이 성경 말씀을 부지런히 살피고 익혀 그에 합당한 신앙생활을 해야 하는 이유가 바로 거기 있다. 신앙의 근본은 성경이 요구하는 신앙자세를 가지고 성실한 자세로 그에 따라 순종하는 것이다. 개인적인 종교 이성이나 종교적인 경험이 하나님의 말씀보다 중요한 것으로 판단하고 그것을 교회 가운데 적용하려는 것은 어리석기 그지없는 행동이다.

그러므로 지상교회는 항상 하나님의 교회를 위협하는 세속적인 악한 것들에 맞서 싸워야 한다. 이는 교회가 전투하는 성격을 지니고 있음을 말해주고 있다. 교회와 그에 속한 성도들은 하나님과 교회를 멸시하며 계시된 말씀에 반하는 자들의 세력에 대해서는 단호히 싸워나가야 한다.

따라서 교회가 전투력을 배양하고 유지하는 것은 매우 중요하다. 그것은 물론 공적인 사역이 되어야 하며 성경 말씀을 올바르게 깨달아 익히는 가운데 성령 하나님의 인도하심에 의존하는 것을 대전제로 한다. 즉 인간들의 종교적인 충성심이나 자생적 능력이나 세련된 태도로 싸워서는 안 된다.

지상 교회는 항상 정신을 바짝 차려 깨어 있어야만 한다. 하나님과 교회를 대적하는 사탄은 지상 교회의 안팎에 악한 세력을 심어두고 방해공작을 펼치고 있기 때문이다. 복음 선포가 지니는 의미는 교회 바깥 세력에 대한 심판선언의 내용을 동반하고 있다. 그리고 교회 내부의 순결과 정화를 위해서는 권징사역이 필수적이다. 교회가 이 두 가지를 위해 항상 힘을 써야 하는 이유가 바로 거기 있는 것이다.

또한 우리는 이미 이 땅에서 시작된 하나님 나라의 사역에 적극적으로 참여하기를 애쓴다. 예수님께서 인간의 몸을 입고 이 세상에 오셔서 십자가 사역을 완성하시고 부활승천하심으로써 사탄이 지배하는 이 세상 왕국을 응징하는 하나님 나라는 시작되었다. 이는 세상에 존재하는 교회는 긴장관계 속에 놓여 있음을 말해주고 있다.

그러므로 신약시대 교회에 속한 성도들은 완성된 하나님의 나라를 바라보며 세상에서 진행되는 하나님 나라의 사역에 동참하지 않으면 안 된다. 그것을 통해 창세전에 선택받은 하나님의 자녀로서 아직 악한 원수의 지배를 받고 있는 자들을 구출하는 일에 참여해야 하기 때문이다. 세상에 살아가는 성도로서 세상과 하나님 나라 사이에 존재하는 긴장관계를 명확하게 깨닫는 것은 매우 중요하다.

> 5. 우리는 역사적 개혁주의 신앙과 신학을 잘 계승하고 전파하며 부지런히 연구하여 다음 세대에 올바른 신앙이 전수될 수 있도록 힘쓰며, 같은 신앙과 신학을 실천하는 타 교회와의 교제와 연합을 도모한다.

| 해설 |

참되고 올바른 신앙과 신학은 앞선 역사적 교회와 상관없이 특정한 시대에 생성되지 않는다. 나아가 특별한 지역적 환경에서 독특한 신학이 만들어지는 것도 아니다. 즉 참된 신앙과 신학은 역사적 산물이 아니며 지역과 문화적 배경에 따라 독특한 신앙이 조성되어서도 안 된다. 단지 변천하는 악한 사상에 대항하거나 저항하여 대응적인 변증신학으로 발전되어 가게 될 따름이다.

따라서 참된 신학은 변천하는 역사 가운데 세상을 해석하는 가운데 더욱 분명하게 확립되어 가게 된다. 그것은 물론 성경의 본문과 그로부터 나오는 교훈을 절대적인 근거로 하여 이루어진다. 이는 성경을 이용해 신학과 신앙을 세우는 것이 아니라 성경에 근거하여 신학이 형성되어야 한다는 사실을 의미한다.

그러므로 지상 교회는 항상 성령께서 인도해 오신 참된 교회가 소유한 신앙과 신학을 상속받아 잘 계승해야만 한다. 그것을 통해 참된 진리를 교회 안에 보존하며 전파하게 된다. 또한 그것을 위해서는 역사적 교회와 정통한 저들의 신앙과 그에 연관된 신학을 부지런히 살펴 연구해야 한다.

그렇게 함으로써 다음 세대에 올바른 신앙이 전수 될 수 있도록 힘써야 한다. 즉 지상 교회는 특정 시대와 문화에 따라 형성된 세속화된 신앙체계를 후대에 강요해서는 안 된다. 그 대신 앞선 시대의 참된 신앙과 신학을 올바르게 전수받아 보존함으로써 다음 세대에 그것을 올바르게 전수해야 하는 것이다.

이를 위해서는 보편교회에 속한 지역교회에 대한 이해를 분명히 해야만

한다. 즉 전체적으로 보아 각 지 교회들이 개별적으로 다음 세대에 참된
신앙과 신학을 전달하는데 그치는 것이 아니라 공동의 책임 아래 놓여 있
다. 따라서 동일한 참된 신앙과 신학을 소유하고 실천하는 이웃 교회와의
교제와 연합을 도모할 수 있어야 한다. 이는 개교회주의를 벗어나지 않으
면 안 된다는 사실을 의미하고 있다.

> 6. 우리는 시편을 비롯하여 영감 된 말씀을 가사로 한 찬송들을 부르기에
> 힘쓴다.

| 해설 |

음악(music)과 노래(song)는 그 의미상 전혀 다른 개념을 지니고 있다. 음
악이란 우리가 일반적으로 이해하는바 음조 및 악보와 연관되어 있다. 사
람들이 직접 목소리로 부르는 성악을 비롯한 모든 악기들은 음악의 범주
에 속한다. 이에 반해 노래란 시(詩)를 의미한다. 즉 시는 사람의 마음에서
우러나는 것이다.

하나님의 자녀들은 마음과 영혼에서 우러나오는 노래로서 하나님께 찬
양을 올려 드린다. 그러나 타락한 인간들에게는 자의적으로 하나님을 찬
송할 수 있는 능력이 없다. 따라서 하나님의 자녀들은 하나님께서 저들에
게 가르쳐 주신대로 노래 불러야 한다. 우리가 공예배 시간에 시편을 노래
해야 하는 이유는 성경에 기록된 시편이 하나님께서 우리로 하여금 노래
하도록 계시하신 말씀이기 때문이다.

구약시대에 주어진 시편을 왜 신약시대 교회에서 불러야 하느냐고 생각
하는 자들이 없지 않다. 그것은 시의 성격을 이해하지 못하는데서 발생하
는 오해이다. 시는 그 장르상 시대와 장소를 초월하는 성격을 지니고 있
다. 즉 구약시대에 계시된 시편의 내용은 태초부터 마지막 심판날까지의

모든 내용들을 포함한다. 나아가 창세전부터 장차 완성될 영원한 나라를 포함하고 있다. 우리가 시편을 노래하는 것은 그와 같은 이유에 연관되어 있다.

범죄한 인간들이 작곡한 가락 자체에는 어떠한 거룩성도 내재되어 있지 않다. 또한 인간들이 지은 신앙적이며 종교적인 시 가운데는 편향적인 성향이 내포될 수밖에 없다. 즉 신앙인들은 시에서 항상 좋은 말만 골라서 표현하게 된다. 즉 축복, 사랑, 은혜, 용서 등 인간들이 보고 느끼기에 좋은 용어들만 골라 사용한다. 이에 반해 시편에는 저주, 증오, 미움, 심판 등이 함께 나타나고 있다.

우리는 참된 찬송은 타락한 인간들의 생각과 목소리로부터 나오지 않는다는 사실을 분명히 기억해야 한다. 참된 찬송은 천상으로부터 요구된 노래여야 한다. 성도들은 그 가운데서 하나님의 놀라운 섭리와 경륜을 알고 하나님을 찬송하며 경배하게 된다. 즉 거듭난 성도들은 계시된 시편을 통해 하나님을 노래하게 되는 것이다.

이와 더불어 우리가 반드시 이해해야 할 바는 공예배 시간에 성경의 시편을 노래하는 것이 교회론에 밀접하게 연관되어 있다는 사실이다. 시편 찬송을 통해, 매주일 드리는 공예배 가운데서 보편교회의 하나 됨을 확인할 수 있게 된다. 지상의 교회들은 여러 지역에 흩어져 존재하지만 모든 하나님의 백성은 언약의 날 동일하게 계시된 시편으로써 한 하나님을 찬송하게 되는 것이다.

물론 우리는 입술로 시편을 부르는 것만으로 스스로 만족해서는 안 된다. 즉 시편을 노래 부르는 행위 자체로서 그 의미가 부여되지는 않는다. 시편의 구속사적인 의미를 알고 전체 교회가 고백적으로 시편을 노래할 때 비로소 그 의미가 드러나게 되는 것이다.

우리가 여기서 기억해야 할 바는 우리시대에 일반화되어 있는 악기와 악보는 하나님을 진정으로 노래하는 데 방해적인 요소가 될 수 있다는 사실이다. 인간들이 만든 악기와 음악의 달콤함이나 소란스러움은 시편의 의미를 마음에 새기고 듣는데 방해 역할을 할 수 있다. 그리고 찬송가 위에 그려진 오선지는 눈을 통해 시를 읽고 마음으로 음미하는데 거추장스러운 걸림이 될 우려가 따른다. 이에 대한 분명한 이해를 하는 것은 매우 중요하다.

따라서 피아노와 같은 악기는 하나님을 예배할 때 성도들이 함께 시편을 노래하는 데 도움을 주기 위한 단순한 도구이다. 따라서 악기가 사람의 감정을 자극하거나 북돋우는 방편이 되어서는 안 된다. 어떤 악기들은 동일한 시편을 전체가 조화롭게 노래하는 일에 어느 정도 도움을 줄 수 있다. 그러나 악기가 사람들의 음악적인 취향을 종교에 동원하는 방편으로 사용되지 말아야 한다.

구약시대에 악기가 사용된 것은 어떻게 이해할 것인지 궁금해 하는 자들이 없지 않다. 우리는 제사장들이 하나님께 희생제물을 바치는 성소와 지성소 내부에서 직접 악기를 연주하지 않았음을 기억해야 한다. 제물이 바쳐지는 제단 밖의 영역에서 다양한 목적을 위해 악기가 연주된 적은 있다.

또한 성소 주변에서 수금을 비롯한 각양 악기들을 사용한 적이 있으나 그것은 제사 행위와 구별되어야 한다. 사람들이 소고와 수금 등의 악기를 동원해 거룩한 곳에서 하나님을 찬양하며 즐거워 할 때는 선언적인 의미와 더불어 즐거움을 나타내기 위한 목적이 있었다. 물론 그것들은 제물을 바치는 제사행위와 구별되는 일반적인 의미에서 하나님을 경배하는 것에 연관되어 있다.

이와 마찬가지로 사도교회 시대에는 영원한 희생제물인 예수 그리스도를 중심으로 하여 하나님을 예배하는 시간에 다양한 악기를 사용하지 않았다. 신약시대에는 예수님의 십자가 사역을 통해 성소 안으로 들어가서 하나님을 섬기는 의미가 있기 때문이다. 이는 물론 악기가 터부시 되어야 한다는 의미와 다르다. 일상생활이나 활동 중에 악기를 사용할 수 있으되,

예배를 위해 다양한 악기들을 동원해 음악성을 높이고 떠들썩한 분위기를 연출하는 행위를 해서는 안 된다.

그러므로 종교개혁시대의 믿음의 선배들은 예배 중에 음악과 악기를 사용하는 것을 강하게 견제했다. 쯔빙글리는 취리히 교회에서 목회하면서 오르간을 예배당 밖으로 내다버렸으며, 칼빈은 제네바 교회에서 예배 중에 소프라노, 알토, 테너, 베이스 등 4부로 노래 부르는 것을 금했다. 하나님의 말씀과 성례보다 더 달콤하거나 관심을 끌만한 것이 예배 가운데 존재해서는 안 되었기 때문이다. 오늘날 우리도 이에 대한 올바른 이해를 하여 예배 가운데 실제적으로 적용해야만 한다.

제2장 _ 회원

제4조 회원의 정의

우리는 하나의 몸에 연결된 거룩한 지체다. 회원은 제2조와 제3조에서 분명하게 밝힌 참된 교회의 성격을 확실하게 알고 사명을 각성하여, 이 정신을 세상에 드러내고 이루는 것을 삶의 목표로 삼는 신자다.

| 해설 |

하나님의 자녀들은 원칙상 반드시 교회에 속해 있어야만 한다. 보편교회에 속해 있어야 하는 것은 당연한 일이며 보편교회의 줄기에 속한 지교회에 속해야 하는 것도 당연하다. 따라서 그리스도의 몸된 교회에 속하지 않은 성도란 존재하지 않는 것으로 보아야 한다.

현실적으로 볼 때 만일 지 교회에 속하지 않은 성도들이 있다면 원래는 개체교회에 속해 있어야 함에도 불구하고 방치된 상태에 놓여 있는 것으로 이해하는 것이 바람직하다. 따라서 속히 건전한 지 교회를 찾아 그에 속하도록 해야 한다. 교회에 속하지 않은 채 올바른 신앙생활을 하는 것은 불가능한 일이기 때문이다.

하나님의 자녀들은 매 주일 교회 공동체에 속해 공예배 가운데 선포되는 하나님의 말씀과 그에 연관된 성찬에 참여해야만 한다. 지상에 흩어진 모든 교회들과 성도들은 공예배에 참여함으로써 교회의 하나 됨을 확인하게 된다. 그것을 통해 언약적으로 허락된 현실적인 천상의 잔치에 참여할 수 있다. 하나님의 자녀로서 그에 대한 올바른 이해를 하는 것은 매우 중요한 일이다.

그러므로 하나님의 자녀인 우리는 그리스도를 머리로 한 하나의 몸에 연결된 거룩한 지체라는 사실을 기억해야 한다. 모든 성도들은 교회의 지체가 되어 그 머리가 되시는 예수 그리스도의 몸에 붙어 있는 것이다. 만일 몸에 붙어 있지 않은 지체라면 죽은 상태에 놓여 있는 것과 마찬가지다. 즉 비록 나약해 보일지라도 몸에 단단히 붙어 있는 지체라면 그에 속한 자가 되는 것이다.

물론 교회의 조건은 '순수한 말씀선포' '올바른 성례' '정당한 권징사역' 의 세 가지 교회의 표지가 분명히 드러나는 건전한 교회여야 할 것을 전제하고 있다. 그것을 위해 우리는 앞의 '제2조' 에 명시된 '신조' 와 '제3조' 에 기록된 '자세' 를 명확히 이해하고 받아들여 실천하지 않으면 안 된다.

물론 거듭난 하나님의 자녀라 할지라도 타락한 세상에 살아가는 인간으로서 항상 부족함이 있을 수밖에 없다. 그러나 참된 교회의 성격을 분명히 알고 그 사명에 대한 각성을 해야만 한다. 즉 항상 성도로서 자신의 위치를 자각하고 올바른 신앙인의 자리를 지키기 위해 힘써야만 된다.

그렇게 함으로써 참된 신앙인으로서의 복음의 정신이 세상에 드러나도록 해야 한다. 그와 같은 신앙을 통해 지상 교회가 자라나게 되기 때문이다. 교회에 속한 성도들은 그에 참여하는 것이 삶의 가장 소중한 목표라는 사실을 자각하지 않으면 안 된다. 지 교회의 회원이라는 말의 정의는 그와 같은 실질적인 의미를 담고 있다.

제5조 회원의 종류

1. 성찬 회원: 세례를 받은 신자 중에서 제3조의 정신을 품고 그렇게 생활하기로 하여 본 교단의 고백적 진술을 받아들이고 당회의 승인을 거쳐 회중들 앞에서 교회의 가르침을 따르기로 서약한 신자다.

| 해설 |

현대 교회의 가장 심각한 문제는 교회의 담이 무너져 버린 사실이다. 이는 예배당 건물을 두고 하는 말이 아니라 교회 회원에 연관된 문제이다. 국가를 두고 말하자면 누가 대한민국 국민인지 아닌지는 선명하게 정리되어 있다. 나아가 학교나 회사에서도 누가 그에 속한 구성원인지 아닌지는 분명하다.

지상에 존재하는 하나님의 몸된 교회는 그보다 더욱 분명해야 한다. 누가 교회의 정회원인지 아닌지 그 경계와 구분이 모호해지면 모든 것이 흐트러질 수밖에 없다. 그럼에도 불구하고 현대교회에는 그 경계와 담이 허물어져 버린 지 오래다,

따라서 본 교단에서는 성찬회원을 정회원으로 받아들인다. 그 자격을 위한 기본적 요건으로는 세례를 받은 성도들 가운데 본 교단의 '고백적 진술문'을 받아들이고 앞의 제3조에 기록된 신앙인의 자세의 정신을 가진 자여야만 한다. 그것은 당회의 승인을 거쳐야 하며 회중들 앞에서 교회의 가르침을 따르기로 서약한 자여야 한다.

이를 위해 본 교회는 내규에 따라 정교인에 대한 몇 가지 구분을 해두고 있다. 그것은 '정교인', '임시정교인', '장기출타교인' 등이다. 이들은 모두 본 교회의 정교인에 해당된다. '정교인'은 매주일 공예배에 참석하는 성도로서 교인의 모든 권리와 의무를 감당해야 한다. 거기에는 신앙적, 정신적, 물질적인 분야에 이르기까지 모든 권리와 의무가 포함된다.

'임시정교인'은 보편교회의 정신에 연관되어 있다. 신뢰할만한 다른 지교회에 속한 성도가 일정기간 우리 교회 인근에서 신앙생활을 해야 할 경우 양쪽 교회의 동의와 허락 하에 본교회의 임시 정교인이 될 수 있다. 그럴 경우 양쪽 교회 당회의 지도를 동시에 받게 된다.

이와 마찬가지로 본 교회 소속 정회원이 외부 지역으로 장기 출타할 경우 '장기출타교인'이 된다. 그는 본교회의 정교인이면서 신학과 신앙을

공유하는 다른 교회의 임시적 정회원이 될 수 있다. 이때도 그 성도는 양 교회의 지도를 받게 되며, 본교회에 왔을 때 공동의회나 특별한 회의가 있다면 정회원으로서 권리가 주어진다. 정교인의 신분을 가진 모든 성도들은 본 교회의 지도를 받아야 할 의무를 가진다.

----

2. 준성찬 회원: 유아세례를 받았으나 아직 공적 신앙고백을 하지 않은 신자와 유아세례를 받지 않았으나 교회가 언약의 자녀로 받아들인 신자다.

| 해설 |

준성찬 회원이란 본 교회에 속한 정교인이지만 아직 입교하지 않은 언약의 자녀들을 일컫고 있다. 성찬회원은 출생한 어린 자녀로 하여금 유아세례를 받게 해야 할 의무가 있다. 그렇게 함으로써 그 아기는 교회에 속한 언약의 자녀가 된다.

당회를 비롯한 모든 성찬회원들은 그 부모와 더불어 언약의 자녀들을 성경과 교리를 중심으로 신앙을 지도해야 할 의무가 있다. 따라서 개별 부모들은 그 아이를 자신의 소유물인양 착각하는 오류에 빠지지 말아야 한다. 즉 부모의 욕망에 따라 자녀를 양육할 것이 아니라 하나님의 말씀에 따라 자녀를 양육해야 하는 것이다.

또한 불가피한 형편에 의해 유아세례를 받지 못한 아이들도 교회가 언약의 자녀로 받아들일 수 있다.[6] 즉 성찬회원인 부모와 함께 그 아기도 언약의 자녀가 될 수 있는 것이다. 그렇게 하여 자녀들이 성장하게 되면 성

----

6) 예를 들어, 어린 아기를 둔 초신자인 부부가 신앙을 가지게 되었을 경우가 이에 해당된다. 그들이 세례를 받고 교회에 속했으나 그 아기는 유아세례를 받을 연령을 지났다면, 교회는 불가피하게 당회의 결의에 따라 그를 언약의 자녀로 받아들일 수 있는 것이다.

찬상으로 초대하게 된다. 그것은 물론 당회의 면담을 통한 당사자의 고백을 확인하는 과정을 거쳐야만 한다.

----

3. 원입 회원: 교인 명부에 등록되었으나 성찬 회원도 준성찬 회원도 아닌 신자다.

| 해설 |

원입회원이란 본 교회의 교인 명부에 등록되어 있으나 성찬회원이나 준성찬 회원이 아닌 성도들을 일컫는다. 이는 세례 받기 전의 성도들을 일컫는 것이 일반적이다. 한편, 이와 상당한 차이가 나지만 우리 교회에서는 내규에 따라 비정교인이면서 일정기간 정기적으로 공예배에 참석하는 성도들을 당회의 의결을 거쳐 준회원으로 받아들인다.

이는 소속된 교회가 없는 성도들을 우리 교회가 관리해주어야 할 어느 정도의 보편적인 의무가 존재하는 것에 연관된다. 준 교인의 경우에는 원입회원과 마찬가지로 교회의 명부에 이름이 올라간다. 그 과정을 거쳐 참된 신학과 신앙의 원리를 깨달아 알고 당회가 저들의 고백과 문답을 통해 정회원으로 받아들일 수 있게 된다.

이와 더불어 원입 회원이 아닌 '손님교인'이 있을 수 있다. 손님교인은 소속된 교회가 없는 상태에서 본 교회의 공예배에 어느 정도 지속적으로 참석하는 성도들을 지칭한다. 그들은 아직 본 교회의 회원이 될 의향이 없거나 당회가 저들의 신앙을 좀 더 확인해야 필요가 있을 경우에 놓인 성도들이다.

이와 더불어 우리가 생각해 보아야 할 개념은 '손님'이다. '손님'은 '손님교인'과 구별되며 특정 교회에 소속되어 있으면서 한번 본 교회를 방문하여 공예배에 참석하는 성도들을 일컫는다. '준교인'과 '손님교인'은 물론 '손님'이라 할지라도 그들이 경건한 자세로 예배에 참석한다면 당회의 면담을 통해 신앙을 확인한 후 성찬 참여를 허용한다.

또한 여기서 우리가 특별히 기억해야 할 바는 본 교회 정회원으로서 다른 교회로 이명을 하거나 이탈한 경우이다. 법적으로 정식 이명을 하지 않은 경우라 할지라도 특별한 사정으로 말미암아 당회의 허락에 의해 다른 교회로 갈 경우와 출교의 징계가 없는 상태에서 자의로 이탈한 경우가 있다.

만일 이들이 본 교회로 되돌아 올 경우 이명이나 당회의 허락이 있었을 경우 당회의 결의에 따라 즉시 정회원의 자격이 주어질 수 있다. 그러나 자의적 이탈이나 권징에 대한 불복종으로 교회를 떠났다가 돌아온다면 특별한 손님으로 받아들여야 한다. 그런 자가 정회원의 자격을 얻기 위해서는 앞선 이탈 원인에 대한 면밀한 살핌이 있어야 한다. 그에 대한 분명한 합리적인 뉘우침이 있어야만 정회원으로 받아들일 수 있다.

제6조 회원의 봉사

1. 회원은 공예배에 참석하고 교회의 가르침에 복종해야 한다.

| 해설 |

교회에 속한 모든 성도들은 봉사하는 일에 적극적으로 참여해야 한다. 이 조항에서 말하는 회원의 봉사란 일종의 의무에 연관된 뜻을 내포하고 있다. 만일 봉사의 의무를 다하지 않는 사람이 있다면 그는 교인으로서 결격 사유를 가지게 된다.

하나님의 자녀들에게 있어서 가장 중요한 의무는 공예배에 참여하는 것이다. 참된 신앙을 소유한 사람이 이 세상에 살아가는 중요한 목적은 공예배에 참여하여 하나님을 공적으로 경배하는 것이다. 교회에 속한 성도로서 주일과 주일 예배를 소중히 여기지 않는 것은 있을 수 없는 일이다.

그러므로 모든 성도들은 주일 공예배에 참여해야 할 마땅한 의무를 지닌다. 그것은 교회 공동체를 위해서 뿐 아니라 성도들 각자를 위한 것이다. 불가피한 특별한 일 때문이 아니라면 공예배에 결석해서는 안 된다. 나아가 예배 시간에 지각하는 행위도 하지 말아야 한다. 불가피한 상황이 발생한 것이 아님에도 불구하고 지각을 계속한다면 자기도 모르는 사이 하나님을 멸시하는 위험한 자리에 앉을 수 있다.

우리는 자신이 생각할 때 웬만한 사람과 약속을 하면 지각을 하지 않는다. 나아가 자기가 생각할 때 중요한 사람이라면 약속한 후 절대로 지각을 하지 않을 것이다. 또한 사랑하는 사람을 만나기로 했다면 시간을 앞당겨 달려 갈 것이다. 그와 같은 모든 경우를 감안한다면 하나님 앞에 경배하는 공예배 시간에 지각하는 일은 결코 있을 수 없다. 따라서 참된 성도라면 어느 누구도 지각을 해서는 안 된다.

특히 자녀를 둔 부모들은 이에 대하여 더욱 깊은 주의를 기울여야 한다. 자칫 잘못하면 부모가 자녀들의 예배 참여를 방해할 우려가 따르기 때문이다. 이에 대해서는 아기를 잉태하고 있는 산모에게도 동일하게 적용되어야 한다. 산모가 예배를 등한시하여 예배에 참여하지 않는다면 아기는 자동적으로 결석할 수밖에 없다.

나아가 모든 성도들은 교회의 가르침에 복종해야 한다. 이에 대해서는 예외가 있을 수 없다. 직분을 가진 일반 성도들 뿐 아니라 목사와 장로, 집사들도 교회의 가르침과 신실한 요구에 복종해야 한다. 교회 위에 군림할 수 있는 사람은 아무도 없으며 누구든지 그와 같은 생각을 하는 자가 있다면 그는 교회를 무시하는 자라 할 수 있다.

> 2. 회원은 전능하신 하나님께서 가족인 우리를 친히 보존하시며 자라게 하시는 것을 확신하고 교회의 존재와 운영에 관해 하나님께 의탁한다. 이 신앙을 가진 회원은 헌신함으로써 교회 운영의 소중한 역할을 감당한다.

| 해설 |

지상의 개체 교회에 속한 성도들은 가족이다. 이는 상징적인 의미가 아니라 실제적인 의미를 지니고 있다. 그러나 거듭난 성도라 할지라도 그에 연관된 하나님의 뜻을 온전히 순종하기가 쉽지 않다.

그러므로 한 가족으로 엮어진 교회를 전능하신 하나님께서 친히 보존하시며 성장해가도록 하신다. 교회에 속한 성도들은 이에 대한 믿음을 가져야만 한다. 이는 단순히 믿음을 가지도록 요구하는 차원에 그치지 않는다. 중요한 점은 하나님께서 그렇게 하고 계심에도 불구하고 우리가 그렇게 하지 않는 것은 하나님에 대한 불순종 행위가 된다는 사실을 명확히 깨닫는 것이다.

따라서 우리는 하나님께서 친히 자신의 몸된 교회를 보존하신다는 사실을 확신해야 한다. 그것은 인간들의 능력과 다양한 노력에 의해 교회가 보존되는 것이 아니란 사실을 말해 준다. 그것을 위해 모든 성도들은 교회의 존재와 운영에 관해 하나님께 모든 것을 의탁하는 자세를 유지해야만 한다.

이와 같은 성숙한 신앙을 가진 성도들은 하나님께 온전히 헌신함으로써 자의적인 판단을 미루게 된다. 그것이 교회를 운영해가는 중요한 방편이 된다. 모든 성도들이 이에 대한 성숙한 자세를 가지는 것은 매우 중요하다. 이는 직분자들에게만 요구되는 것이 아니라 모든 성도들에게 요구되고 있다는 사실을 잊어서는 안 된다.

3. 회원의 봉사는 거룩한 영광에 참여하는 일이다. 세속적인 것들 때문에 교회의 거룩함을 흐리게 하는 일이 없도록 항상 민감한 주의를 기울인다.

| 해설 |

하나님의 자녀들의 교회를 통한 근본적인 봉사는 하나님의 거룩한 영광에 참여하는 것이다. 이 봉사 행위는 믿음으로 공예배에 참여하는 일과 연관되어 있으며 신앙의 본질에 해당된다. 이는 인간들의 공로나 행위가 아니라 하나님의 사역에 근거하고 있다. 기록된 하나님의 말씀을 올바르게 깨닫고 예수 그리스도의 은혜를 온전히 받아들일 때 그 영광에 참여하는 자리에 앉게 되는 것이다.

이 일을 위해서는 올바른 교회관을 가져야 한다. 이기적인 욕망으로 교회를 대해서는 안 되며 세속적인 것들을 교회 내부로 끌어들여와서도 안 된다. 나아가 이보다 더욱 주의를 기울여야 할 바는 이미 교회 내부로 들어와 세속화와 종교적인 욕망이 체질화된 경우이다. 그런 형식적인 것을 추구하다가 보면 자칫 본질을 상실하기 십상이다. 그렇게 되면 교회의 거룩함을 흐리게 할 우려가 있다.

그러므로 모든 성도들은 이에 대하여 민감한 자세를 유지해야 한다. 특히 성숙한 성도들은 전체 교회를 살피는 가운데 신앙이 어린 성도들을 돌보는 역할을 하는 것은 매우 중요한 봉사가 된다. 나아가 타락한 세상의 요소들이 종교적인 탈을 쓰고 교회 안으로 스며드는 것을 막아야 한다. 만일 세속적인 것들을 교회 안으로 끌어 들여온다면 그것은 교회와 성도들의 신앙을 방해하며 훼손하는 행위가 된다.

4. 회원의 봉사는 교회의 직분적 질서에 따른다.

| 해설 |

교회에서는 개인의 판단과 의사에 따라 임의로 봉사하지 못한다. 여기서 말하는 봉사란 단순 봉사를 의미하지 않는다. 즉 청소를 한다든지 설거지를 하는 것과 같은 봉사를 말하지 않는다. 그와 같은 봉사는 얼마든지 할 수 있다.

그러나 여기서 말하는 교회 회원의 봉사란 직분 사역에 연관되어 있다. 교회에는 직분과 직분회가 있다. 목사, 장로, 집사가 있으며 당회와 집사회, 제직회가 있다. 그리고 직분회 이외에 특별한 목적과 효율을 위한 다양한 부서들이 있다. 그 모든 부서의 사역과 조직은 당회를 비롯한 직분회의 지도를 받아야만 한다.

그러므로 직분과 직분회를 비롯하여 교회내의 각 부서에는 각자의 자의적인 판단에 따라 임의로 봉사에 참여할 수 없다. 즉 개인의 개성이나 취향에 기초한 판단에 따라 봉사 사역에 참여하지 못한다. 이는 직분을 가지지 않은 일반 성도들 뿐 아니라 목사, 장로, 집사 직분을 가진 성도들에게도 당연히 해당되는 말이다.

이는 곧 교회가 직분적 질서 가운데 세워져야 한다는 사실을 의미한다. 나아가 보다 중요한 것은 교회에 속한 성도들의 가정이 직분적 질서에 따라야 한다는 점이다. 가정은 당회의 지도 가운데 존재해야 하는 것이 원칙이다. 당회가 성도들의 가정을 심방하여 신앙과 삶을 살피는 것은 그에 대한 중요한 실천이 된다.

제7조 회원의 권리

1. 성찬 회원은 성찬 참여권과 공동의회 회원권 및 교인으로서의 모든 청구권과 영적 보호를 받을 권리를 가지며, 선거권과 피선거권이 있다. 단, 성찬 회원이 노회에 서류를 제출하려면 당회를 거쳐야 한다.

| 해설 |

본 교회 정회원인 성찬회원은 당회로부터 재제를 받을만한 과오를 범하지 않는 한 성찬에 참여할 권리가 있다. 성도에게 있어서 성찬에 참여하는 것은 최고의 특권적 권리라 하지 않을 수 없다. 성찬에 참여하는 것은 천상의 잔치에 참가하는 의미를 지니고 있기 때문이다.

또한 성찬회원은 공동의회에서의 회원권을 가진다. 회원으로서 교회의 보존과 올바른 성장을 위해 함께 논의할 권리를 소유하게 되는 것이다. 따라서 교인으로서 정당한 모든 청구권과 영적인 보호를 받을 권리를 가진다. 특히 청구권은 개별적인 판단이 아니라 집단적 질서에 연관되어 있다. 이와 같은 권리를 행사하기 위해서는 성도로서 감당해야 할 마땅한 의무를 다해야만 한다.

그리고 정회원은 성경적인 근거와 교훈에 따라 선거권과 피선거권을 가진다. 즉 여자 성도들에게는 모든 선거권은 주어지지만 목사나 장로가 될 수 있는 피선거권이 없다. 하지만 여성도라 할지라도 집사가 될 수 있는 피선거권이 주어진다. 구체적이며 세부적인 사항은 헌법의 테두리 안에서 논의된 공동의회의 결의에 따르게 된다.

----

2. 준성찬 회원은 성경과 교리와 헌법의 내용을 올바르게 교육받을 권리가 있다.

| 해설 |

유아세례 교인을 비롯한 언약의 자녀들로 구성된 준성찬 회원들은 성경과 교리에 대한 올바른 가르침을 받을 수 있는 권리를 소유한다. 그리고 이들에게는 교회 헌법에 기록된 내용을 올바르게 교육받을 권리가 있다. 교회와 성찬회원들은 준성찬 회원들이 가진 소중한 권리를 박탈하지 않도록 해야 한다.

이에 대해서는 교회와 가정이 협력하여 그 의무를 도모하는 것이 원칙이다. 교회에서 저들에게 성경을 가르치고 교리로써 교육하는 것만으로 충분하지 않다. 한 주간 중에 가정에서 생활하는 시간이 훨씬 많기 때문에 가정의 부모들이 시간을 할애하여 자녀들을 말씀과 교리로 지도해야 한다. 교회 헌법에 대해서도 어른들이 교회를 통해 배우고 익힌 내용을 가정에서 자녀들에게 잘 가르쳐 전수하는 것은 매우 중요하다.

제8조 회원의 이명

1. 회원이 다른 교회로 이명(移名)할 경우에는 당회에 청원하여야 한다.

| 해설 |

개체 교회의 정회원인 성도가 다른 교회로 이동할 때는 정식으로 이명을 하는 것이 원칙이다. 따라서 회원이 이명을 할 경우 소속 당회에 이명 청원을 해야 한다. 이는 당회의 이명허락은 교회의 보증 역할을 하게 된다는 사실을 말해주고 있다.

이와 더불어 어떤 성도가 신학과 신앙을 인정할만한 타 교회에서 이명서를 지참하고 본 교회로 올 경우 그것은 인증서가 된다. 이는 신학적으로 인정할 수 없는 교회에서 발급한 이명서는 받아들일 수 없음을 말해준다.

이명은 보편교회에 속한 교회와 교회 사이에서 이루어진 중요한 교량 역할을 하게 된다.

---

2. 당회는 이명 청원이 합당하다고 판단되는 경우 이명 증서를 발급한다. 단, 당사자가 이단으로 규정된 교회로 옮기려는 경우, 정당한 이유 없이 이명을 청원하는 경우, 소송 계류 중인 경우에는 이명 증서를 발급하지 않는다.

| 해설 |

당회는 이명하고자 하는 성도가 있을 경우 먼저 그것이 합당한지 여부를 살펴야 한다. 따라서 당회는 청원하는 자가 옮겨가고자 하는 교회에 대한 검증 없이 이명서를 발급해서는 안 된다. 즉 소속 교인이 이단으로 규정된 교회나 신학사상이 건전하지 않는 교회로 옮기고자 하거나 정당한 사유 없이 이명을 청원하는 경우에는 이명서를 발급하지 않는다. 또한 교단과 교회에서 소송이 계류 중인 경우에도 이명 증서를 발급하지 않는다.

여기에는 이명서 발급뿐 아니라 접수하는 직무도 당회에 맡겨져 있음을 의미한다. 즉 신학과 신앙을 같이 하는 교회에서 이명서를 지참하고 올 때 당회는 그것을 면밀히 살펴 접수를 받아야 한다. 그리고 당회가 이명서의 합당성을 인정하여 접수받을 경우 접수 받은 사실을 교회 앞에 선포함으로써 즉시 회원권을 가지게 된다. 모든 회원들은 이에 대한 분명한 이해를 해야만 한다.

---

3. 책벌 하에 있는 회원의 이명 증서에는 책벌 사항을 명기하여야 한다.

| 해설 |

징계를 받고 있는 중에 있는 교인이 다른 교회로 이명을 하고자 할 경우에는 책벌사항에 대한 내용을 명기하며 이명서를 발급해야 한다. 만일 그것을 미기재하거나 숨기려는 의도를 가진다면 그것은 교회를 어지럽히는 범죄행위가 된다. 이에 대해서는 온 교회가 명확하게 이해하지 않으면 안 된다.

물론 벌을 받는 중에 있는 교인이 진정한 하나님의 자녀라면 이명해 가고자 하는 교회에 자신의 형편을 그대로 알릴 수 있어야 한다. 그것은 단순히 특정한 교인을 옭아매고자 하는 것이 아니라 도리어 그에게 영적인 자유를 허락하는 방편이 되기 때문이다. 물론 상대 당회는 그 사안을 냉철하게 살펴 교회 앞에 그 사실을 알려야 할 것인가에 대해서는 신중한 자세로 결정할 필요가 있다.

제9조 회원의 자격 상실

1. 출교 처분을 받은 자.

| 해설 |

교회의 회원 자격에 대해서는 각 개인의 이성적인 판단에 의해 결정할 수 있는 것이 아니다. 그 자격을 부여하는 주체는 교회이다. 그에 관한 구체적인 사역을 위임받은 당회는 성도들을 잘 살펴 그에 대한 적절한 결정을 내려야 한다. 따라서 모든 성도들은 한 교회에 속하여 회원권을 가지는 것이 일종의 언약관계 속에 들어간다는 사실을 깨닫지 않으면 안 된다.

만일 특정 교인이 그 관계를 일방적으로 파기한다면 교회는 신중하게 살펴 그를 출교해야 한다. 그것은 단순히 개인을 징벌하기 위해서가 아니라 교회 공동체를 보호하기 위한 것이다. 만일 교회 공동체의 뜻을 성실하게 받아들이지 않는 자를 장기간 방치하게 된다면 그것이 교회 안에서 무서운 누룩 역할을 하게 된다는 사실을 기억해야 한다. 따라서 교회는 그런 자들에게 강제 출교를 처분할 수 있다.

----

2. 스스로 탈퇴한 자.

| 해설 |

개체 교회에서 자의로 탈퇴한 자는 회원의 모든 자격을 상실한다. 당회의 허락이 없이 교회의 관할을 벗어나는 자들은 스스로 자신을 정죄하는 것과 마찬가지다. 그것은 곧 무서운 범죄를 저지르는 행위가 된다. 만일 지 교회가 참된 공동체라면 모든 회원들은 그에 온전히 순종해야 할 의무가 있다.

그러나 어리석은 자들은 교회를 자기의 의도에 맞추어 가려고 한다. 그런 자들은 전적으로 무능하고 부패한 자신의 속성을 올바르게 깨닫지 못하고 있다. 감히 주님의 몸된 교회를 자기의 종교적인 욕망의 대상으로 여기는 자들이 있어서는 안 된다.

하지만 사악한 자들은 교회가 자기의 생각에 부합되지 않는다고 판단되면 이성적인 기준에 따라 스스로 교회로부터 자신을 분리시키는 심각한 오류에 빠지게 된다. 그것은 결코 온당한 태도가 될 수 없다. 따라서 출교 처분을 받은 자와 스스로 탈퇴한 자는 신령한 교제의 대상에서 끊어진 자이므로 저들과 영적인 교제를 단절하는 것이 원칙이다.

----

3. 타 교회로 이명한 자.

| 해설 |

본 교회에 속한 성도로서 정당한 절차를 거쳐 타교회로 이명해간 자들은 회원의 자격을 상실하게 된다. 이는 보편교회에 속해 있으면서 다른 지교회로 옮겨간 것을 의미하고 있다. 그럴 경우에는 본 교회에 남아 있는 성도들은 여전히 저와 좋은 이웃 관계를 유지할 수 있다. 이는 교회에서 출교 처분을 받은 자나 스스로 이탈한 자들과는 관계를 멀리해야 하는 것과 크게 대비된다.

----

4. 당회가 삭명(削名)한 자.

| 해설 |

당회가 회원의 명부에서 삭명한 자는 자동적으로 회원의 권리를 상실하게 된다. 스스로 교회를 이탈한 것은 아니지만 장기간 연락이 되지 않거나 정당한 이명절차를 밟지 않은 상태에서 다른 교회로 옮겨간 경우에는 당회가 회원의 명부에서 그 이름을 삭제해야 한다. 예를 들어 다른 지역으로 이사를 갔는데 연락이 지속되지 않은 경우가 이에 속한다. 이는 절차에 의한 이명이 제대로 이루어지지 않는 안타까운 시대에 처해 있는 현대 교회가 부득불 취할 수밖에 없는 차선책이라 할 수 있다.

제10조 회원의 자격 회복

회원의 자격을 잃은 신자가 다시 교회로 돌아왔을 때는 당회의 승인을 얻어 자격을 회복한다.

| 해설 |

회원의 자격을 상실한 신자가 다시 본 교회로 돌아올 경우 당회는 신중하게 살펴 회원권 부여 여부를 결정해야 한다. 앞의 각 항에서 언급한 것처럼 출교를 당한 자나 스스로 교회를 탈퇴한 경우에는 명확한 회개와 뉘우침이 있는지 확인해야만 한다. 그런 절차를 거친 후에 다시금 정회원으로 받아들일 수 있다.

이와는 달리 적법하게 이명을 해 간 성도가 다시금 본 교회로 돌아올 경우에는 다른 특별한 결격 사유가 없는 한 당회의 결의와 승인에 의해 정회원으로 받아들이게 된다. 그런 자들은 타 교회에서 정상적인 신앙생활을 한 것이 확인 될 수 있는 경우에 해당된다. 이는 물론 신앙고백과 신학적인 사상에 문제가 없다는 사실을 전제하고 있다.

하지만 당회의 결의에 의해 회원 명부에서 이름이 지워진 자들에 대해서는 좀 더 신중히 살펴 회원권 부여 여부를 결정해야 한다. 본 교회에서 삭명된 교인이 그동안 어느 교회에서 신앙생활을 하며 잘못된 종교적 습성을 익혔는지 살피지 않으면 그것이 누룩이 되어 전 교회를 어지럽힐 수 있다. 교회의 회원권을 가진다는 것은 한 가족이 된다는 사실을 의미하기 때문에 더욱 신중하지 않으면 안 된다.

우리가 여기서 주의를 기울여 생각해야 할 바는 회원의 자격을 회복한 성도의 직분자 피선거권에 연관된 문제이다. 회원자격을 상실했다가 다시금 자격을 회복하게 된 자는 회복한 그 때를 기준으로 하여 정해진 연한을 채워야만 피선거권을 가질 수 있다. 즉 장로 피선거권을 가지기 위해서는 5년, 집사 피선거권을 가지기 위해서는 3년이 경과되어야만 하는 것이다.

제3장 _ 직원

제11조 직원의 구분

교회의 직원은 목사 · 장로 · 집사다. 모든 직원은 상하관계에 있지 않으며 직무의 차이는 은사의 차이에서 온다.

| 해설 |

정통 교회의 직분에는 목사, 장로, 집사가 있다. 이는 교인들이 만들어낸 제도가 아니라 하나님께서 말씀을 통해 요구하신 제도이다. 하나님께서는 자신이 세우신 거룩한 교회를 유지하고 보호하시기 위한 방편으로 직분을 주셨던 것이다. 따라서 교회는 그 직분들을 외면하거나 무시할 수 없으며 반드시 두어야 한다. 이를 우리는 항존직이라 일컫는다.

장로정치제도에서는 한 개인이나 소수의 몇 사람에게 직분 임명권이 있는 아니라 하나로 모인 교회 공동체(an assembly)에 그 선출권이 주어진다. 따라서 직분자들이 소유한 신령한 권위의 근거는 하나님과 그의 몸된 교회에 존재한다. 즉 개인의 능력에 그 권위가 달려있는 것이 아니다.

우리가 또한 반드시 기억해야 할 바는 모든 직분자들은 상하 수직관계가 아니라 상호 평등 선상에 놓여 있다는 사실이다. 목사 · 장로 · 집사 직분은 개별적인 취향에 달려 있지 않으며 개인이 스스로 취득할 수 있는 성격을 지니지 않는다. 각 직분자들의 직무상 특성은 다양한 은사의 차이에서 오게 될 따름이다. 즉 각 직분을 올바르게 잘 수행할 수 있는 자들을 교회의 의사결정을 통해 선출하게 되며, 직분자들은 교회의 요구에 순종해야 되는 것이다.

제12조 목사

1. 자격
목사는 성경에서 규정한(딤전 3:1-7; 딛 1:5-9) 감독(장로)의 자격을 갖춘 남자 성도로서 본 교단이 인정한 신학교육 과정을 이수하고 교회질서 상 무흠한 상태를 유지한 자여야 한다.

| 해설 |

목사가 되기 위해서는 가장 먼저 성경이 규정한 요구에 조화되어야 한다. 사도 바울은 디모데와 디도에게 편지하면서 그에 관한 교훈을 주고 있다(위에 언급된 성경본문 참조). 만일 그 그 교훈을 무시하여 그것을 기초로 한 검증과정이 없이 목사 직분자를 세운다면 그것은 교회를 멸시하는 행위가 된다.

우리는 목사가 결코 교회에서 가장 높은 지위에 있는 사람이 아니라는 사실을 기억해야 한다. 목사는 성도들을 가르치고 교육하는 교사의 직분을 맡은 자이다. 물론 전체 교회를 감독하며 목양할 의무가 그에게 맡겨져 있다. 그렇게 하기 위해서는 하나님의 말씀에 대한 참된 경외심과 더불어 그에 관한 총체적인 지식을 소유하고 있어야 한다. 뿐만 아니라 성경 이해를 위한 신학적인 폭넓은 지식과 통찰력을 가져야 하며 원만한 성품을 가져야만 한다.

그리고 교단이 요구하는 신학교육 과정을 이수해야 하고 교회 질서상 용납될 수 없는 징계를 받지 않은 무흠한 상태를 유지해야 한다. 목사는 단순히 가르치는 일을 할 뿐 아니라 성도들의 본이 되어야 하는 성격을 지니고 있기 때문이다. 비록 완벽하지는 않다할지라도 그에 대한 기본적인 삶이 배경이 되어야만 하는 것이다.

2. 직무

목사는 진리의 말씀을 참되게 가르치며 성례를 집행하며 목양하는 일에 전무하는 장로다. 목사의 권위는 하나님의 말씀을 받들어 순종하는 일에서 발생한다. 목사는 진리의 말씀을 옳게 분별하여 설교하고 교육하는 데 힘써야 한다.

| 해설 |

목사는 신분상 노회와 교회에 동시에 속해 있으며 교회의 공적인 교사의 성격을 지니고 있다. 즉 목사는 한 교회에 속한 직분자일 뿐 아니라 보편 교회 가운데서 그에 대한 의미를 지니는 것으로 이해해야 한다. 따라서 교회의 교사인 목사는 개인적인 소견에 따라 성도들을 가르치는 자가 아니라 교과서(text)인 성경에 기초하여 가르쳐야 한다.

그리고 목사는 장로들과 더불어 성례 곧 세례와 성찬을 주관하는 일을 감당한다. 말씀 선포를 근거로 한 세례와 성찬을 올바르게 시행하는 것은 목사에게 맡겨진 중요한 직무이다. 그리고 교회공동체가 성도들을 목양하는 일을 저에게 맡겼으므로 그 일에 책임 있는 자세를 취해야만 한다.

목사의 영적인 권위는 교회 가운데서 충분히 인정되어야 하며 그것은 인간이나 사적인 능력에 의해 생성된 것이 아니라 하나님의 말씀을 받들어 순종하는 사역으로 말미암아 그 권위가 드러나게 된다. 즉 그의 권위는 하나님께서 교회를 통해 부여하실 때 외적으로 드러나게 되는 것이다.

3. 임직

1) 본 교단 신학교의 신학 과정이나 본 교단이 인정하는 신학 연구 과정을 이수한 신학 연구생 중에 노회 시취부의 검증을 받고 교회의 청빙을 받아 임직한다.

| 해설 |

본 교단에서는 목사의 임기가 명시되어 있지 않다. 이는 장로의 직분이 4년, 집사의 직분이 2년인 사실과 대비된다. 다른 직분자들과 마찬가지로 직분을 감당할 수 있는지의 여부를 넘어 나이로 제한하는 것은 바람직하지 않다. 우리는 여기서 깊은 주의를 기울여 생각해 볼 필요가 있다. 자칫 잘못하면 목사는 다른 직분자들과는 달리 임기 없이 직분을 지속할 수 있는 특권을 지닌 것으로 오해할 수 있다.

그러나 목사는 내적인 관점에서 볼 때 임기가 없다는 것은 의미상 교회가 언제든지 사임을 요구할 수 있다는 의미가 된다. 일 년에 한 차례씩 반드시 개최해야 하는 공동의회에서 목사의 임면을 논할 수 있다. 물론 그 과정에서는 당회의 분명한 의견을 배경으로 해야 한다. 당회의 신학적인 검증 없이 공동의회에서 다수의 힘에 의해 모든 것이 결정될 우려가 있기 때문이다.

그러므로 목사의 임기는 한 달, 혹은 두 달이 될 수도 있다. 매월 혹은 격월로 모이는 정기 당회에서 목사를 감독한 결과 그 임기를 종료시킬 수도 있는 것이다. 이를 위해서는 목사와 장로가 객관성을 지닌 성숙한 자세를 유지할 필요가 있다. 목사는 당회의 공적인 의사와 공동의회의 결의를 하나님의 간섭으로 보고 그 뜻을 존중할 수 있어야만 한다.

----

2) 노회 시취부는 필기와 면접으로 신중히 검증한다. 필기시험의 과목은 성경신학, 조직신학, 역사신학, 교회법 관련 내용이다.

| 해설 |

개체 교회가 목사 직분자를 새로 세우기 위해서는 필수적인 여러 과정을 거쳐야만 한다. 우선 지 교회가 당사자에 대한 은사와 인품을 검증해야 한다. 그리고 노회에서는 시취부라는 별도의 부서를 구성하여 그에 대한 검증과 확인을 해야 한다.

그것을 위해 먼저 필기시험을 거쳐야 한다. 그 과목들 가운데는 성경신학, 조직신학, 역사신학, 교회법에 관련된 제반 내용들이 포함되어 있다. 필기시험은 구술로 치르는 시험과 달라서 지식을 객관성 있게 정확하게 확인할 수 있는 방편이 된다.

또한 그것을 통해 글을 쓰는 능력을 확인할 수 있다. 목회자는 글을 쓰는 것이 필수적이다. 모든 설교 준비 과정에서는 글로써 내용이 확인되어야 한다. 목사가 설교를 하거나 연구를 하면서 단순히 머릿속으로만 하려고 해서는 안 된다. 성경과 교리를 해석하고 신학적인 이해를 함에 있어서 설교문을 작성함으로써 내용을 올바르게 확인하는 것은 매우 중요하다. 그렇게 하지 않으면 상식적인 관점이나 임기응변적인 태도로 설교를 하려는 오류에 빠질 수 있다.

----

3) 임직 절차는 별도로 정한다.

| 해설 |

구체적인 절차에 대해서는 별도의 규정이 있다고 할지라도 통상적인 원리가 존재한다. 우선 한 교회가 목사를 세우는 일은 개체교회의 단독적인 결의에 의하지 않는다. 지 교회의 의사 뿐 아니라 노회의 허락이 있어야만 한다. 이는 노회가 지 교회를 간섭하고자 하는 것이 아니라 교회를 보호하기 위한 중요한 방편이 된다. 만일 지교회의 일시적인 잘못된 판단으로 건전하지 않은 목사를 세우게 된다면 심각한 문제가 발생할 수밖에 없기 때문이다.

목사를 청빙하기 위해서는 통상적으로 성찬회원 3분의 2이상의 동의가 있어야 한다. 물론 그것은 회의와 투표에 의해 결정되며 거기에는 공적인 절차에 따른 사전의 충분한 설명이 있어야만 한다. 하지만 특정인을 청빙하기 위한 의도로 개별적으로 다른 성도들을 설득하려는 행위가 있어서는 안 되며 개인적인 선거운동이 개입되어서는 안 된다. 하나님의 뜻을 올바르게 알아가기 위해서는 전체 교회가 깊은 주의를 기울여야만 한다.

제13조 장로

1. 자격
장로는 성경에서 규정한(딤전 3:1-7; 딛 1:5-9) 감독(장로)의 자격을 갖춘 남자 중에 해당 교회의 무흠 성찬 회원으로서 5년을 지나야 한다.

| 해설 |

넓은 의미에서 볼 때 '장로'는 '감독'과 동일한 의미를 지니고 있다. 장로들 가운데는 가르치는 장로와 치리하는 장로로 구분된다. 이 항목에서 말하는 장로란 '치리하는 장로'를 지칭한다. 치리하는 장로에게는 가르치는 장로 직분자인 목사에게 주어지지 않은 고유한 직무가 존재한다.

장로는 목사와 마찬가지로 신분상 노회와 교회에 동시에 속해 있다. 따라서 노회의 회원으로서 직접 노회에 연관된 모든 일에 참여하게 된다. 개체 교회에 장로의 수가 많을 경우에는 교단 소속 타 교회와의 관계를 살펴 윤번제 혹은 선택적으로 노회에 참석할 수 있다. 이는 특정 교회의 장로들이 지나치게 많이 참석함으로써 장로의 수가 적은 교회가 논의에서 위축되는 경우가 없도록 하는 취지 때문이다.

장로가 되기 위해서는 성경에 규정된 요구에 조화되는 자격을 갖추어야 한다. 사도 바울은 디모데전서와 디도서에서 그에 대한 분명한 교훈을 주고 있다(위에 언급된 성경본문 참조). 교회와 성도들은 위에 기록된 교훈을 근거로 하여 장로들을 세워야 한다.

장로는 남자 성도들 가운데 선출되어야 하며, 하나님의 말씀에 대한 분명한 깨달음과 더불어 상당한 신학적 식견을 가져야 한다. 따라서 교회는 그 점을 염두에 두고 있어야만 한다. 혹 장로를 선출하는 교회가 그것을 충분히 검토하지 못했다고 할지라도 당회를 통해 요구되는 모든 내용들이 갖추어져야 한다.

그리고 본 교회의 장로 직분을 맡을 수 있기 위해서는 지 교회의 정회원이 된지 5년 이상을 경과해야 한다. 그렇지 않으면 교회를 온전한 자세로 돌아보기 어렵다고 보기 때문이다. 본 교회의 장로 직분자로서 교회와 성도들의 기본적인 형편에 대한 충분한 이해를 전제로 하지 않고 장로가 되는 것은 올바르지 않다.

----

2. 직무

장로는 목사와 협력하여 교회의 영적 상황을 돌보는 자다. 특히, 성도들이 목사의 설교와 교육 내용을 잘 이해하고 실행하는지 감독하고 양육하며, 교리적 오해나 도덕적 부패가 없도록 방지할 책임이 있다. 이를 위해 심방과 더불어 어린 성도들의 양육과 주일학교 교육에 힘써야 한다.

| 해설 |

장로의 가장 중요한 직무는 목사와 협력하는 일이다. 이는 가르치는 교사인 목사의 말씀 사역이 교회의 중심에 놓여있음을 전제하고 있다. 물론 장로가 목사에게 예속되어 있지는 않다. 그럼에도 불구하고 목사의 직분 사역이 올바르게 진행될 수 있도록 성실하게 협력하는 것은 가장 기본적인 장로의 직분사역이다.

그러므로 넓은 관점에서 볼 때 장로는 목사와 마찬가지로 말씀과 목회

사역에 연관되어 있다. 목사와 함께 교회의 영적 상황을 돌보는 것이 저들에게 맡겨진 중요한 직무이다. 여기서 장로가 교회에 속한 성도들의 영적인 상황을 돌본다는 것은 윤리적인 판단이 아니라 말씀을 근거로 확인하는 것에 연관된다. 이는 물론 치리 장로의 책무가 가르치는 장로인 목사 직분에 예속된 것이 아니란 사실을 말해주고 있다.

따라서 장로는 항상 말씀을 선포하는 목사의 설교에 대하여 직분적인 관점에서 깊은 관심을 기울여야 한다. 이는 선포되는 말씀이 성경의 교훈에서 벗어나거나 용납할 수 없는 신학이나 윤리적인 내용이 포함되지는 않는지 감독해야 할 의무가 있다. 이는 물론 딱딱한 감시를 한다는 의미가 아니라 목사를 적극적으로 돕는 방편이 된다. 만일 목사가 잘못된 설교를 하는데도 방치하게 되면 그 목사와 교회 전체가 본질을 상실하고 허물어지게 될 우려가 있다.

----

3. 임직

장로는 공동의회에서 선출하며, 초임 시에 노회가 실시하는 직분자 교육 과정을 이수하고 인준 받아야 한다. 임기는 4년이며 연임할 수 없으나, 특별한 경우 노회의 감독 하에 임기와 연임 여부를 조정할 수 있다. 임직 절차는 별도로 정한다.

| 해설 |

장로는 목사나 당회가 임명하지 않는다. 나아가 개교회가 자의적으로 선출할 수 없다. 장로를 세우기 위한 여건이 갖추어지면 노회에 청원하여 허락받아야 한다. 장로의 수를 정함에 있어서도 그렇다. 모든 장로는 공동의회를 통해 정상적으로 선출되어야 하며 초임 시에는 노회가 실시하는 직분자 교육과정을 이수하고 그에 대한 인준을 받아야 한다. 그것은 장로

직분자로서 가져야 할 기본적인 지식과 소양에 대한 확인을 의미한다.

장로 선출을 위한 투표일자 공고 및 그에 연관된 모든 절차는 공적으로 행해져야 한다. 사전에 공적인 회중 앞에서 공고를 하고 투표일 이전 까지는 누구를 찍을지 개인적인 논의나 대화를 엄격하게 금지해야 한다. 단 부부 사이에는 누가 좋을지 기도하는 마음으로 서로 대화할 수 있으되 서로 간 강요할 수는 없다. 부부가 그에 대해 대화할 수 있는 것은 성경이 교훈하는 바와 같이 둘이 '한 몸' 이 되기 때문이다.

그렇지만 부모자식 사이나 형제지간이라 할지라도 직분자 투표를 앞두고 누가 적당할지 논의하거나 대화해서는 안 된다. 그것은 인간적인 생각들을 강화하는 위험한 수단이 될 수 있기 때문이다. 교회와 그에 속한 모든 성도들은 순수하게 기도하는 가운데 절차에 따른 회의를 통해 하나님의 인도하심을 따라야 하는 것이다.

만일 선출된 장로가 정해진 4년의 임기를 채우지 못하고 사임을 해야 할 경우에는 공동의회에서 재투표하여 다른 적절한 형제를 뽑아야 한다. 장로는 지 교회 소속인 동시에 노회에 속한 직분자이기 때문에 지 교회뿐 아니라 노회의 기본 원칙을 준수해야 한다.

제14조 집사

1. 자격
집사는 성경에서 규정한(딤전 3:8-13) 집사의 자격을 갖춘 남녀 중에 해당 교회의 무흠 성찬 회원으로서 3년을 지나야 한다.

| 해설 |

집사가 되기 위한 가장 기본적인 자격은 성경에 기록된 교훈에 조화되

어야 한다는 사실이다. 사도 바울은 디모데와 디도에게 보내는 편지에서 그에 연관된 교훈을 남겼다(위에 언급된 성경본문 참조). 교회는 집사를 선출하면서 그에 관한 내용을 주의 깊게 살펴 직분자로 세워야 한다.

또한 처음 입교한 자나 본 교회의 정회원이 된지 최소한 3년 이상은 경과되어야 한다. 설령 신앙이 온전한 성도라 할지라도 정회원이 된 지 오래지 않은 성도를 집사로 세워서는 안 된다. 지 교회에 속한 성도들의 형편을 파악하지 못한 상태에서는 집사 직분을 수행하기 어려울 것이기 때문이다.

또한 집사로 선출된 성도가 직무를 감당할 수 없을 경우 투표에서 확인된 차순위자가 승계하는 것이 원칙이다. 집사직은 남성뿐 아니라 여성도 그 직분을 감당할 수 있다. 이는 교회를 섬기는 직분 사역이 성경에서 허용되는 것으로 받아들이는 동시에 여성에게 맡겨진 특별한 일이 있을 것으로 이해하기 때문이다.

----

2. 직무
집사는 예배 봉사와 더불어 구제와 서무와 재정과 통상적으로 행하는 교회의 제반 행사를 담당하여 봉사한다.

| 해설 |

집사의 직무는 예배에 봉사하는 일이다. 예배시간에 성도들이 자리에 잘 앉아 예배에 집중할 수 있도록 도와야 하며 삶의 고백인 연보 사역에 참여하게 된다. 그 외에도 구제와 일반 서무와 재정에 연관된 직무를 감당해야 한다. 그 가운데는 매주일 성도들이 함께 식탁을 나누는 데 필요한 제반 사항을 맡아 봉사하는 일이 포함되어 있다. 또한 교회의 연중행사에 관한 일들을 기획하는 일에 참여해야 한다.

3. 임직
집사는 공동의회에서 선출하며, 초임 시에 당회가 실시하는 직분자 교육 과정을 이수해야 한다. 임기는 2년이며 재선출을 통해 연임할 수 있다. 임직 절차는 별도로 정한다.

| 해설 |

집사는 장로를 임직하는 경우와 마찬가지로 목사나 당회가 임명하지 않는다. 집사 직분자 역시 투표일을 공고하고 공적인 절차에 따라 결정되어야 한다. 사전에 회중 가운데 공고를 하고 투표일 이전 까지는 누구를 찍을지 개인적인 논의나 대화를 하지 말아야 한다. 단 부부 사이에는 누가 좋을지 서로 대화할 수 있으되 서로 간 강요할 수는 없다. 부부가 그에 대해 대화할 수 있는 것은 성경이 교훈하는 바와 같이 둘이 '한 몸'이 되기 때문이다.

그렇지만 부모와 자식, 형제지간이라 할지라도 투표를 앞두고 누가 적당할지 논의하거나 대화해서는 안 된다. 그것은 인간적인 생각들을 강화하는 수단이 될 우려가 있기 때문이다. 교회와 그에 속한 성도들은 순수하게 기도하는 가운데 절차에 따른 회의를 통해 하나님의 인도하심을 따라야 하는 것이다.

집사의 임기는 2년이며 공동의회에서 재 선출 될 경우 연임할 수 있다. 물론 교회로부터 선출된 집사는 흔히 말하는 서리집사가 아니라 직무상 장립 받은 집사와 동일한 성격을 지닌다. 또한 처음 집사로 선출되는 성도의 경우, 교육을 담당하는 당회가 주관하는 직분자 교육을 받아야만 한다. 집사 직분자를 위한 구체적인 임직 절차는 별도로 정해진 규례에 따른다.

제4장 _ 치리회

제15조 치리회

치리회는 당회 · 노회 · 총회로 구분한다. 치리회들은 상하관계에 있지 않고 동등하다. 다만 더 큰 치리회의 결정은 더 많은 교회를 대표하는 결정이므로 성경 진리에 어긋남이 없는 한 더 작은 치리회들은 따라야 하고, 중요한 결정 사항은 더 작은 치리회에서 먼저 의결하는 과정을 거쳐야 한다.

| **해설** |

치리회란 교회의 교리와 지도에 불복하는 교인들을 심사하거나 책벌할 수 있는 기구를 의미한다. 장로교에는 당회와 노회와 총회가 치리회이다. 치리회인 당회와 노회와 총회는 높고 낮은 상하관계에 있지 않고 상호 평등한 관계에 놓여 있다. 즉 조직적으로 상회인 기구가 하회로 일컬어지는 기구에 일방적인 명령을 내릴 수 없다.

그렇지만 그 권위에 있어서는 차이가 난다. 큰 치리회인 노회가 당회보다 더 권위가 있는 것으로 말할 수 있으며 총회의 결의는 더 큰 권위를 가진다. 특히 신학적인 중요한 사항들에 대한 것이 그렇다. 이는 조직의 권세 때문이 아니라 따라서 더 큰 치리회는 더 많은 교회를 대표하기 때문에 작은 치리회는 그 결정에 따라야 한다.

또한 우리가 여기서 기억해야 할 바는 치리회들이 가지는 상이한 의미이다. 당회와 노회는 상시적 기구이다. 이에 반해 총회는 상시적이라기보다 회의를 위한 기구이다. 따라서 당회장이나 노회장은 상시적인 직무를 감당해야 하는데 반해 총회장은 그렇지 않다. 총회에는 당회와 노회와 달리 회의를 주재하는 의장이 있을 따름이다.

따라서 회의가 끝나면 의장의 역할은 완료된다. 하지만 원활한 교단 운영을 위해 총회에서 맡겨진 일을 처리하는 다양한 상비부들을 설치해 둘 수 있다. 또한 신학이나 헌법에 관련된 중요한 문제에 대해서는 총회에서 논의해 결정할 수 있는 것이 아니라 노회와 당회에 맡겨 수의된 내용을 집약하여 총회에서 확인해야 한다.

제16조 당회

1. 구성
목사와 장로 2인 이상으로 구성한다. 당회의 의장은 목사가 담당하며 서기를 둔다. 서기는 교회의 서기가 된다.

| 해설 |

지 교회의 당회는 목사와 당회 2인 이상으로 구성되어야 한다. 즉 목사와 장로 한 사람인 두 명이 당회를 구성할 수 없다. 만일 지 교회에 목사와 장로 각 한 사람만 있을 경우에는 교단 산하 해당 노회에 속한 장로들 가운데 한 사람을 선정하여 협조 당회원을 두어 당회를 운영할 수 있다.

당회장은 상시적인 직무를 감당하지만 동시에 당회를 개최하는 동안에는 회의를 주재하는 의장이 된다. 당회의 서기는 회의록을 기록하고 그것을 관리하는 직무를 가진다. 당회 서기는 제직회 서기와 해당 교회의 서기를 겸하게 된다.

---

2. 회집과 성수
정기 당회는 매월 1회 이상 소집하며 임시당회는 목사나 당회원 3분의 1이상의 요청으로 소집할 수 있다. 당회장을 포함하여 당회원 5분의 4이상

이 출석하면 개회할 수 있다.

| 해설 |

정기 당회는 매월 1회 이상 소집되어야 한다. 그리고 임시당회를 개최할 필요가 있을 경우에는 목사나 당회원 3분의 1 이상의 요청으로 소집할 수 있다. 당회는 회원 5분의 4 이상이 참석해야만 개회된다. 당회원 가운데 불가피한 형편이 발생할 경우 결석계를 제출해야 하며 당회는 그것을 받아들여 성수 여부를 결정할 수 있다.

----

3. 직무
1) 교인의 신앙과 행위를 총괄 감독 지도 교육한다.

| 해설 |

당회의 중요한 직무는 성도들의 신앙과 삶을 감독하며 지도하는 것이다. 그것을 위해 당회는 성도들의 가정을 심방해야 하는데 이는 교회 전체를 감독하며 성도들의 개인적인 삶을 두루 살펴야 한다는 사실을 의미하고 있다. 또한 당회는 교회의 제반 교육을 주관하고 유년 주일학교, 중고등 주일학교, 교육위원회 등 특별히 설치된 교육 기관에 대한 감독을 실시해야 한다.

----

2) 말씀의 참된 선포를 위해 예배를 주관하며 설교를 선한 의도로 감독한다.

| 해설 |

공예배 시간에 하나님의 말씀을 선포하는 목사는 개별적인 판단에 따라

설교하려고 해서는 안 되며 당회의 공적인 논의와 더불어 행해지는 것이
원칙이다. 즉 원칙적인 측면에서 볼 때 설교자가 본문을 정할 때 그 사역
은 목사 개인에게 맡겨질 것이 아니라 당회의 공적인 의사와 더불어 정해
져야 한다.

그러므로 당회원들은 당회에서 논의된 본문에 따라 행해지는 목사의 설
교에 대하여 깊은 영적인 관심을 기울이지 않으면 안 된다. 그렇게 함으로
써 예배 시간에 선포되는 설교의 내용에 대하여 감독해야 한다. 만일 목사
가 성경의 교훈에서 벗어난 터무니없는 논설을 펼치거나 설교 시간에 개
인의 사사로운 의도를 드러내려고 한다면 당회는 그에 대한 지적을 하며
선한 간섭을 해야 한다.

이는 또한 신학적인 문제를 확인하고 결의하는 것은 당회에 맡겨진 직
무라는 사실을 말해주고 있다. 즉 신학에 연관된 문제는 제직회나 공동의
회의 결의와 승인을 거치지 않고 당회의 결의로 선포되는 것이 원칙이다.
이는 교회를 지켜 보호하기 위하여 매우 중요한 의미를 지니고 있다.

예를 들어 동성애나 동성 결혼에 관한 문제에 대한 정죄와 결의는 당회
의 소관이다. 그것은 일반적인 회의를 통해 결정될 사인이 될 수 없다. 만
일 그 문제를 공동의회를 통해 의결하게 되면 심각한 문제가 일어날 수 있
다. 신학적 이해가 부족한 교인들이 사회적인 잘못된 영향을 받아 표결하
게 되면 세상의 사악한 풍조를 교회 안으로 받아들이게 되는 안타까운 일
이 발생할 수 있기 때문이다.

----

3) 성례의 바른 집행과 권징의 신실한 실행을 관장한다.

| 해설 |

올바른 성례의 이행과 정당한 권징사역은 순수한 말씀선포와 더불어 참된 교회의 중요한 표지가 된다. 세례와 성찬이 올바르게 시행되지 않고 권징사역이 없다면 아무리 일반 윤리적인 덕목을 갖추고 있다고 할지라도 거짓 교회에 지나지 않는다. 따라서 교회는 항상 성례와 권징이 올바르게 시행될 수 있도록 해야만 한다.

그에 연관된 사역의 중심에 당회가 존재하고 있다는 사실을 이해하는 것은 매우 중요하다. 즉 교회로부터 위임받은 당회는 성도들 가운데서 성례와 권징 사역을 위한 감독을 게을리 해서는 안 된다. 따라서 각 성도들은 개인적인 취향에 따라 모든 것을 판단하지 말아야 하며 당연히 당회의 지도와 감독을 받아야만 한다.

또한 당회는 세례와 입교 및 유아세례를 베풀기 위해 성도들을 살펴 천거하고 교육해야 할 의무를 지닌다. 그와 더불어 매달 시행되는 성찬을 앞두고 전체 성도들을 감독해야 한다. 만일 교인들 가운데 성찬에 참여해서는 안 되는 특별한 결격사유가 존재한다면 성찬 참여를 금지해야 한다.

그리고 당회원들은 공예배 시간에 성찬을 시행하기 위하여 직접 수종을 들게 된다. 그리고 교회의 성찬이 무분별하게 행해지지 않도록 감독해야 한다. 만일 교회에 처음으로 참석하는 교인이 있을 경우에는 위임받은 당회원들 가운데 일부가 간단한 문답을 한 후에 그를 성찬에 참여시킬지에 대한 여부를 결정한다.

우리 교회에서는 세례를 받은 교인이라 해서 그에 대한 확인 없이 성찬에 참여시키지 않는다. 그 대신 보편 교회를 염두에 두고 신앙고백이 확인된 후에 성찬 참여를 공적으로 허용하게 된다. 이는 통제적 방식을 따르는 것으로 보편교회를 염두에 둔 것이다.[7] 그것이 성경이 교훈하고 있는 바와 가장 부합되는 것으로 믿기 때문이다.

----

4) 신학 연구생을 선발하고 감독하여 살핀다.

| 해설 |

교회의 상속을 위해서는 성경과 교리를 가르치는 교사가 반드시 필요하다. 그러나 교사가 되기 위해서는 개인적인 결단이 우선하지 않는다. 즉 어떤 성도가 자기가 목사가 되고자 하는 마음을 기초로 하여 자원할 수 없다.

교회의 교사인 목사가 되기 위해서는 반드시 내적 소명과 외적 소명이 있어야 한다. 원칙적인 특면에서 볼 때 내적 소명보다 외적 소명이 선행되어야 한다. 물론 내적 소명이 외적 소명보다 덜 중요하지 않다. 그럼에도 불구하고 우리는 외적 소명을 먼저 언급하지 않을 수 없다.

그러므로 당회는 교사로서의 기본적인 자질을 갖춘 성도가 있는지 살펴보아야 한다. 그런 형제가 있을 경우 당회는 당사자와 구체적인 면담을 통해 저의 내적 소명을 확인하게 된다. 교회의 교사로서 모든 것을 희생하고 봉사자로서 살아갈 수 있는지 대화와 고백을 통해 대화하며 살펴보아야

---

7) 공예배시의 성찬 참여의 범위에 대해서는 일반적으로 다양한 방식이 있다. 폐쇄적인 형태, 통제적인 형태, 개방적인 형태, 방임적인 형태가 곧 그것들이다. 폐쇄적이란 본 교회의 정회원들만 성찬에 참여시키는 경우를 말하며, 개방적이란 세례 받은 성도일 경우 별도의 확인절차 없이 성찬참여를 허용하는 경우를 의미한다. 그리고 방임적이란 세례 여부와 상관없이 누구에게나 성찬 참여를 허용하는 것이다. 그리고 통제적이란 본교회의 정회원이 아닐지라도 당회가 공 예배 시작 전 당사자의 신앙고백을 확인한 후 성찬 참여를 허용하는 것을 의미한다. 본 교단에서는 이것들 가운데 통제적 성찬참여 허용이 가장 바람직한 것으로 이해하고 있다. 이는 개 교회에서 성찬을 나눌지라도 보편교회의 원리와 더불어 이행되어야 한다는 사실 때문이다.

하는 것이다.

교회의 위임받은 당회를 통한 외적 소명의 확인과 당사자의 내적소명이 확인되면 그에게 신학을 연구할 수 있는 기반을 마련해야 한다. 즉 당회는 그에 대한 구체적인 방안을 마련하고 성경과 교리를 올바르게 이해하기 위한 신학 공부를 할 수 있도록 배려해야 한다. 당회는 항상 교사의 직무를 위해 영적이며 지적인 연마를 하는 형제에 대하여 선한 감독을 해야 할 의무를 지니게 되는 것이다.

---

5) 교인의 입회와 탈퇴, 장로와 집사의 임직 휴직 사직에 관한 사무를 담당한다.

| 해설 |

당회는 교인의 해당 교회의 입회와 탈퇴 여부를 결정한다. 입회와 탈퇴에 대해서는 원칙적으로 정회원에게 해당된다. 물론 준교인과 손님 교인에 대해서도 당회가 확인하게 되지만 그것은 임의성이 있다. 그러나 정회원이 되면 탈퇴여부가 논의될 이유가 발생할 수 있다.

정회원의 경우 탈퇴가 개별 교인의 결단 여부에 달려 있지 않다. 만일 개인이 자의에 따라 교회를 탈퇴하게 된다면 그것은 스스로 자기를 출교의 자리에 놓는 것과 마찬가지다. 세례 받은 성도라면 마땅히 당회에 합당한 이유를 제시하고 그것을 기초로 하여 이명(移名)이나 이주 등에 대한 사실을 결정해야 한다.

또한 당회는 장로와 집사 직분자의 임직, 휴직, 사직에 관한 사무를 담당하게 된다. 이는 당회가 장로와 집사를 임명하는 권한을 가지고 있다는 의미가 아니라, 임직과 그에 연관된 문제의 논의는 당회 소관이라는 의미를 지니고 있다. 즉 직분자에게 어떤 문제가 발생했을 때 당회가 그에 관한 논의와 결의를 한다는 것이다. 예를 들어 집사 가운데 한 사람이 휴직이나 사직을 해야 할 경우 그것을 집사회나 공동의회에서 논의하고 결정할 것이 아니라 당회에서 그에 관한 논의를 해야 한다. 이는 당회가 교회의 치리회가 되기 때문이다.

> 6) 교인 명부 및 각종 서류를 관리 보관한다.

| 해설 |

당회는 교인 명부 및 각종 서류를 관리 보관하는 직무를 맡고 있다, 따라서 정회원인 성도가 정당하게 그 서류들에 대한 열람을 요구할 때 공개해야한다. 물론 악의로 그것을 요구할 때는 그것을 거부할 수 있다. 물론 그에 대한 사실은 당회의 결의에 따라야 하며 열람한 사람과 날짜 등 그 사실을 기록으로 남기는 것이 원칙이다.

교인 명부와 각종 서류를 관리하는 모든 실무는 당회 서기가 담당한다. 당회의 서기가 바뀌게 될 경우에는 앞선 서기와 나중에 직무를 맡게 되는 서기가 명확하게 인수인계를 함으로써 차질이 없도록 해야 한다. 교회가 모든 것을 공적인 기록으로 남기는 것은 다음 세대를 위하여 매우 중요한 작업이 된다.

제17조 노회

1. 구성
노회는 각각의 지교회에서 파송된 목사와 총대 장로 2인으로 구성한다.

| 해설 |

노회를 이야기 할 때는 회의체를 염두에 두기도 하지만 기본 교회 개념에서 이해하기도 한다, 즉 노회는 광의의 단일 교회로 이해할 수 있다. 이는 지 교회로서의 개체교회와는 그 성격이 다르다.

우리가 여기서 일반적으로 칭하는 노회란 각 지교회를 대표하는 직분자들이 모이는 회의체를 의미한다. 따라서 본 교단에 속한 노회에서는 회의를 위해 각 지교회가 목사와 장로 2인을 파송하게 된다. 이는 각 지교회로부터 파송 받는 총대수가 동일해야 한다는 사실을 의미하고 있다.

그러므로 규모가 좀 더 크고 장로의 수가 많은 교회라 해서 더 많은 수의 장로를 파송하지 못한다. 이는 교회의 규모와 상관없이 각 지 교회들이 상호 공평하게 참여하여 회의를 하기 위해서이다. 만일 특정 교회에서 더 많은 총대들이 파송된다면 회의에서 편파적이 될 우려가 없지 않은 것이다.

물론 원리적인 측면에서는 노회 산하의 모든 목사, 장로가 회원이 되는 것이 자연스럽다. 그러나 편파적이지 않은 원활한 운영을 위하여 각 지교회간 최대한의 존중을 유지할 목적으로 각 지 교회의 파송 총대를 동수로 한다. 단 지 교회에 목사가 1인 이상 있을 경우에는 목사 총대가 2명이 될 수 있다.

----

2. 회집과 성수
1) 회의 소집: 노회장이 소집하며 사회한다. 노회장 유고시에는 부회장, 서기, 순으로 노회장의 임무를 맡는다. 소집통지서는 노회 개최 15일 이전에 발송한다.

| 해설 |

노회는 정기적으로 개회하는 정기회와 특별한 논의 사항이 있을 경우에

모이는 임시 회의가 있다. 모든 회의는 헌법에 기록된 적법한 절차에 따라 노회장이 소집해야 한다. 이는 노회장에게 노회를 소집할 특권이 부여된 것이 아니라 질서를 위한 절차상 그렇게 해야 한다는 사실을 말해준다. 즉 노회장은 회의에서 당연직 의장이 되어 사회를 하며 자기에게 맡겨진 임무를 감당하게 되는 것이다.

또한 노회장에게 유고가 발생한다고 할지라도 회의는 정상적으로 소집되어 개회되어야 한다. 만일 노회장이 정상적으로 직무를 감당할 수 없을 경우에는 부노회장, 서기 순으로 그 임무를 감당하게 된다. 매우 특별한 경우가 발생하여 노회장, 부노회장, 서기에게 동시에 유고가 발생하게 된다면 노회는 조직 개편을 하여 필요한 임원들을 다시 선출해야만 한다.

그리고 노회를 소집하기 위해서는 노회 개최 15일 전에 노회장의 이름으로 각 지 교회나 총대 회원들에게 소집통지서가 발송되어야 한다. 각 지 교회에서는 총대 확인 및 선정을 위한 기간이 필요하다, 또한 총대들이 노회를 위하여 미리 준비해야 할 각종 서류와 의제를 확인할 수 있는 적절한 기간이 주어져야 한다.

---

2) 정기 회의: 매년 1회 이상 모인다.

| 해설 |

매년 1회 이상 정기 노회가 회집되어야만 한다. 정기 노회에서는 특별한 의제만을 다루기 위한 회의가 아니라 노회 산하 교회와 그 교회들이 처한 형편을 보고받고 살피는 중요한 일을 하게 된다. 그것을 통해 노회에 속한 지 교회들이 하나의 교회에 속한 사실을 확인하며 감독 지도하는 역할을 감당한다.

3) 임시회의: 노회 회원 3분의 1이상의 요청이나 노회 임원회의 요청으로 소집할 수 있으며 통지한 안건 외에는 의결할 수 없다.

| 해설 |

임시노회 회의는 차기 정기노회까지 미루어 논의하기 어려운 특별한 사안이 있을 때 회집하게 된다. 그 특별한 사안이란 노회가 긴급하게 처리해야 할 공적인 의제가 될 수도 있으며 특정 지 교회에서 청원한 문제가 요건이 될 수도 있다.

그 회의는 당연히 노회장이 소집하게 되며 정기노회와 마찬가지로 개회 15일 전에 소집통지서를 발송해야 한다. 임시회의 소집을 위해서는 노회원 3분의 1이상의 요청이나 임원회의 요청으로 소집할 수 있다. 이는 각 지 교회 당회의 청원만으로는 노회가 소집될 수 없음을 말해주고 있다.

또한 임시노회에서는 청원자들의 요구에 따라 소집통지서에 기록된 안건 이외의 것에 대해서는 의결할 수 없다. 해당 안건에 대하여 충분히 살피고 숙지하지 않은 상태에서 다른 안건을 제시하고 다룬다는 것은 부실을 초래할 뿐 아니라 좋지 않은 선례들을 양산할 우려가 따를 것이기 때문이다.

---

4) 개회 성수: 등록된 노회원 4분의 3이상 출석하면 개회한다.

| 해설 |

노회가 개회되기 위해서는 등록된 회원 4분의 3이상의 출석을 요구한다. 노회로 모였을 때 성수가 되지 않으면 자동적으로 회의는 무산된다. 나아가 그것을 위해 청원한 안건 자체가 소멸된다. 물론 다음 정기회에서 그 문제를 다시금 제기하여 논의하고 의결하는 것이 금지되는 것은 아니다.

5) 임원 구성: 회장·부회장·서기·회계를 둔다. 단 회장·부회장·서기
   는 목사 회원으로 한다.

| 해설 |

노회를 위해서는 회장, 부회장, 서기, 회계를 둔다. 회장, 부회장과 서기
는 목사 회원이 맡게 된다. 그리고 회계는 장로가 될 수 있다. 그 직책들은
회의를 위한 직무와 연관되기도 하지만 거기에는 노회 산하의 전체 교회
들에 연관된 기능이 내포되어 있다.

우리가 기억해야 할 바는 목사가 회장, 부회장, 서기가 될 수 있는 것은
목사에게 존재하는 직분과 특권과 상관이 없다는 사실이다. 헌법에서 그
렇게 정한 이유는 그 직책들을 신학적인 문제에 대한 해석과 봉사에 연관
된 직무로 보기 때문이다. 회장과 부회장은 노회 전체를 총괄 지도하는 위
치에 있으며 서기는 노회의 사무뿐 아니라 각 지교회에 그 내용과 의미를
전달하는 역할을 하게 된다.

3. 직무
1) 지교회의 상황을 살펴 신앙과 행위의 순결을 지킨다.

| 해설 |

노회는 목사와 장로들이 모여 단순한 교제를 하는 친목 단체가 아니다.
그리고 회의를 통해 누가 회장이 되고 서기가 되는가 하는 것도 주된 관심
사가 될 수 없다. 노회의 가장 중요한 기능은 노회에 소속된 각 지 교회들
의 상황을 살펴 감독하는 것이다. 그리하여 교단이 고백하는 정통 신학을

기초로 한 신앙과 행위의 순결을 지켜나가게 된다.

그것을 위해 노회는 각 지 교회를 일 년 한 차례 이상 정기 시찰을 하고 교회의 사정을 보고받아 정확한 상황을 살펴보아야 한다. 만일 어떤 교회가 기존에 없던 다른 무엇인가를 도입하려고 하면 사전에 노회를 거쳐 확인하는 과정이 선행되어어야 한다. 예를 들어 지 교회에서 어떤 신앙과 연관된 프로그램을 도입하려고 한다든지 기존에 사용하지 않던 음악을 들여올 때는 반드시 노회의 결정과 지도에 따라야 한다.

각 지 교회들이 노회와 상관없이 개별적으로 다른 형식들을 무분별하게 도입하는 일이 발생하게 되면 교회의 정체성을 지켜나가기 어렵다. 따라서 만일 특정 지 교회에서 그와 같은 일이 발생한다면 지도하고 제제할 수 있어야 한다. 지 교회들이 노회의 정당한 지도를 받아 순종하는 것은 지극히 당연한 일이다.

---

2) 지교회 안 교권주의의 활동을 막는다.

| 해설 |

노회에 맡겨진 중요한 직무 가운데 하나는 직분의 올바른 적용이다. 즉 노회는 각 지 교회들에서 직분이 올바르게 시행되고 있는지 살펴야 한다. 이는 교회에서 목사, 장로, 집사 등 어느 직분자들도 종교적인 권세를 가지지 못한다는 사실을 말해주고 있다.

만일 교회에서 목사가 교권주의를 행사한다면 노회는 그것을 막아야 하며 장로가 그렇게 한다고 해도 그것을 방지해야 한다. 또한 집사가 그와 같은 교권을 교회 안에서 행사할 경우에도 그것을 막아야 한다. 지 교회의 온전한 성장을 위해서는 반드시 그렇게 되어어야만 한다.

이를 위해서는 각 지 교회에서 파송 받은 총대들 간에 그와 같은 교권주의적인 활동이 없어야 한다. 노회장을 비롯한 임원들은 교권을 행사하지 말아야 하며 목사나 장로들 가운데서도 그런 양상이 나타나서는 안 된다. 따라서 만일 그런 성향을 보이는 자가 있다면 노회가 투표로써 임원을 선출할 때 그런 자들을 배제할 수 있어야 한다. 노회 안에 교권주의가 난무하다면 지 교회를 올바르게 지도하지 못한다.

----

3) 지교회의 설립 · 분립 · 통합 · 폐쇄의 사무를 처리한다.

| 해설 |

노회는 지 교회의 설립, 분립, 통합, 폐쇄에 연관된 사무와 직무를 감당하게 된다. 우리가 여기서 주의 깊게 생각해야 할 점은 이 모든 것이 지 교회에 일임된 것이 아니라 노회에 맡겨진 직무라는 사실이다. 즉 교회의 설립은 특정 목사가 개인의 판단에 의해 하는 것이 아니며 지 교회가 독단적으로 판단해서도 안 된다.

분립, 통합, 폐쇄에 대해서도 마찬가지다. 특정 교회의 규모가 너무 커져 분리할 필요성이 있을 경우에는 노회가 그것을 제안하고 지 교회는 합당한 지도를 받으며 그렇게 해야 한다. 통합, 폐쇄의 경우에도 동일한 원리가 적용된다.

그렇지만 현대 한국교회는 교회 설립을 개인이 판단하는 경우가 많고 지 교회의 판단이 절대적으로 작용한다. 분립, 통합의 경우도 마찬가지다. 원칙적으로는 노회의 권면 및 지도와 연계하여 선한 판단을 내릴 수 있어야 한다.

폐쇄의 경우에 있어서도 노회는 신중한 자세를 가져야만 한다. 교인들이 모이지 않고 재정적으로 어렵기 때문에 개인이 함부로 폐쇄해서는 안 된다. 흔히 말하는 선교적인 차원에서 본다면 교인들의 수가 적고 많은 어려움이 따른다면 더욱 관심을 가지고 최선을 다해야 한다. 교회는 어떤 경우에도 개인의 소유가 아니며 개교회가 소유가 될 수 없으므로 노회가 그에 대한 지도를 해야 할 의무가 있는 것이다.

---

4) 목사의 임직 휴직 사직과 장로의 임직에 연관된 사무를 처리한다.

| 해설 |

노회는 목사의 임직, 휴직, 사직에 대한 논의를 하여 결정해야 한다. 그리고 장로의 임직에 연관된 사무를 감당하게 된다. 이에 연관된 모든 사무처리는 노회에서 이루어진다. 단 장로의 임직은 노회에서 일정부분 관장하지만, 휴직과 사직은 각 지교회에서 처리하여 노회에 보고함으로써 특별한 문제가 없으면 그것을 접수하여 받아들이게 된다.

---

5) 지교회 당회가 제출한 의제들을 처리한다.

| 해설 |

노회는 각 지교회 당회가 제출한 의제들을 처리한다. 그것은 위해서는 형평성이 있어야 하며 교회의 규모나 당회원들의 수, 혹은 목사나 장로, 집사에 따라 공평하지 않은 논의와 결정을 해서는 안 된다. 노회에 속한 모든 회원들은 평등하며 아무런 차등 없이 상호 존중하고 존중받아야 할 공적인 지위에 있기 때문이다. 따라서 모든 지 교회들은 노회의 정당한 결정에 따라야만 한다.

---

6) 각종 고시를 시행한다.

| **해설** |

노회는 각종 고시를 시행한다. 목회자로 세워지기 위해서는 적법한 고시를 치러야 하며 그것을 통과해야 한다. 그리고 장로로 임직 받기 위해서도 사전에 공교회적인 사전 검증이 반드시 따라야 한다. 본 교단의 경우 이미 장로로 임직한 경력이 있는 성도에 대해서는 그 고시를 다시 치르지 않아도 된다. 공동의회를 통하여 장로로 피선이 되어 직분자 임직일이 얼마 남지 않은 특별한 경우에도 적절한 과정을 거쳐야만 한다.

제18조 총회

1. 구성
노회가 파송한 총대 목사와 총대 장로로 구성한다. 총회가 구성될 때까지는 독노회가 총회의 직무를 대행한다.

| **해설** |

총회는 노회가 상시적인 기관인 것과 대비된다. 총회를 언급할 때 교단 소속 모든 성도들을 일컬을 수 있다.[8] 그러나 여기서 말하는 총회란 회의를 하기 위한 기구를 의미한다. 총회를 위해서는 노회에서 파송한 목사 총대와 장로 총대로 구성되어야 한다.

여러 노회들이 조직됨으로써 총회의 필요성이 발생하게 되면 적절한 회

---

8) 회의체가 아닌 일반적인 의미에서 일컫는 총회란 소속 교단 성도들의 총수를 일컫는다. 이 경우에는 성찬회원 뿐 아니라 아직 입교하지 않은 유아세례자까지 포함한다. 나아가 갓 태어나 아직 세례를 받지 않은 유아들도 잠재적인 회원으로서 총회의 회원으로 받아들이는 것이 자연스럽다.

의체를 조직해야 한다. 이는 총회 산하의 각 노회들의 신학적 통일성과 세상의 다양한 상황에 대한 해석들을 위해 함께 논의할 필요가 있기 때문이다. 총회가 구성되기 전까지는 독노회가 총회의 모든 직무를 대행해야 한다.

우리가 주의해야 할 점은 총회의 논의와 의결은 각 총대의 개인적인 의사에 달려 있어서는 안 된다는 사실이다. 총회에 참여하는 총대들은 노회의 의사를 전달하는 의무를 감당해야 한다.[9] 그러므로 긴급 의제가 나왔을 때는 '총대노회'가 모여 결의한 후 그에 따르게 된다.

이는 곧 지 교회들의 의사가 반영된다는 사실을 말해준다. 노회가 산하 교회 각 당회의 의사를 반영하게 되고 또다시 노회의 총대들이 총회에 참석해서는 노회의 의사를 전달함으로써 논의와 결의를 하게 된다. 총회는 결국 각 지교회 당회의 의사를 모아 결론을 도출해내는 것과 같은 의미를 지니게 된다.

----

2. 회집과 성수
1) 총회는 매년 1회 예정한 일시와 장소에서 정기로 회집한다.

| 해설 |

총회는 매년 1회 예정한 일시와 장소에서 정기적으로 회집해야 한다. 노회가 선출한 총대들은 총회에 참석하여 노회의 의사를 전해야 한다. 즉 교단은 일년 한 차례 총회로 모여 각 노회가 요청한 사항들에 대한 논의를

---

9) 노회는 해당 회기 총회를 위한 총대를 선출해야 한다. 노회원들은 투표를 통해 총대를 뽑게 된다. 그때 노회원들은 유능하고 똑똑한 사람이나 경륜이 많거나 나이 많은 사람들을 총대로 선출하려고 해서는 안 된다. 중요한 것은 개인적인 주장을 펼치는 인물이 아니라 노회와 노회 산하 교회들의 의사를 대변할 수 있는 자들을 선출해야 한다는 점이다.

하며 그에 대한 의결을 하게 된다.

----

2) 회의가 끝나면 파회한다.

| 해설 |

총회는 상시적으로 유지되는 것이 아니라 회의가 끝나면 자동으로 파회하게 된다. 즉 총회가 그 임무를 다하게 되는 것이다. 따라서 총회의 의장은 총회가 종료됨과 동시에 의장의 역할도 끝이 난다. 즉 흔히 일컫는 총회장은 회의를 위한 의장이지 총회를 이끄는 상시적인 직책은 아닌 것이다.

그러므로 총회가 의결한 사안들을 지속적으로 수행해야 할 필요가 있을 경우 다양한 성격의 상비부를 두게 된다. 예를 들어, 신학부, 고시부, 행정부, 재판부, 선교부, 봉사부 등이 곧 그것들로서 상존하는 의미를 지니고 있다. 각 상비부는 총회가 각기 맡긴 일들을 처리하게 되며 그 결과는 다음 총회에 보고해야 한다.

----

3) 회원 노회 4분의 3이상과 등록된 총회 회원 4분의 3이상 출석으로 개회한다.

| 해설 |

총회는 회원 노회 4분의 3이상이 출석함으로써 개회할 수 있다. 매우 특별한 경우 한 노회가 불참함으로써 4분의 3이 되지 않을 경우 자동으로 무산된다. 만일 특정 노회가 신학적 노선을 달리함으로써 의도적으로 총회에 불참한다면 긴급총회를 열어 해당 노회를 제명시킨 후 총회를 개최해

야 한다.

또한 노회의 결의에 따라 총회의 총대로 보고된 총대 회원 4분의 3이상이 출석해야만 총회를 개회할 수 있다. 따라서 서기는 회원을 점명할 때 그 수를 정확하게 파악해야만 한다. 만일 4분의 1이상의 총회원이 회의에 불참할 경우 회의는 무산된다.

----

3. 직무
1) 성경적 신앙을 수호하기 위해 신조, 헌법, 권징 조례, 예배 모범, 규칙 등을 제정하고 해석할 권한을 가진다.

| 해설 |

지상 교회 가운데는 다양한 성도들이 모여 하나의 공동체를 이루고 있다. 인간들은 제각각 출생지역, 성장과정, 개인적인 성향 등 많은 차이가 난다. 뿐만 아니라 남녀노소, 빈부차이, 직업 등에 따라 생각이 다를 수 있다, 이와 같은 개인적인 상이한 배경이 교회 가운데서 다양한 견해들이 나타나게 한다.

그것이 간단한 내용이라면 별 문제될 것이 없겠지만 보다 심각하고 중요한 사안에 연관되어 있을 경우에는 그렇지 않다. 그러므로 교회 안에는 다양한 공적인 문서들을 두고 있다. 총회는 신앙고백을 위한 신조와 교리 문답서, 헌법, 권징 조례, 예배 모범, 규칙 등을 확정하고 제정할 수 있다.

총회가 이와 같은 문서를 소유하는 것은 노회와 지 교회 및 성도들을 통제하기 위한 방편 이 아니다. 그것은 흩어진 지교회와 성도들을 보호하고자 하는 목적에 연관되어 있다. 그렇게 함으로써 성도들이 가져야 할 성경적인 신앙을 수호할 수 있게 된다. 이를 통해 지상 교회가 주님의 재림 때까지 상속되어 도움을 주게 되는 것이다.

2) 노회의 설립·분립·통합·폐지·구역 조정 등의 사무를 처리한다.

| 해설 |

총회가 하는 일 가운데 하나는 노회를 설립, 분리, 통합, 폐지하는 직무이다. 그리고 노회의 구역 조정과 더불어 노회와 노회 사이에 발생하는 문제에 대하여 중재하는 역할을 감당한다. 나아가 교단 내부에서 발생하는 전반적인 내용을 기록 정리하며 맡겨진 사무를 원만하게 처리해야 한다.

3) 신학 교육기관을 설립하고 관리한다.

| 해설 |

총회는 신학 교육기관을 설립하고 관리해야 한다. 이는 단순한 지식을 위한 교육을 의미하는 것이 아니라 교회의 교사 즉 목사를 세우는 일에 연관되어 있다. 교단이 신학교육을 거쳐 목회자를 양성하여 세우는 것은 편의를 위한 것이 아니다.

신학 교육을 감당하는 것은 편의적인 교회 운용을 위해서가 아니라 교회의 상속에 밀접하게 연관되어 있다. 즉 교회의 상속은 조직의 상속이 아니라 직분의 상속이 그 중심에 놓여 있다, 그 가운데 목사는 공예배 시간에 하나님의 말씀을 선포하고 성례를 주관하는 중요한 사역을 맡은 직분자이다.

따라서 교회의 상속의 중심에는 목사가 있다고 해도 과언이 아니다, 이 말은 목사가 다른 직분자들보다 높은 지위에 있다는 것을 의미하지 않는다. 목사는 하나님의 말씀을 탐구하고 그것을 통해 신학적 해석을 감당해야 한다. 그것은 물론 개별적인 판단에 의존하는 것이 아니라 앞에서 언급한 신조와 교리문답서, 헌법, 권징 조례, 예배 모범, 규칙 등을 올바르게 알아 그에 기초하여 모든 사안들에 대한 해석을 하며 성도들을 지도해야 하는 것이다.

----

4) 필요에 따라 선교부 · 출판부 등의 부서를 두어 관리한다.

| 해설 |

총회는 필요에 따라 선교부, 출판부 등의 부서를 둘 수 있다. 그 외에도 필요할 경우 신학부, 고시부, 행정부, 재판부, 봉사부, 대회협력부 등 다양한 부서를 두어 원활한 사무를 꾀할 수 있다. 그렇게 함으로써 체계를 갖춘 교단 내 업무를 감당할 수 있는 것이다.

----

5) 타 교단과의 관계를 논의한다.

| 해설 |

지상 교회에는 지역과 환경에 따라 수많은 교단들이 존재할 수 있다. 어떤 교단, 교회일지라도 개별적으로 분리되어 존재하는 것이 아니라 원칙적으로는 하나의 보편교회에 속해 있어야만 한다. 따라서 교단이 항상 마음에 두어야 할 점은 건전한 참된 교회들이 있는지 살펴보는 일이다. 그것은 선택적이지 않으며 마땅히 행해야 할 중요한 의무에 해당된다.

주변의 그런 교단이나 교회를 찾게 되면 상호 우호관계를 맺을 수도 있고 연합 관계를 맺어 조직화할 수도 있다. 이는 결코 세를 확장하기 위한 방편이 되어서는 안 되며 그리스도의 몸된 교회의 하나 됨에 대한 관심에 기초해야 한다. 따라서 역사적 정통성을 지닌 올바른 신학을 기초로 하지 않은 자유주의, 신비주의, 세속주의 등의 사조를 띤 불건전한 교회들과는 대화할 수 없다. 이에 연관된 전반적인 일들은 총회에 맡겨진 직무이다.

제5장 _ 운영회

제19조 공동의회

1. 구성
지교회의 성찬 회원으로 구성한다.

| **해설** |

지교회의 성찬회원 즉 세례를 받았거나 유아세례를 받고 입교한 정 교인들은 공동의회의 회원이 된다. 그리고 수찬정지 이상의 징계 가운데 있지 않은 자는 회원권을 상실하지만 권계나 권면을 받은 자는 공동의회에 참여할 수 있다. 물론 직분자 선출에 있어서 피선거권을 가지지는 못한다.

----

2. 회집과 성수
1) 정기회의
1년 1회 목사가 소집하고 사회하며, 1주일 전에 개최 시간과 장소를 교회에 공적으로 광고해야 한다. 목사 유고시 의장은 지 교회에서 요청한 노회 소속 목사가 된다.

| **해설** |

정기 공동의회는 1년 1회 목사가 소집하게 된다. 그 때는 개회 1주일 전에 시간과 장소를 교회에 공적으로 광고해야 한다. 한주일 전에 시간과 장소를 정해야 하는 이유는 각 성도들의 공동의회에서 발의할 내용이나 기타 준비를 성실히 하도록 하기 위해서이다. 사전에 충분한 공고 기간이 없으므로 인해 회의가 가볍게 진행되는 일이 없어야 한다.

그리고 공동의회에서는 담임목사가 의장이 되어 사회해야 한다. 만일 담임목사에게 유고가 생긴다면 지 교회에서 요청한 노회 소속 목사가 임시 의장이 된다. 여기서 지 교회가 노회 소속 목사를 의장으로 초빙할 경우에는 당회나 제직회에서 해당 교회를 잘 아는 인물을 선정하여 노회에 요청할 수 있다.

담임목사의 유고시에도 교회는 1년 1회 정기 공동의회를 개최해야 한다. 그럼에도 불구하고 해당 교회가 임시 의장이 될 목사를 노회에 요청하지 않을 경우에도 노회는 임시 의장을 선임하여 파송해야 한다. 어떤 경우에도 지 교회는 반드시 1년 1회 있는 정기 공동의회를 개최해야 하기 때문이다.

이는 목사가 아닌 장로, 집사 등 다른 직분자가 공동의회 의장이 될 수 없음을 말해주고 있다. 공동의회의 의장직을 목사가 맡아야 하는 것으로 규정하는 것은 교회의 총회인 그 모임이 단순한 의결 기구가 아닌 영적인 의미를 내포하고 있는 것으로 이해하는 것과 연관되어 있다. 우리가 기억해야 할 바는 공동의회의 의장은 회의 개최 중에만 의장이 되며 공동의회가 폐하면 자동으로 의장직을 내려놓게 된다는 사실이다. 이는 총회의 의장이 회의가 폐회됨과 동시에 의장 직무가 자동적으로 끝나는 것과 동일한 원리이다.

----

2) 임시회의

당회나 제직회나 노회의 요구 또는 성찬 회원 3분의 1이상의 발의로 회집할 수 있다. 하지만 사전에 통지한 안건 외에 다른 문제에 대해서는 의결하지 못한다.

| 해설 |

임시 공동의회가 개최되어야 할 특별한 일이 발생할 경우에는 당회나

제직회가 회집을 요청할 수 있다. 그리고 지 교회에서 특별한 문제가 생긴다면 노회가 임시 공동의회를 요구할 수 있다. 나아가 성찬 회원 3분의 1 이상의 발의로 공동의회 회집을 요구할 수 있다.

성찬 회원들이 임시 공동의회를 요청할 때는 매우 주의 깊은 절차가 요구된다. 만일 어떤 개인이나 몇몇 성도들이 임시 공동의회를 요청할 필요가 있는 것으로 판단할 경우 그것을 구상한 자들이 각 성도들을 개별적으로 찾아다니면서 동의를 요구해서는 안 된다. 만일 그렇게 되면 교회가 큰 혼란에 빠질 우려가 생긴다.

그러므로 그와 같은 일이 발생할 경우 복수의 성도들이 사안에 따라 당회나 제직회에 그 사실을 알리고 임시 공동의회 개최를 요구할 수 있다. 만일 해당 직분자회가 그것을 타당한 것으로 받아들일 경우에는 의장인 목사에게 임시 공동의회 개최를 요구할 수 있다. 하지만 당회나 제직회에서 그 요구를 수용하지 않을 경우 그것을 거부할 수 있다.

또한 정당한 사안이 있을 경우 성찬 회원 3분의 1이상의 동의를 받으면 의장은 공동의회를 소집해야 한다. 이때 누구든지 각 성도들을 개인적으로 접촉하여 설득하려고 해서는 안 된다. 공동의회 의장인 목사가 제안된 내용을 교회 앞에 사실대로 설명한 후 정해진 기한 안에 기록된 명부에 서명케 함으로써 적법한 절차에 따라 청원자의 수를 확인하게 된다.

그 결과 전체 성찬 회원 3분의 1이상이 공동의회 개최를 원한다면 목사는 교회에 일시 및 시간과 장소를 한주일전에 공고하고 임시회의를 소집해야 한다. 그러나 정해진 기한 안에 3분의 1이상의 청원자를 얻지 못하면 자동으로 무산된다. 그렇게 될 경우에는 맨 처음 특정 사안으로 인해 공동의회 개최를 발의하려고 했던 성도들은 교회의 뜻을 파악하고 저들의 생각을 거두어 들여야 한다.

그리고 임시 공동의회에서는 사전에 통지된 안건 이외의 다른 사안을 다루거나 의결하지 못한다. 만일 긴급한 사안이라 판단되는 것이 있을 경우에는 다시 절차를 밟아 다른 횟수의 임시 공동의회를 소집해야 한다. 그렇게 함으로써 교회에서 공동의회에서 결의되는 모든 사안들이 졸속으로 처리되시 않도록 해야 하는 것이다.

----

3) 개회성수

성찬 회원 5분의 4이상 출석하면 개회할 수 있고 당회장이 의장을 당회 서기가 서기를 겸한다.

| 해설 |

공동의회의 성수는 5분의 4이상이 넘어야만 개회할 수 있다. 여기서는 현실적인 형편과 본 교회의 관례에 따라 장기 출타교인들과 결석계를 제출한 성도들의 경우에는 그들을 총수에서 제외하고 성수를 산출하게 된다. 예를 들어 세례를 받은 정교인으로서 군 입대 중이거나 다른 지역에 유학을 간 경우, 그리고 출장이나 입원, 병환 등 부득이한 형편으로 공동의회에 참석하기 어려워 결석계를 제출한 성도들은 총수에서 빼고 성수를 계산한다. 이는 현재 본 교회에서 실시하고 있는 현실이다.

또한 공동의회의 의장은 당회장이 의장을 맡고, 당회의 서기 곧 교회의 서기가 공동의회의 서기가 된다.[10] 의장은 회의의 종료와 함께 모든 직무가 끝난다. 하지만 서기의 경우에는 회의를 위한 서기로서의 직무는 끝이 나지만 공동의회에 관련된 회의록을 비롯한 서류를 보관하고 관리하는 일을 지속한다.

----

10) 교회의 서기는 상시적인 개념을 지니고 있다. 그러나 공동의회의 서기는 회의를 위한 서기로서 다소간 차이가 나는 것으로 이해해야 한다. 만일 교회의 서기에게 유고가 생길 경우 다른 서기를 세워 그 직무를 승계하여 상시적인 직무를 감당하도록 해야 한다. 그에 반해 공동의회의 서기가 부득이한 일로 유고가 생길 경우에는 다른 사람이 일시적으로 그 직무를 임시 대행할 수 있다.

3. 직무
1) 목사의 청빙과 직원의 선택 의결

| 해설 |

공동의회에서는 목사의 청빙과 장로와 집사 등 직분자 선택을 의결한다. 목사 청빙은 5분의 4이상의 회원이 출석하여 개회가 되면 참석 회원의 3분의 2이상의 득표를 해야 한다. 이와는 달리 장로와 집사를 선출할 경우에는 교회가 사전에 정하여 요구한 수에 맞게 다득점자 순으로 결정한다,

지 교회에서 장로와 집사를 선출할 때, 회원 3분의 2이상의 득표가 아니라 정해진 수에 따른 다득표 원칙을 세워두는 데는 그럴만한 충분한 이유와 근거가 있다. 우선 교회가 정해진 수의 장로와 집사를 필요로 한다면 그것을 중시해야 한다. 교회가 반드시 필요로 함에도 불구하고 득표율로 인해 직분자가 세워질 수 없다면 그것이 도리어 문제가 될 수 있을 것이기 때문이다.

2) 연간 사업의 예산과 결산 의결

| 해설 |

공동의회에서는 연간 사업의 예산과 결산에 대한 의결을 한다. 이는 교회에 속한 성찬 회원들의 총회가 예산과 결산을 최종적으로 승인하게 된다는 사실을 의미하고 있다, 이는 물론 집사회가 논의한 내용을 제직회를 거쳐 공동의회에 상정하면 그것을 살펴보고 최종적인 결정을 하게 된다. 공동의회를 거치지 않은 채 특정직분자나 직분회가 재정에 관한 것을 임

의로 집행하는 것은 불법행위라 할 수 있다.

----

3) 노회나 총회의 지시사항 의결

| **해설** |

노회나 총회의 지시사항이 있다면 공동의회가 모여 그에 대한 의결을 한다. 이는 일반적인 사항에 대해서는 노회나 총회가 아니라 지 교회의 공동의회가 최종 결정권을 가진다는 사실을 말해주고 있다. 즉 총회나 노회는 일반적인 사안에 대하여 지 교회에 일방적인 명령을 내릴 수 없다.

이 법 조항은 지 교회가 법과 원칙을 벗어난 총회와 노회의 결정을 거부할 수 있음을 말해준다. 물론 여기에는 성경 해석에 관한 문제나 신학적인 내용들이 포함되지 않는다. 즉 그와 같은 내용들은 노회나 총회의 해석이 지 교회의 견해를 앞서는 것이 원칙이다.

----

4) 부동산 취득과 처분에 관한 사항 의결

| **해설** |

교회의 부동산 취득과 처분에 관한 사항은 공동의회의 결의를 거쳐야 한다. 전체 교회의 동의와 결의 없이는 특정 직분자나 직분회가 예배당을 비롯한 부동산을 임의로 매입하거나 매각할 수 없다. 그리고 그런 일이 발생할 경우에는 충분한 설명을 거쳐 자유롭게 의결할 수 있어야 한다.

----

5) 기타 지 교회 내의 중요사항 의결

| 해설 |

위에 언급된 내용들을 제외한 교회의 모든 중요한 사안들은 공동의회에서 의결한다. 각 직분회에 맡겨진 고유한 직무 이외의 일반적인 연중행사에 대해서는 공동의회가 해당 부서에 위임하여 일을 처리하도록 할 수 있다. 물론 성경해석과 신학적인 문제들은 공동의회가 아니라 당회의 소관이다.

그리고 가결 성수에 대한 내용을 설명하자면, 목사 청빙을 제외한 일반적인 사안에 대한 의결은 참석회원의 과반수 찬성으로 가결된다. 즉 목사를 청빙할 때는 성찬회원 5분의 4이상의 참석자들 중에 3분의 2이상의 득표를 해야 하며, 정해진 수의 장로와 집사를 선출하기 위해서는 다득점자가 선출된다.

제20조 제직회

1. 구성
목사와 장로와 집사로 구성한다.

| 해설 |

제직회란 모든 직분자들의 회의체를 의미한다. 그러므로 제직회는 목사, 장로, 집사로 구성된다. 물론 휴무중인 장로와 집사는 회원에서 제외된다.

---

2. 임원
회장·서기·회계를 둔다. 회장은 당회장, 서기는 당회 서기가 되고 회계
는 제직회에서 집사들 가운데서 선출한다.

| **해설** |

　제직회는 회의체인 만큼 조직이 구성되어야 한다. 제직회를 위해서는
회장, 서기, 회계를 둔다. 회장은 당회장인 목사가 당연직으로 맡게 된다.
그리고 서기는 당회 서기가 당연직 서기가 된다. 또한 회계는 제직회에서
집사들 가운데 선출한다. 여기서 주의를 기울여야 할 점은 제직회 회계는
집사회에서 선출하는 것이 아니라 제직회에서 선출한다는 사실이다.

----

3. 회집과 성수
분기별 정기회 또는 임시회가 필요하면 당회나 집사회의 요청에 따라 목
사가 소집하며 제직회원 4분의 3이상의 출석으로 개회한다.

| **해설** |

　제직회는 분기별로 정기적인 회의가 개최되어야 한다. 정기회는 시기
가 되면 개최된다. 한편 임시회가 필요할 경우에는 당회나 집사회의 요청
에 따라 제직회 의장이 되는 목사가 소집해야 한다. 통상 관례에 따라 한
주일 전에 공고를 하는 것이 원칙이지만 긴급한 사항일 경우 재량권을 발
휘할 수 있다.

　제직회의 성수는 회원 4분의 3이상의 출석으로 한다. 제직회원들은 당
연히 회의에 참석해야할 의무가 있다. 물론 그것은 강제된 것은 아니며 특
별한 경우에는 개인적인 판단에 따라 불참할 수 있다. 성수를 위해서는 멀
리 출타하거나 제직회에 참석하는 것이 어려워 결석계를 제출할 경우에는

회원 점명의 수에서 제외하고 성수를 계산할 수 있다.

---

4. 직무
재정문제를 비롯한 교회의 제반 사항을 논의하고 의결한다. 또한, 당회와
집사회의 결정 사항들을 공유하고 협력하며 교회의 제반 행사에 관한 직
무를 담당한다.

| 해설 |

제직회에서는 재정문제를 비롯한 교회의 제반 사항에 대한 논의를 한
다. 또한 그에 대한 의결을 하게 된다. 그리고 당회와 집사회의 결정사항
들을 공유하고 서로 협력한다. 나아가 당회원들은 집사회의 보고와 결정
사항에 대하여 질의할 수 있으며 집사회원들은 당회의 보고 및 결의사항
에 대한 질의를 할 수 있다. 그때 각 직분회는 공적으로 제기된 질의에 대
해 성실하게 답변해야 할 의무가 있다. 이처럼 제직회에서는 교회의 제반
행사에 관한 논의를 하며 모든 직무를 감당해야 한다.

제21조 집사회

1. 구성
집사로 구성한다.

| 해설 |

본 교단에는 집사가 있을 뿐 서리 집사는 없다. 단 지 교회가 설립되고
나서 얼마 되지 않아 선출된 집사가 없는 특별한 경우 서리집사를 둘 수 있
다. 그러나 공동의회를 통해 집사가 선출되면 더 이상 서리집사를 두지 않

는다.

집사회는 교회에서 선출한 집사들로 구성된 기구이다. 물론 서리 집사들만 있을 경우에는 집사회가 조직될 수 없다. 집사회가 구성되면 회장과 서기 및 회계를 두어야 한다. 특별한 경우가 없으면 집사회의 회계가 장로와 집사들의 조직인 제직회와 공동의회 및 교회의 회계직을 맡게 된다.

----

2. 회집과 성수

정기 집사회는 자체 결의로 모이며, 임시 집사회는 당회의 요청, 혹은 집사 회원 3분의 1이상의 요청으로 집사회장이 소집한다. 재적회원 4분의 3 이상의 출석으로 개회한다.

| 해설 |

집사회는 부정기적으로 회집하는 것이 아니라 정기적으로 회집해야 한다. 어느 정도 기간 간격으로 모이는지에 대해서는 집사회 자체의 결의에 의한다. 그리고 긴급한 사안이 발생할 경우에는 임시 집사회가 모일 수 있다. 그럴 필요가 있으면 당회의 요청이 있거나 집사회원 3분 1이상의 동의에 따라 집사회장이 소집해야 한다.

----

3. 직무

재정과 서무와 구제와 통상적으로 행하는 교회 행사를 논의하고 집행한다.

| 해설 |

집사회에 맡겨진 직무는 교회의 재정과 서무와 구제에 관한 사안들이다. 교회의 재정이란 예, 결산을 위한 초안 논의를 포함하며, 교회의 재정은 어느 누구도 개인적인 판단에 따라 좌지우지할 수 없다. 또한 집사회 내부의 서무에 관한 것은 집사회가 감당해야 하며 구제에 관한 논의를 한다.

그리고 통상적으로 행하는 교회의 행사에 대한 논의는 집사회에서 하고 그 행사에 연관된 사항들을 집행하는 직무를 감당하게 된다. 예를 들어, 교회 수련회나 전체 성도들의 친교를 위한 행사가 필요할 경우에는 집사회에서 논의하는 것이 원칙이다. 단 그와 같은 행사에 강의를 하거나 가르치는 일이 필요할 경우에는 그에 연관된 사안을 당회에 위임해야 한다.

제6장 _ 기타

제22조 신학교[11]

1. 목사 후보생 혹은 신학 연구생을 훈련하는 교육 기관을 유지한다.

| 해설 |

교회가 목회를 할 수 있는 목사 후보생 혹은 신학 연구생을 공적으로 교육하는 일은 매우 중요하다. 그 과정은 계획에 의해 체계적으로 이루어져야 한다. 지상 교회가 이어지는 세대와 주님의 재림 때까지 올바르게 상속되어 가기 위해서 가장 중요한 것은 목회자 양성이다. 그것을 위해서는 반드시 교육기관이 있어야 한다.

본 교단에는 2015년 현재 신학생이 없지만 신학교가 잠정적으로 존재하는 것으로 이해할 수 있다. 물론 사람들이 일반적으로 생각하듯이 학교 건물과 교수들이 완벽하게 구비되어 있지는 않다. 하지만 당장이라도 교회가 목사후보생 및 신학 연구생을 추천하여 교육을 맡긴다면 그 일을 시행할 수 있다. 이에 2016년 3월 한국개혁장로회신학교가 개강하여 7명이 일반과정을 수료하고 졸업하였으며 만약 신학연구생이 준비될 경우 본 교단뿐 아니라 우리와 신학과 신앙고백을 같이하는 주변의 신학자와 신학교에 과목별 위탁 교육을 맡길 수 있다. 그리고 개혁주의 사상에 입각한 신학 특강에 참여시켜 단기간 공부하도록 할 수 있다. 물론 전체 과정에서 이수해야 할 교과목과 학점 관리 등에 대해서는 별도의 규정을 두어야 한다.

---

11) #첨부 1. 참조.

2. 신학 교수는 당회가 추천한 목사 후보생과 신학 연구생을 가르치며 교회의 요청에 응하여 신학적 조언을 한다.

| 해설 |

목사 후보생들에게 신학을 가르치며 교육하는 교수는 교단과 교회가 선발해야 한다. 우선 목사 후보생과 신학연구생들의 경우에도 스스로 자원하는 것이 아니라 당회가 면밀히 살펴 객관적인 관점에서 추천하게 된다. 물론 당회와 노회는 신학을 연구하는 신학 연구생을 매년 점검하며 확인하는 과정을 거쳐야만 한다.

말씀과 신학을 가르치는 교수의 경우 신학생들보다 훨씬 더 철저한 검증과정을 거쳐야 한다. 신학적인 이해와 지식도 중요하지만 신학사상과 신앙, 그리고 신앙인격이 더욱 중요하기 때문이다. 신학교수는 신학생들을 가르치고 지도할 뿐 아니라 교회와 교단이 요청하는 신학적인 문제에 대한 조언을 할 수 있어야 한다. 공적인 문제일 경우 교수들 각 개인의 입장이 아니라 교수회에서 연구를 거쳐 그에 대한 공적인 답변을 내놓아야 한다.

----

3. 신학교 운영을 위한 정관과 학칙은 별도로 정하여 총회의 승인을 받는다.

| 해설 |

신학교는 원칙적으로 교회의 학교여야 한다. 즉 사설로 운영되어서는 안 된다. 물론 교단이 신학교를 직영하는 것이 좋을지, 아니면 인준신학교로서 교단과 신학적 협력관계인 것이 좋을지는 따로 정해야 할 필요가 있다.

교단이 직영한다면 교수하는 일 외에 운영의 상당부분은 교단의 별도 이사회를 구성하여야 한다. 그럴 경우 교단과 긴밀한 관계에 놓여 있다는 차원에서는 바람직하다. 그러나 만일 교단의 잘못된 교권부익가 작용하게 되면, 역사 가운데서 숱하게 많이 보아왔듯이 신학이 교권의 시녀가 될 우려가 따른다.

이와 달리 인준신학교로서 신학적 협력관계에 놓여 있게 되면 교단과 긴밀한 관계가 다소 희석될 수 있다는 약점이 있다. 하지만 교단과 교회가 말씀과 더불어 성숙한 경우라면 아무런 문제가 없다. 그럼에도 불구하고 다음 세대를 염두에 둔다면 어느 것이 나을지 신중한 판단을 해야만 한다.

제23조 선교사

총회 선교부가 선교사의 자격·파송 및 지원에 관해 심의하고 결정한다. 선교부 운영을 위한 정관은 별도로 정하여 총회의 승인을 받는다.

| 해설 |

본 교단은 하나님의 말씀이 온 세상에 선포되는 일을 중요하게 여기고 있다. 그것은 새로운 지역에 복음을 선포하는 일과 더불어 연약한 교회가 도움을 요청할 경우 그에 응답하는 일이 포함된다. 교단은 그것을 위해 다양한 형태의 선교사역을 계획하며 실행할 수 있다. 국내외에 파송할만한 준비된 선교사가 있을 경우 선교부가 구성되어야 하며, 선교부는 선교사의 자격. 파송 및 지원에 관하여 심의하고 결정하게 된다.

선교사는 개인의 주관적인 의사가 아니라 교회의 의사에 따라 보냄을 받은 성도이기 때문에 개별적인 판단과 경험보다 교회의 의사가 더욱 중요하다. 즉 선교사는 파송한 교회와 교단을 대표하는 성격을 지니고 있다.

따라서 선교사는 교단 즉 교회가 지향하고 요구하는 바에 따라 선교사역을 전개해가야 한다.

제24조 재정

1. 교회 재정 수입은 교회 회원의 자원하는 연보를 원칙으로 한다.

| 해설 |

교회의 재정 수입은 매주일 공예배 시간을 통해 행해지는 연보가 주된 원천이 된다. 그것을 위해서 강제성을 띠지 않으며 자원하는 마음으로 연보하는 것이 바람직하다. 신앙이 점차 성장해 감에 따라 교회의 필요를 위해 최선을 다해 연보에 참여하는 것은 성도들에게 주어진 권리이자 의무이다.

연보를 할 때는 공예배 시간의 절차에 따라 무기명으로 하는 것이 원칙이다. 이는 연보를 하는 것이 신앙인이 삶의 고백적 표현이 되기 때문이다. 그리고 연보액수를 다른 형제들이 모르게 하는 것은 그로 인해 불필요한 자만심을 가지거나 가난한 이웃을 부끄럽게 하지 말아야 하기 때문이다.

또한 교회는 수익을 위한 사업을 하지 않는다. 즉 인간들의 사업계획을 통한 재정 확충이 아니라 하나님께서 각 가정에 채워주시는 물질의 분량에 따라 자연스럽게 연보함으로써 그것을 통해 드러나는 은혜로써 교회가 운영되어 가야 한다. 물론 성도들은 경우에 따라 자발적으로 특별연보나 목적연보를 할 수 있다.

----

2. 노회와 총회의 재정은 회원 교회의 의무적 회비로 충당한다. 회비 규정은 별도로 정한다.

| 해설 |

노회와 총회는 단순한 회의체가 아니라 확장된 교회 개념에서 이해해야 한다. 따라서 지 교회가 수익사업을 하지 못하듯이 노회와 총회도 수익사업을 하지 말아야 한다. 나아가 지 교회와 마찬가지로 수익에 연관된 어떤 사업도 해서는 안 된다. 교육 사업이나 복지 사업이라 할지라도 독자적인 재정이 요구되기 때문에 노회와 총회는 그와 같은 사업을 추진하거나 운영지 않는다.

노회와 총회의 재정은 각 지 교회에서 부담하는 의무적인 회비로 충당한다. 각 교회가 부담해야할 경비의 구체적이며 적절한 액수는 지 교회와 노회와 총회의 논의에 따라 합리적인 방식으로 결정해야 한다. 이를 통해 노회와 총회도 하나님의 은혜의 연보로써 운영된다는 사실을 분명히 이해할 필요가 있다.

제25조 개정

본 헌법의 개정은 총회 재적 3분의 2이상의 발의로 개정위원회를 구성하여 개정안을 심의하여 총회의 회의에 부치며 총회 출석회원 5분의 4이상 동의로 개정할 수 있다.

본 헌법의 내용을 개정해야 할 필요성이 있다고 판단될 경우 총회 재적 회원 3분의 2이상의 발의가 있어야 한다. 그러나 개정안에 관한 발의가 있었다고 해서 곧바로 표결에 붙여 개정하지 못한다. 합법적인 발의가 있을 경우 총회는 먼저 개정위원회를 구성하여야 하며, 일정기간 개정안을 심의하도록 해당 회에 맡겨야 한다.

그런 적합한 과정을 거친 다음 총회는 출석회원 5분의 4이상의 동의로 헌법을 개정할 수 있게 된다. 통상적인 경우, 사안에 따라는 개정하고자 하는 내용을 각 지교회의 당회에 송부하여 당회원들의 의사를 물어보아야 한다. 총회 회원은 각 지 교회의 의사를 반영해 개정에 대한 여부를 묻는 표결에 참여할 수 있게 되는 것이다.

(2013년 6월 2일 제정)
(2016년 1월 12일 개정)

부 록

예배 모범

예식절차	고려할 점
묵상기도 시편찬송*	· 묵상기도는 영혼의 무릎을 꿇어 경건한 마음으로 예배를 시작할 수 있도록 돕는다. · *표식은 일어선다.
신앙고백* 대표기도 성경봉독 시편찬송	· 성경봉독은 신구약성경에 기록된 말씀을 차례를 따라 공적으로 봉독한다. · 신앙고백은 사도 신경을 사용하여 보편 교회의 일치성을 드러낸다. · 대표기도는 교회의 기도를 대표하므로 장로가 한다.
설교본문교독 설　교 시편찬송	· 설교자는 말씀선포 전후에 간단한 기도를 한다.
성찬말씀 십 계 명 분병분잔 시편찬송	이 항목들은 성례를 집행하는 주일에만 순서에 포함한다. · 집행 전에 자기를 살피도록 돕기 위해 십계명을 봉독한다. · 한 달에 1회 이상 집행하되 의미 없는 무분별한 집행을 경계한다. · 언약(말씀)을 인치는(성례) 순서를 따라 말씀 강론 후에 집행한다.
연보 · 헌상 권징 · 알림	· 연보는 물질을 바치는 행위를 넘어 하나님께서 허락하신 삶에 대한 고백적인 의미가 담겨 있다. · 헌상은 제사의 의미는 전혀 없으며 자신을 하나님께 드리는 것을 표한다. · 권징은 설교를 통해서도 표현되지만, 공적인 알림을 통해 성도들 간에 서로 돌아보는 기능을 하게 한다.
시편찬송* 축　도*	· 축도는 축복을 비는 기도가 아니며 민 6:24-26나 고후 13:13 등의 말씀 그대로를 선언한다.

이 세상에 살아가는 인간들에게 있어서 최고의 영광은 하나님을 경배하는 자리에 참석할 수 있는 공적인 권리를 가지는 것이다. 그 거룩한 자리에는 아무나 함부로 앉지 못한다. 예수 그리스도의 피로 말미암아 하나님의 자녀로서 정당한 자격을 갖춘 자라야만 그를 예배하는 자리에 앉을 수 있게 된다. 이 세상을 등지고 하나님께 소망을 둔 자들은 매 주일 그 공적인 자리에 초청받은 자들이다.

성도들이 매주일 드리는 공예배는 보편교회와 더불어 천상(Heaven)의 보좌에 계시는 여호와 하나님을 향해 드리는 경배행위이다. 우리는 하나님께 예배할 때 천상을 향한 방향이 정확해야 한다. 그냥 예배당 안에 갇힌 채 내부적으로 즐거워하거나 종교적인 상상 속에서 상징적으로 예배를 드리는 것이 아니다.

전 세계에 흩어진 모든 지 교회들이 한 마음으로 천상에 계시는 하나님을 향해 구체적으로 실제로 경배하게 된다. 그러므로 공예배에 참여하는 성도들은 천상을 바라보며 거기서 하나님을 경배하는 허다한 무리를 기억해야 한다. 그와 동시에 흩어져 존재하는 보편 교회에 속한 지상의 여러 교회들을 마음속으로 생각하며 의식하는 가운데 드려져야 한다.

하나님을 예배하는 모범 가운데는 반드시 들어 있어야 할 내용과 더불어 적법한 절차들을 포함하고 있다. 한 교단에 속한 교회에서 통일성 있는 내용과 절차를 가지는 것은 매우 중요하다. 성도들이 형편에 따라 교회를 이동해야 할 경우와 타 지역을 일시적인 방문할 일이 생길 때, 동일한 교단에 속한 교회를 찾아간다면 하나님을 예배함에 있어서 어색하거나 이질감을 느끼지 말아야 한다.

우리는 개혁주의 교회들의 경건한 전통에 따라 공예배 시간에는 무분별한 악기사용을 금한다. 또한 음악(music)을 중심으로 한 성가대나 찬양대를 둘 필요성을 느끼지 못한다. 나아가 CCM, CCD, EDM 등 인간들의 귀와 눈을 즐겁게 할 만한 세속화된 기독교 음악과 연관된 행위적인 요소를 경계한다. 예배는 오직 천상에 계시는 하나님을 경배하는 경건한 고백 행위이기 때문이다.

세상에 살아가는 모든 성도들은 공예배시에 포함되는 내용과 절차에 대한 올바른 이해를 해야 할 필요가 있다. 공예배에 대하여 태만한 자세를 보이는 것은 하나님을 멸시하는 행위와도 마찬가지다. 즉 의도적으로 공예배를 등한시하는 것은 고의로 하나님을 무시하는 것과 다르지 않다. 그것은 하나님의 무서운 심판과 저주를 자초하는 것과도 같다. 그것은 단순히 신앙이 어리거나 미숙하기 때문에 발생하는 문제가 아니라 하나님을 경외하는 신앙 자세와 연관되어 있다.

0_ 예배 전 : 경건의 기도와 준비

| 해설 |

모든 성도들은 매 주일 시행되는 공예배를 올바르게 준비해야 한다. 이는 한 주간 동안 간절히 소망하고 있어야 할 시간이기도 하다. 특히 주일을 앞둔 토요일 날 주일을 맞을 준비를 하는 것은 매우 중요하다. 그것은 물론 물질적인 것이 아니라 마음의 준비를 하는 것을 의미한다.

그러므로 토요일에는 가급적이면 무리한 일을 자제해야 하며 토요일 밤에는 충분한 수면을 취할 수 있어야 한다. 그것은 공예배를 준비하는 것이 되기 때문이다. 그렇게 함으로써 공예배에 온전히 참석할 수 있으며 피곤하여 졸음에 빠지거나 잡스러운 생각을 하는 것을 방지할 수 있게 된다.

따라서 공예배에 지각을 하지 말아야 하며, 예배 시간 도중에 예배당 안으로 들어오는 것은 아주 특별한 사정이 있지 않은 한 삼가해야 한다. 또한 모든 성도들은 특별히 급한 일이 아니라면 예배 도중 자리에서 일어나 움직이거나 바깥으로 출입하는 행동을 자제하도록 사전에 모든 조치를 취해 두어야만 한다.

성도들은 대개 예배당 안에 들어오면 먼저 앉아서 기도하는 것이 관례가 되어 있다. 교회의 공적인 모임이 있는 수요일이나 금요일에도 그렇게 한다. 물론 주일 공예배를 위해 예배당에 들어왔을 때도 그렇다.

그렇지만 주일 공예배 참여를 위해 예배당에 들어와 앉아서 기도하는 경우는 다른 때와는 다른 성격을 지니고 있다. 주일 공예배를 앞둔 경우가 아닐 때는 자연스런 기도를 하게 된다. 개인적인 기도이든 다른 사람들을 위한 기도이든 하나님께 소원하는 바를 두고 간구할 수 있다.

그렇지만 공예배를 앞둔 상태에서의 기도는 다른 일반적인 경우와는 달리 특별한 의미를 지닌다. 그것은 예배를 위해 교회 공동체 가운데 들어온 성도로서 세상의 모든 것들을 벗어버리는 기도와 연관되어 있다. 직업, 학식정도, 빈부, 명예, 권력들 세속적인 것들을 완전히 벗어야 한다. 즉 세상에서 성공한 것으로 보이는 성도이든 혹은 전혀 그렇지 못한 성도이든 아무런 차이가 나지 않는 동일한 모습을 띠게 되는 것이다.

이렇게 하여 모든 성도들이 하나님 앞에서 차별 없는 형제자매로서 영적인 흰 두루마기를 갈아입는 것과 같은 모습을 갖추게 된다. 그렇게 함으로써 하나님께 경배하는 한 무리를 형성하게 된다. 그들은 천상의 나라에서 하나님을 경배하는 성도들의 무리와 온 세상에 흩어진 참된 성도들과 더불어 여호와 하나님 앞에서 동등한 관계가 되어 하나님을 예배하는 자들로서 준비를 갖추게 되는 것이다.

실로암교회의 경우, 공예배 시작 전 약 20분 동안 교회의 교사인 목사가 성경의 시편을 해설한다. 가급적이면 그 날 공예배 시간에 노래 부를 시편 가운데 한 부분을 읽고 그 내용을 살핀다. 이는 목사가 자신에게 맡겨진 직무에 따라 성도들에게 찬송을 지도하는 의미를 지니고 있다.

〈 공예배 〉

1 _ 묵상기도 : "묵상기도는 영혼의 무릎을 꿇어 경건한 마음으로 예배를 시작할 수 있도록 돕는다"

| 해설 |

예배를 시작하며 소리를 내지 않고 마음으로 묵상 기도를 할 때 상징적

인 의미상 성도들의 영혼이 천상으로 올라가는 의미를 지니고 있다. 나아가 세상에 흩어진 모든 참된 교회의 성도들과 하나가 되는 의미를 지니게 된다. 그때 하나님의 언약을 기억하며 세상을 떠난 존재임을 되돌아보게 되는 것이다.

성도들의 공동의 묵상 기도가 있은 후 말씀을 맡은 교사인 목사가 시편의 한 부분을 봉독하는 것은 예배를 시작하면서 시편을 곡조 없이 독송(讀頌)하는 의미를 지니고 있다. 예배에 참석한 모든 성도들은 그 시편과 더불어 하나님을 찬양하는 자리에 공적으로 들어서게 되는 것이다. 이는 또한 천상의 나라와 지상에 흩어진 교회들을 연결하는 기능을 하는 것으로 이해할 수 있다.

----

2 _ 시편찬송 : (자리에서 모두 일어섬)

| 해설 |

예배를 시작하며 시편을 노래 부를 때 일어서는 것은 지상교회의 성도들이 하나님 앞에 서게 되는 것을 보여준다. 이는 의미상 우주와 전 세계에 흩어진 성도들이 함께 일어서는 의미를 지니고 있다. 구원받은 모든 성도들은 하나님께서 찬송하도록 계시하신 시편을 합창으로 노래하게 된다. 공예배 시간에 시편을 노래하는 것은 우주적인 교회와 보편 교회의 통일된 완벽한 노래가 되기 때문이다.

천상의 나라에 속한 성도들은 타락한 인간들이 세상에서 작사한 신앙적인 노래를 부르는 것으로 만족할 수 없다. 그들은 하나님께서 계시하여 주신 시편을 노래하는 것이 온전하다. 그리하여 지상 교회의 성도들이 공예배시 시편을 노래함으로써 온 세상에 흩어진 교회들이 동일한 시편으로 찬송을 할 수 있게 되는 것이다.

그러므로 매 주일 공예배 시간에 각 지 교회들이 부르는 시편 찬송들은 보편 교회가 전체적으로 조화를 이룬다. 즉 각 지역에 흩어져 존재하는 지 교회들이 시편에 수록된 150편의 노래를 비롯하여 성경에 기록된 여러 노래들을 아시아, 아프리카, 남북 아메리카, 유럽, 오세아니아 등에서 사용하는 다양한 언어들로 하나님을 찬양함으로써 우주적인 아름다운 합창을 하게 되는 것이다.

> 3 _ 신앙고백 : "신앙고백은 사도 신경을 사용하여 보편 교회의 일치성을 드러낸다." (선 채로 고백)

| 해설 |

개혁교회에서는 대개 공예배 시간에 사도신경을 고백한다. 지 교회에 따라서는 니케아신경을 고백하는 경우가 종종 있기도 하지만 우리 교단에서는 주로 사도신경을 고백한다. 공적인 신앙고백은 단순히 개인적인 고백을 하는 것 이상의 의미를 지닌다. 그것은 입술로만 되풀이해 암송하는 것이 아니라 거기에 담긴 내용을 찬찬히 기억하는 가운데 공적인 입장에서 신앙을 고백해야 하는 것이다.

우리가 여기서 반드시 기억해야 할 바는 사도신경이 보편교회와 더불어 고백되어야 한다는 사실이다. 즉 사도신경을 고백함으로써 역사 가운데 존재했던 참 교회들의 신앙과 신학을 상속받고 있음을 표명하게 된다. 즉 우리가 속한 교회는 특정 시대에 갑자시 세워진 교회가 아니라는 사실이다.

나아가 그것을 통해 우리가 전 세계에 흩어져 있는 보편 교회에 속한 교회임을 확인하게 된다. 즉 사도신경을 고백함으로써 동일한 고백을 하는 여러 교회들과 나란히 하나의 보편 교회를 이루고 있음을 확인하고 그에 참여하게 되는 것이다. 공예배 시간을 통해 지상의 교회가 하나라는 사실을 기억하는 것은 매우 중요하다.

4_대표기도 : "대표기도는 교회의 기도를 대표하므로 장로가 한다." (이때는 자리에 앉게 됨)

| 해설 |

공예배 시간에 장로가 대표로 기도하는 것은 목회 기도에 해당된다. 흔히 목회라고 하면 가르치는 장로인 목사가 하는 것으로만 생각하는 경향이 있다. 그것은 일면 타당한 말이라 할 수도 있으나 반드시 그런 식으로만 이해해서는 안 된다. 교회의 치리 장로들 역시 부분적으로 목회를 담당하고 있기 때문이다.

치리 장로들의 중요한 직무 가운데 하나는 성도들을 심방하는 것이다. 그것은 선택적 사항이 아니라 교회가 맡긴 당연한 직무이다. 장로들은 심방을 통해 성도들의 영적인 상황과 일상생활에 관한 파악을 하고 기도제목을 얻게 된다.

장로가 공예배 시간에 기도하는 것은 그와 같은 목회와 밀접하게 연관되어 있다, 그러므로 장로의 기도가 곧 목회기도가 되는 것이다. 장로들이 여러 명일 경우 돌아가면서 순번에 따라 공적 기도를 해야 한다.

장로들은 공적인 기도를 할 때 기도문을 작성해서 기도하는 것을 원칙으로 한다. 이는 공예배 가운데 하는 대표기도를 임기응변적으로 해서는 안 된다는 사실을 말해준다. 기도를 하게 될 장로는 한 주간동안 성도들의 삶을 살피며 기억하는 가운데 기도하는 마음을 가져야 한다. 그것을 정리하여 회중 가운데서 공적으로 기도하게 되는 것이다.

5_ 성경봉독 : "성경봉독은 성경에 기록된 모든 말씀을 공적으로 봉독한다."

| 해설 |

공예배 절차 가운데는 성경봉독이 들어있다. 설교를 위한 성경 본문 이외에 당회가 적절한 성경본문을 정해 함께 봉독하는 것이다. 가급적이면 신약을 설교할 때는 구약성경 가운데 한 서책을, 구약을 설교할 때는 신약성경 가운데 한 서책을 정하도록 권할 만하지만 각 교회의 형편에 따라 하면 된다.

그렇게 함으로써 각 지 교회에서는 교사인 목사를 통해 선포되는 설교 본문 이외에 다른 성경을 통해 전체적인 균형을 잡게 되는 역할을 하게 된다. 성경봉독은 원리상 전 세계에 흩어진 교회들이 전체 성경을 하나님 앞에서 봉독하는 것과 같은 성격을 지닌다. 즉 그것을 통해 예배의 중심에 하나님의 말씀이 존재한다는 의미가 드러나게 되는 것이다.

6_ 시편찬송

| 해설 |

신앙고백과 장로의 공적인 대표기도, 그리고 성경봉독을 한 후에 온 회중은 시편찬송을 통해 하나님께 감사와 영광을 돌리게 된다.

7_ 설교본문교독

| 해설 |

하나님을 향한 시편 찬송을 한 후에는 그 날 공예배 시간에 설교로서 선포될 성경 본문을 온 성도들이 함께 교독하며 그에 직접 참여한다. 설교본문은 설교자가 갑작스럽게 임의로 정하는 것이 아니라 당회의 결의에 의해 정해지는 것이 원칙이다. 이는 매주일 구체적인 설교 본문을 당회가 그 때마다 정한다는 말이 아니라 선포될 말씀에 대한 전체적인 범위를 결정하게 된다는 사실을 말해준다. 그것은 교회를 돌아보는 장로들의 심방 결과로서 나타나는 것이기도 하다. 그렇게 함으로서 매 주일 선포될 설교 본문은 사전에 이미 교회에 알려져 있게 된다는 사실을 말해준다.

---

8 _ 설교 : "설교자는 말씀선포 전 성경을 열기 위한 간단한 기도를 한다."

| 해설 |

설교자는 설교에 앞서 설교의 문을 열기 위한 간단한 기도로 시작해야 한다. 이는 하나님의 말씀을 풀어 해석하며 교회 앞에 선포함으로써 전달할 때 개인의 판단이나 취향에 따라 설교하지 않을 것에 대한 거룩한 다짐을 포함하고 있다. 그것은 교회 앞에서 행해지는 공적인 기도이다. 따라서 성령 하나님께서 설교자의 마음과 입술을 주장해줄 것에 대한 간구를 하게 되는 것이다.

이 때 목사의 입술을 통해 선포되는 설교는 공적인 성격을 지닌다. 즉 그 설교는 특정한 지 교회에서 뿐 아니라 전 세계에 흩어진 보편 교회 가운데 연결되어 있다. 그러므로 설교자는 단순히 회중을 향해 선포하는 자리에 선 자가 아니라 그 역시 그 설교를 들어야 할 성도들 가운데 한 사람이라는 사실을 깨닫고 있어야만 한다.

또한 설교자는 비록 직접적인 교제가 없다고 할지라도 보편교회에 속한 여러 설교자들과 모든 성도들을 의식하는 가운데 설교해야 한다. 즉 그들의 참된 신앙과 신학에 조화되는 관계 속에 머물러 있어야 한다. 만일 어떤 설교자가 보편교회의 신앙정신에 반하는 설교를 한다면 그것은 참된 설교라 말할 수 없다.

매주일 보편교회의 공예배 시간에 선포되는 설교는 다양한 언어로 진행된다. 각 지역의 언어, 다양한 피부를 가진 성도들, 지역적 특색을 담은 문화를 소유한 흩어진 성도들에게 각각의 성경본문에 따라 말씀이 전해짐으로써 성경전체에 기초한 선포가 이루어진다. 그것은 하나님의 백성들에게는 영광의 메시지가 되지만 하나님을 알지 못하는 불신자들에게는 그것을 통해 무서운 심판이 선언된다.

9_ 시편찬송

| 해설 |

설교자인 목사를 통해 하나님의 말씀이 선포된 후에는 또다시 시편으로 하나님을 노래하며 찬송하게 된다. 그때는 설교를 통해 마음에 새긴 말씀이 세상에 존재하는 성도들에게 커다란 위안이 되는 것이다. 하나님을 찬송하는 모든 성도들은 그에 대한 깊은 깨달음과 더불어 하나님을 경배해야 한다.

((   )(   ) 성찬식 주일 추가 절차 ♥)

*** (성찬식) : "한 달에 1회 이상 집행하되 의미 없는 무분별한 집행을 경계한다. 언약(말씀)을 인치는(성례) 순서를 따라 말씀 강론 후에 집행한다."

| 해설 |

세례와 성찬은 말씀이 선포된 후 절차에 따라 행해지게 되는데 특히 성찬은 말씀을 인치는 기능을 하게 된다. 그 성찬 상에는 하나님의 말씀이 선포된 후 올바른 신앙을 고백하는 믿음의 형제들이 참여할 수 있다. 당회는 세례를 받지 않았거나 신앙이 확인되지 않은 자들을 성찬에 참여시키지 말아야 한다.

그렇다고 해서 본 교회에 속한 정회원들에게만 성찬참여를 허락하는 폐쇄적인 방법을 취하지 않는다. 당회는 절차에 따른 정당한 면담을 거쳐 참된 신앙을 고백하는 손님일 경우 보편교회를 기억하는 자세로 저들에게도 성찬 참여를 허락한다. 이와 같은 통제적 방식을 취하는 이유는 세계에 흩어진 보편교회에 대한 인식 때문이다. 지상 교회는 하나님의 참된 자녀들에 대해서는 성찬 참여를 금할 권리를 소유하고 있지 않다.

그렇다면 지 교회가 성찬을 어느 정도 주기로 시행하는 것이 가장 적합한지 생각해 볼 필요가 있다. 원리적인 측면에서 말한다면 매 주일 공예배 때마다 성찬을 시행하는 것이 가장 바람직하다. 이는 공예배 시간에 행해지는 성찬은 선포되는 말씀과 불가분의 관계에 놓여 있기 때문이다.

그럼에도 불구하고 다수의 개혁교회들에서는 매주 성찬을 시행하지 않는 경우가 많다. 그 이유 가운데 하나는 성찬을 형식적으로 나누는데 그치거나 잘못 행하는 것을 방지하고자 하는 이유 때문이다. 즉 무분별한 성찬의 이행과 진정한 신앙고백이 없는 자들이 성찬에 참여하는 것을 엄히 경계한다.

그러나 성찬을 시행하는 기간의 간격은 중요한 의미를 지니고 있다. 우리는 적어도 한 달에 한번 이상의 성찬 시행을 권장할만한 것으로 이해한다. 그 이유는 각 주일에 행해지는 성찬식과 성찬식 사이에 단절되는 의미를 방지하기 위해서이다. 성찬을 두 달 혹은 그 이상의 기간적 간격을 가지게 되면 연결되는 의미가 약화된다. 적어도 한 달에 한번 이상 성찬식을 하게 되면 정서적으로 연속되는 신앙적 인식을 할 수 있다.

우리가 여기서 기억해야 할 중요한 점은 성찬을 시행하지 않는 주일에도 그 의미가 살아 있어야 한다는 사실이다. 즉 직접 성찬을 나누지 않지만 그 의미 가운데서 하나님을 경배하게 되는 것이다. 그리고 유아세례를 받은 후 아직 입교하지 않은 언약의 자녀들은 성찬에 직접 참여하지 않지만 그들도 간접적으로 그에 참여하고 있음을 인식하는 것은 매우 중요하다. 이는 마치 태중에 있는 태아와 어린 영아들이 어미의 탯줄과 젖을 통해 영양을 공급받는 것과 유사한 이치이다.

10_ 성찬말씀 : "이 항목들은 성례를 집행하는 주일에만 순서에 포함한다."

| 해설 |

성찬식이 있는 주일에는 당회가 그것을 위한 만반의 준비를 갖추어야만 한다. 성찬상은 공예배 시간 처음부터 강단 가까이 미리 차려져 있어야 하며 예배에 참여하는 모든 성도들은 그것을 눈으로 보는 가운데 예배를 드리게 된다. 그것을 통해 성도들이 예배하는 자리와 그에 연관된 모든 의미들을 마음에 새기게 된다.

공적인 말씀을 선포한 목사는 설교를 마친 후 순서에 따라 성찬에 관련된 성경본문 말씀을 선정하여 읽고 그에 대한 의미를 해설하며 나누어야 한다. 그때 복음서에 기록되어 있는 말씀이나 바울 서신 가운데 기록된 그와 관련된 내용 중에 한 부분을 선택할 수 있다. 성찬에 연관되는 그 말씀을 교회 앞에 드러냄으로써 십자가에 달려 돌아가신 주님과 그의 재림을 눈앞에 두고 있는 교회가 성찬의 근거와 더불어 그것이 주는 상속의 의미를 마음에 새기게 되는 것이다.

> **11 _ 십 계 명 :** "집행 전에 자기를 살피도록 돕기 위해 십계명을 봉독한다."

| 해설 |

성찬을 나누기 전 모든 성도들은 십계명을 함께 낭독한다. 십계명은 하나님과 자기 백성 사이에 작성된 특별한 계약문서라 할 수 있다. 이는 구약의 다른 율법들과 구별되는 의미를 지닌다는 사실을 말해준다. 하나님께서는 시내산에서 자기백성들과 계약을 맺으시고 그것을 두개의 돌 판에 각기 동일한 내용을 새겨 모세에게 주셨다(출 32:15, 참조).

첫 번째 두 돌 판은 '금송아지 사건'으로 인해 깨어져 버렸지만, 두 번째 주어진 두 돌 판은 나중 지성소의 법궤 안에 보관되었다. 이스라엘 백성은 항상 법궤 안에 들어있는 십계명을 기억하면서 하나님과 언약의 백성들 사이에 맺어진 특별한 계약을 기억해야만 했다. 하나님께서는 완벽하게 그 계명을 지키시는 분이었다. 따라서 그에게 속한 성도들도 그와 같은 자세를 유지해야만 했다.

하지만 인간들은 그 계약을 온전히 지키지 못했을 뿐 아니라 기본적인 신앙자세마저 흐트러지는 경우가 많았다. 그것은 하나님과 맺은 계약파기와 같은 성격을 지니고 있었다. 물론 타락한 인간들은 그 신령한 계약을 완전히 지킬 수 없다. 따라서 하나님 앞에서 하나님의 은혜를 바라며 겸손한 자세를 유지해야 한다. 이는 하나님과 인간들 사이에 맺어진 계약 관계가 존재한다는 사실을 항상 기억하고 있어야만 한다는 사실을 말해주고 있다.

우리가 여기서 반드시 기억해야 할 바는, 계약문서인 십계명이 신약시대 교회 가운데도 여전히 실제하고 있으며 그 효력을 지니고 있다는 사실이다. 공예배 시간에 온 성도들이 구약시대 작성된 십계명을 공적으로 봉독하는 것은 하나님과 그의 백성 사이에 존재하는 계약을 기억하는 의미를 담고 있다. 즉 십계명은 단순히 지나간 과거의 문서가 아니라 지금도 효력을 지니고 있는 것이다.

12_ 분병분잔

| 해설 |

성찬에 나누어지는 떡과 포도주는 지교회의 장로들이 준비하지만 의미상 그 음식은 보편교회로부터 분배받아 온 것으로 이해해야 한다. 성찬에 사용하는 떡은 카스테라 같은 케익을 사용하는 것이 바람직하지 않다. 성찬을 위해서는 날마다 먹는 음식인 식빵을 사용하는 것이 자연스럽다.

진보적인 신학자들 가운데는 식빵 대신에 한국식의 밥이나 시루떡 같은 것을 사용하는 것이 좋으며 포도주 대신에 막걸리를 사용하는 것이 더 낫다는 주장을 하는 자들이 없지 않지만 그것은 잘못된 생각이다. 또한 포도주 대신에 포도즙을 고집하는 것도 바람직한 것으로 볼 수 없다.

성찬식에서는 포도주를 사용할 때 붉은 색 포도주를 사용하는 것이 자연스럽다. 서구의 개혁 교회들 중에는 백포도주를 사용하는 경우가 없지 않지만 우리는 그것을 받아들이지 않는다. 포도주는 단순히 영적인 축제를 위한 음료일 뿐 아니라 십자가에 달려 돌아가신 예수 그리스도의 붉은 피를 상징하고 있기 때문이다.

장로들이 주로 분병 분잔을 위한 봉사의 일을 담당하지만 집사들이 참여할 수도 있다. 떡은 한 덩어리를 온 회중이 보는 앞에서 말씀을 맡은 교사인 목사가 떼어 장로들에게 분병하며, 포도주도 모든 성도들이 보는 가운데 한 주전자에서 따루어 장로들에게 분잔 한다. 우리는 성찬을 위한 식탁을 강대상 옆에 두지만 그것을 나눌 때는 장로들이 성도들의 앉은 자리로 가서 각각 나누어 준다.

개혁주의 교회들 가운데는 성도들이 앞에 놓인 식탁으로 나와서 떡과 잔을 받는 경우가 더러 있지만 그보다는 봉사자들이 음식을 들고 성도들 앞으로 다가가는 것이 자연스럽다. 세례 받은 성도들이 앞으로 나오게 되면 유아세례를 받은 후 입교하지 않은 어린 성도들은 뒤에 그대로 남게 된다. 그러나 성도들 앞으로 가서 신령한 음식을 분배하게 되면 성찬을 받는 어른들 옆에 유아세례 교인들도 가까이 앉아있게 된다. 이는 성찬에 대한 간접 참여와 연관되어 있다.

어른들이 떡과 포도주를 받아먹고 마실 때 유아세례를 받은 아이들은 그 음식을 직접 받아먹지는 않는다.[13] 그렇지만 부모들을 비롯한 세례를 받은 어른들이 성찬 음식을 먹고 저들에게 그 영양가를 공급하는 성격을 지니고 있다. 이렇게 함으로써 예배에 참여하는 모든 성도들이 천상의 축제인 성찬에 참여하는 의미를 가지게 되는 것이다.

또한 성찬은 목사 직분을 맡은 형제가 집례 해야 하는데, 목사에게 성찬을 집례 하도록 맡겨진 것은 그가 하나님의 말씀을 맡은 교사이기 때문이다. 즉 성찬은 기록된 하나님의 말씀에 근거하며, 천상으로부터 기인한다

---

13) 필자는 유아 성찬에 대해 어느 정도 개방적으로 연구해볼 필요가 있는 것으로 이해한다. 유아들이 세례를 받는다면 성찬을 나눌 수 있는 것도 자연스럽다. 하지만 그 방법에 대해서는 특별한 연구가 필요하다. 예를 들어, 어린 아이들의 경우에 어른들과 동일한 방식으로 떡과 포도주를 받지 않아도 된다. 어른들이 받아먹는 떡 가운데 일부분을 떼어 옆에 앉아 있는 아이들에게 줄 수 있을 것이며 포도주 경우도 어른들이 마신 후 약간의 남은 것을 아이들이 입에 대고 맛을 느끼는 정도로 참여시킬 수 있을 것이다. 현재 우리 교회에서 유아세례를 받은 아이들에게 직접 성찬 음식을 나누어주지는 않지만 옆 자리에 앉아 있음으로써 간접적으로 성찬에 참여하게 된다. 이는 산모가 날마다 먹는 음식을 통해 태중에 있는 아기에게 영양가를 공급하는 것과 유사한 이치이다. 즉 유아 세례를 받은 아이들은 직접 성찬에 참여하지 않지만 간접적으로 참여하고 있는 것이다. 우리 교회는 유아성찬을 시행하지 않고 있지만 주의 깊게 연구해 보아야 할 과제이다.

는 사실을 말해주고 있다. 그러므로 성찬에 참여하여 떡과 포도주를 나누는 것은 단순히 상징에 머무는 것이 아니다.

우리는 성찬이 로마가톨릭교에서 주장하는 화체설은 물론 공재설과 상징설이 잘못된 주장인 것으로 이해하며 영적 임재설을 받아들인다. 성찬식에서 나누어지는 떡과 포도주는 그리스도의 살과 피를 의미하며 그것을 먹고 마시는 성도들의 영혼에 그리스도의 몸이 영적으로 그리고 실제적으로 임한다. 성도들은 그것을 믿음으로 받아들여야 하는 것이다.

---

13 _ 시편찬송

| 해설 |

천상으로부터 임한 천상의 신령한 음식을 나눈 후 전체 성도들은 또다시 시편으로 하나님을 노래하게 된다. 그때는 천상으로부터 허락된 영생을 기뻐하며 위안을 받는 가운데 찬송하게 되는 것이다. 하나님을 경배하는 모든 성도들은 그에 대한 깊은 소망을 가지고 여호와 하나님을 향하여 합창으로 노래해야 한다.

《   》《   》 성찬식 주일 추가 절차 ♠)

---

14 _ 연보·헌상 : "연보는 물질을 바치는 행위를 넘어 하나님께서 허락하신 삶에 대한 고백적인 의미가 담겨 있다. 헌상은 제사의 의미는 전혀 없으며 자신을 하나님게 드리는 것을 표한다."

| 해설 |

연보 혹은 헌상은 공예배 시간의 절차에 따라 이루어지는 것이 옳다. 그것은 단순히 교회에 기부금을 내는 행위에 그치는 것이 아니다. 신약시대의 연보는 구약의 제물을 바치는 행위(sacrifice)와 같은 성격을 지니고 있지 않다. 나아가 단순히 물질을 모으는 것(collection)이 목적이 되어서도 안 된다. 성도들의 생활을 기초로 하는 고백적 연보를 통해 지상 교회가 유지되어 가는 것이다.

그러므로 연보는 하나님께서 허락하신 건강과 재능과 기회에 따라 유지하게 되는 생명에 대한 감사의 결과이며 가정 단위를 배경으로 한 공적인 감사의 표현이 되어야 한다. 교회에 따라서는 공예배를 시작하기 전에 예배당 입구에 들어서면서 연보궤에 돈을 넣는 경우가 있는데 그것보다는 예배 시간에 자신의 삶을 감사하며 고백적으로 감사의 표현을 하는 것이 더 바람직하다.

또한 연보를 할 때 무기명을 하는 것이 자연스러운 것으로 볼 수 있다. 누가 어느 정도 액수의 액수를 연보를 했는지에 대하여 본인과 가족 이외에 다른 교인들이 모르는 것이 가장 좋다.[14] 자칫 잘못하면 연보를 많이 한 사람은 그로 인해 자랑스러워하거나 연보를 조금밖에 하지 못할 형편에 놓인 성도는 위축될 우려가 따르기 때문이다. 연보의 액수에 따라 직분자 선정에 영향을 끼치지 말아야 하며, 연보를 많이 할 형편이 되지 못한 성도들 가운데서 올바른 신앙을 소유한 사람들이 많이 있다는 사실을 잊어서는 안 된다.

그리고 우리 교단 교회에서는 십일조 연보를 한다. 물론 그것은 구약의 십일조 개념과는 차이가 난다. 신약시대 교회가 십일조 연보를 하는 것은

---

14) 때로, 기부금과 연관된 연말정산을 하기 위해서는 교회에 한 연보 액수를 정확하게 기재해야 한다는 사람들이 있다. 그러나 그것은 필요할 경우 본인의 정확한 액수를 말하고 그에 대한 증서를 발급해 줄 수 있다. 하지만 교회는 그것 때문에 더 본질적이고 큰 것을 잃게 될 우려가 있다는 사실을 기억하지 않으면 안 된다.

하나님의 언약을 기억하며 그에 참여하는 성격을 지니고 있다. 그것은 우리 시대의 성도들이 주일을 신실하게 지켜야 하는 것과 같다. 하나님의 언약을 삶의 중심에 두지 않으면 신앙에 대한 방종으로 흐르기 쉽다. 따라서 신약 시대의 십일조는 성도들의 물질적인 생활을 원만하게 유지하는 하나님의 은혜의 방편이라 할 수 있다.

한편 건전한 개혁 교회들 가운데는 교회의 예산을 세울 때 각 가정에서 일 년 동안 연보할 수 있는 액수를 사전에 조사하고 확인하여 그것을 기초로 삼기도 한다. 이는 교회의 재정 규모를 각 성도들의 가정 경제 형편과 조화롭게 하는 성격을 지닌다. 그렇게 하는 것은 일면 어느 정도 합리적이라 할 수 있으나 한국 교회 성도들의 현실적인 정서와는 잘 맞지 않은 것으로 보인다.

---

15 _ 권징 · 알림 : "권징은 설교를 통해서도 표현되지만, 공적인 알림을 통해 성도들 간에 서로 돌아보는 기능을 하게 한다."

| 해설 |

매주일 공예배 가운데는 권징사역이 이루어지고 있어야 한다. 설교를 통해 선포되는 말씀과 성찬에는 이미 권징의 의미가 포함되어 있다. 권징은 단순히 잘못을 저지른 성도들을 징계하는 것을 의미하는 것이 아니라 교육(discipline)적인 의미를 지니고 있다.

특히 공예배 시간의 〈권징. 알림〉은 단순한 광고(announcement) 이상의 의미를 지닌다. 그 시간에는 당회의 결의에 따라 성도들에게 권면해야 할 내용들을 공적으로 전달하게 된다. 그리고 성도들의 특별한 형편이나 변동을 알리는 것은 권징 사역의 일환으로 이해해야 한다. 예를 들어 성도들 가운데 어떤 사업체를 개업한 자가 있어서 알리는 것은 모든 성도들로 하여금 신앙인의 눈으로 그 일에 관심을 가지고 지켜보라는 의미를 지니고 있다. 이렇듯이 〈권징. 알림〉을 통해 성도들 간에 서로 돌아보는 기능을 하도록 돕게 되는 것이다.

----

15 _ 시편찬송 (이때 자리에서 일어섬)

| 해설 |

연보와 권징과 알림이 있은 후에 예배를 마무리 하면서 모두 자리에서 일어나 하나님께 시편으로 노래하게 된다. 이 세상에서의 삶을 지탱하도록 해주시고 올바른 삶을 지향하도록 인도해 주시는 자비로운 하나님을 향해 찬송하게 되는 것이다. 하나님을 경배하는 모든 성도들은 하나님의 은혜를 기억하는 가운데 합창으로 노래 불러야 한다.

----

16 _ 축도 : "축도는 축복을 비는 기도가 아니며 민수기 6:24-26나 고린도후서 13:13 등의 말씀 그대로를 선언한다."

| 해설 |

축도(benediction)는 특정인이 교인들에게 복을 빌어주는 일방적인 행위가 아니다. 그것은 교회에 허락된 언약과 상속에 밀접하게 연관되어 있다. 따라서 그 축도는 말씀 사역자에 의해 이루어지게 된다. 즉 개혁주의 신학에서는 공예배에서 설교를 한 목사가 축도를 하는 것이 원칙이다.[15] 이 말

----

15) 목사가 없을 경우 장로나 강도사가 설교를 한다면 설교한 형제가 축도문을 성경에 기록된 대로 읽을 수 있다. 그리고 공 예배 이외의 각종 종교집회에서 축도를 하거나 공 예배시 설교자가 아닌 다른 선배 목사에게 예우 차원에서 축도를 맡기는 것은 결코 바람직하지 않다.

은 축도가 공예배 중에 선포된 말씀과 성찬에 기초를 두고 있다는 사실을 말해준다. 이는 또한 주님께서 재림하실 때까지 지상 교회가 상속되어가야 한다는 의미를 지니고 있다.

축도를 할 때는 인간들의 언어나 생각을 섞어 넣을 필요가 없다. 민수기 6장 24-26절이나 고린도후서 13장 13절에 기록된 말씀을 그대로 사용하는 것이 바람직하다. 즉 축도를 위해 인간들이 만들어낸 미사여구(美辭麗句)를 동원하지 말아야 한다. 그것은 도리어 원래의 의미를 축소시키거나 상실할 우려가 따른다. 또한 축도를 할 때 두 손을 높이 들거나 눈을 감거나 뜨는 것은 본질적인 것이 아니다. 중요한 것은 온 교회가 말씀과 성찬을 기초로 하여 올바르게 축도에 참여하는 것이다.

우리가 특별히 주의를 기울여야 할 사실은 축도를 하는 목사 자신도 그 축도의 대상 속에 포함되어야 한다는 점이다. 즉 목사는 축도를 하는 사람이고 나머지 회중은 그 축도를 받는 자들로 이해해서는 안 된다. 교회에 속한 모든 성도들은 예외 없이 말씀에 따라 선포되는 축도에 참여해야만 하는 것이다.

지교회 직분자들과 직분회에 대한 노회의 정기시찰을 위한 문답

| 개괄적해설 |

노회는 1년 1회 이상 산하 각 지 교회에 대한 정기 시찰을 행한다. 시찰시 노회원 가운데 타 교회에 속한 목사 및 장로들로 구성된 적정수가 시찰위원이 된다. 시찰 대상은 목사, 장로, 당회, 집사 및 집사회, 제직회이며 각각 따로 문답한다. 시찰시 행해질 문답내용은 헌법 부록에 기록된 내용을 기본으로 한다.

시찰의 목적은 교회 위에 군림하는 자세나 일방적인 지시가 아니라 지교회를 돕기 위한 목적으로 시행되어야 한다. 즉 상부 기관이 하부 기관을 대하듯이 심사하고자 하는 목적이 아니라 현황파악을 통한 지도가 목적이다. 특정 지교회의 경우 외국에 위치해 있다면 직접 방문하지 않고 서면을 통해 문답할 수 있다. 각 지교회에 대한 시찰 결과는 노회에 보고해야 한다.

- -

목사 문답

1. 진실한 마음으로 복음의 말씀을 전하고자 힘쓰는지요?
2. 공예배를 위하여 성실하게 준비하는지요?
3. 성도들의 가정을 심방하기 위해 최선의 노력을 기울이는지요?
4. 병중에 어려움을 당한 성도들을 심방하는지요?
5. 교단과 교회의 각종 공적인 모임에 성실하게 참석하고자 노력하는지요?
6. 성경을 통해 진리를 탐구하는 일에 최선을 다하는지요?

7. 성경을 탐구하는 일에 특별히 방해되는 요인이나 교인은 없는지요?
8. 말씀 전체를 통해 균형 잡힌 설교를 하기 위해 어떤 방법을 취하는 지요?
9. 영적인 생활과 가정생활은 어떤지요?
10. 경제적인 어려움에 처한 것은 아닌지요?

| 해설 |

목사는 가르치는 교사로 세움 받은 직분자이다. 그러므로 매 주일 공예배를 위한 설교 및 제반 사항을 성실하게 준비해야 한다. 그리고 지교회에 속한 성도들의 가정과 병중에 있는 성도들을 살피고 심방해야 한다.

또한 교단과 교회의 각종 공적인 모임에 성실하게 참여해야 하며 성경과 교리 및 신학적인 연구를 위해 최선의 노력을 기울여야 한다. 그것을 위해 방해가 될 만한 요인이 있다면 없애야 하며 원만한 가정생활을 영위해야만 한다. 특히 설교자인 목사를 보호하기 위해서는 가족이나 직분자들 및 목사와 항상 가까이 있는 성도들이 깊은 주의를 기울여야 할 문제이다.

그리고 불가피한 교회의 사정이 아니라면 경제적인 어려움에 처하지 않아야 한다. 목사가 물질에 필요 이상의 관심을 가지게 되면 세속화될 우려에 빠지게 된다. 물론 각 지 교회는 서로 다른 형편에 놓여있지만 노회는 각 지교회의 이 모든 상황을 잘 살펴보아야 할 의무를 가지고 있다.

장로 및 당회 문답

(장로 문답)
1. 성도들을 심방하고 권면하며 돌보는 일에 최선을 다하는지요?
2. 교회를 살피면서 알게 된 중요한 사항을 사실대로 당회에 보고하는

지요?

3. 성경적인 설교와 가르침을 수호하기 위해 장로로서 특별한 관심을 가지고 참여하는지요?

4. 고통당하는 성도들을 찾아 격려하며 돌보기를 힘쓰는지요?

5. 당회의 모임에 성실하게 참여하며 노회의 총대가 될 경우 임무를 다하는지요?

6. 교회의 여러 기관에 관심을 가지고 기도하는지요?

7. 신앙이 어린 자들을 권면하기 위해 힘쓰고 있는지요?

8. 가정과 직장에서의 삶이 영적으로 원만한지요?

9. 성경을 읽고 연구하는 일에 최선을 다하는지요?

| 해설 |

장로는 교회 가운데 치리하는 직분을 맡은 성도로서 공예배를 비롯한 모든 공적 모임에서 일반 성도들의 본이 되어야 한다. 또한 장로는 지교회에 속해 있지만 원칙상 동시에 노회에 속해 있다. 노회는 지교회를 정기적으로 시찰하며 장로들에게 문답을 해야 한다. 이는 당회에 대한 문답과는 달리 치리 장로들만 모인 자리에서 이루어진다.

장로는 목사가 올바르게 설교하며 목회에 임할 수 있도록 지원하고 보호하는 직무를 감당하게 된다. 그리고 교회에 속한 성도들을 심방하고 어려움을 당하는 성도들을 돌보는 일을 감당해야 한다. 그때 가장 중요한 일은 성도들이 교회에서 공적으로 선포되는 말씀에 따라 올바른 신앙 정신대로 살아가는가에 대하여 확인하는 일이다. 그 가운데 알게 된 중요한 내용이 있다면 당회에 보고해야 한다.

또한 장로들은 그 사역을 위해 목사의 설교에 관심을 가지고 감독의 직분을 수행해야 하며 교회의 여러 기관들에 관심을 가지고 있어야 한다. 뿐만 아니라 교단과 그 가운데 이루어지는 각종 모임에 관심을 가져야만 한다. 그런 중에 교회를 위해 기도하는 일은 장로들에게 맡겨진 중요한 사명이다.

그리고 장로들은 가정과 직장에서 하나님의 자녀다운 신실한 삶을 살아가야 한다. 영적인 면에서 교인들의 본이 되기 위해 최선을 다해야 하며 신앙의 자세를 흐트러뜨려서는 안 되는 것이다. 그와 같은 삶을 위해서는 항상 성경을 읽고 연구하는 일에 최선의 노력을 기울여야만 한다.

(당회 문답)

1. 당회의 장로 수가 적절하며 그 임무를 분담하고 있는지요?
2. 성도들을 위하여 체계적인 교육을 실시하며 저들의 삶을 살피고 있는지요?
3. 적절한 세례 교육을 실시하며 고백을 공적으로 확인하는지요?
4. 유아세례를 받는 아기의 부모 교육을 위한 적절한 과정이 있는지요?
5. 성인들과 아이들을 위하여 전통적인 신앙고백서와 교리 교육서를 통한 교육을 하는지요?
6. 성찬은 정기적으로 엄숙하게 시행하는지요?
7. 당회의 보편교회에 대한 인식이 분명한지요?
8. 공예배를 드리기 위해 공적인 주의를 기울이는지요?
9. 세속적인 문화가 교회 안으로 침투하는 것을 방지하기 위한 노력을 기울이는지요?
10. 잘못된 신학사상의 유입을 방지하기 위해 항상 신경을 쓰고 있는지요?
11. 당회록과 교인 명부를 비롯한 각종 문서를 잘 비치하고 있는지요?

| 해설 |

당회는 목사와 장로들의 모임이다. 당회원들은 교회의 모든 성도들을 돌아볼 뿐 아니라 치리회로서 노회와 직접 연결된 기관이라 할 수 있다. 당회는 권력 기관이 아니기 때문에 교회의 사역을 위해 적절한 수를 선출해 그 직무를 맡기게 된다, 당회원들은 그 가운데서 분담된 일들을 감당하게 된다. 당회는 성도들을 위해 체계적인 교육을 하도록 힘써야 하며 성도들의 삶을 살펴야 한다.

또한 적절한 세례교육을 실시해야 하며 성도들의 신앙고백을 공적으로 확인하게 된다. 일반 세례와 유아세례, 그리고 입교를 관장하게 되는데 유아세례의 경우 그 부모의 교육을 담당해야 한다. 그것을 위해서는 성경의 직접적인 교훈과 신앙고백서와 교리 문답을 배경으로 교육해야 한다.

따라서 교회에서는 당회의 주도로 정기적인 성찬을 경건한 자세로 시행해야 한다. 그리고 당회는 지 교회에 대한 책임뿐 아니라 보편 교회에 대한 분명한 인식을 해야 하며 공예배를 위한 공적인 주의를 기울어야 한다. 즉 말씀과 성례와 더불어 권징사역에 신경을 써야 하는 것이다.

나아가 당회는 교회 안으로 세속적인 문화가 침투하는 것을 방지해야 하며 잘못된 신학적 사조가 유입되는 것을 방지하기 위해 항상 신경을 쓰고 있어야 한다. 그것이 곧 현재의 교회와 다음 세대의 교회를 지켜 보호하는 방편이 되기 때문이다.

그리고 당회는 당회록과 교인 명부를 잘 관리해야 한다. 그리고 교회의 각종 문서들 가운데 당회 소관인 것들은 잘 비치하고 있어야 한다. 그래야만 필요할 경우 교회에 그 근거를 제시할 수 있으며 교인들의 열람이 요구될 때 그에 따를 수 있다.

집사 및 집사회 문답

1. 집사회의 집사 수가 적절하며 그 직무를 잘 분담하고 있는지요?
2. 집사회는 법에 따라 정기적으로 회집하는지요?
3. 매년 재정의 예산 책정과 결산을 위해 신실하게 임하고 있는지요?
4. 집사회의 회의록과 회계에 연관된 문서를 잘 구비하고 있는지요?

5. 청빙한 목사의 생활에 대한 전반적인 관심을 기울이는지요?

6. 현재의 목회자 생활비와 목회 활동비가 부족하거나 과도하지 않고 적절한지요?

7. 교회를 위한 성도들의 연보가 합당하게 드려진다고 생각하는지요?

8. 교회 가운데 어려움을 겪는 성도들을 적절하게 살피는지요?

9. 집사회의 보편교회에 대한 인식이 분명한지요?

10. 공예배를 드리기 위해 공적인 주의를 기울이는지요?

| 해설 |

집사는 교회의 운영을 위해 세워진 직분자이다. 교회에 세워진 집사들은 집사회를 조직하여 함께 맡은 직분을 수행한다. 집사회는 정기적으로 회집해야 하며 재정에 관련된 일을 주도적으로 담당한다. 집사회는 청빙한 목사의 생활에 관란 전반적인 문제에 관심을 가져야 하며 생활비와 목회 활동비가 부족한지 아니며 과도한지 살펴볼 수 있어야 한다.

그리고 성도들의 교회를 위한 연보가 합당하게 드려지는지 살펴야하며 교회 가운데 어려움을 겪는 성도들이 없는지 살펴야 한다. 이는 전체 교회가 서로의 삶을 살펴야 한다는 사실을 말해주고 있다. 일반 성도들과 달리 좀 더 적극적으로 그 사역에 임해야 한다.

또한 집사회는 회의록과 회계에 연관된 문서를 구비하고 있어야 한다. 직분을 맡은 집사들은 지교회 뿐 아니라 보편교회에 대한 인식이 분명해야 한다. 이는 특히 교회를 가운데 그 의미가 드러나게 되며 그것을 위해 예배를 위한 공적인 주의를 기울여야 한다.

제직회 문답

1. 장로들과 집사들의 제직회는 정기적으로 모이며 원활하게 운영되고

있는지요?

2. 정기 공동의회는 적법하게 개최되는지요?

3. 각 직분자들과 직분회 사이에 독선적이거나 권위주의적인 요소는 없는지요?

4. 각 직분자들은 상호 존중하는 마음이 있는지요?

| **해설** |

대다수 교회에는 운영의 효율을 위한 제직회가 있다. 제직회는 당회와 집사회, 즉 목사, 장로, 집사들의 모임이다. 당회와 집사회에서 논의되고 의결된 중요한 사항들을 전체 성도들의 모임 이전에 제직회가 먼저 살피며 점검하는 일을 감당한다.

제직회는 그것을 위해 정기적으로 회집해야 하며 적법하고 원활하게 운영되어야 한다. 또한 공동의회에서 논의되고 결정된 사항들을 잘 실천해야 한다. 목사, 장로, 집사 등 직분자들과 직분회 사이에는 독선적이거나 권위주의적인 요소가 있어서는 안 된다.

이는 각 직분회와 직분자의 권위가 불필요하다는 의미가 아니다. 오히려 잘못된 권위주의를 없앰으로써 성경의 교훈에 따른 참된 권위가 유지되어야 한다. 그것을 통해 각 직분자들은 상호 존중하는 마음을 가지게 된다. 교회의 진정한 평안은 직분자들의 온전한 신앙에서 출발한다는 사실을 잊지 말아야 한다.

지교회 정회원 가입에 대한 당회 문답 및 방문자를 위한 성찬 참여 문답

| 개괄적해설 |

교회는 정회원 관리를 올바르게 해야만 한다. 즉 누가 회원인지 아닌지 분명한 구분이 되어야만 하는 것이다. 정회원이 된다는 것은 교인으로서 모든 권리를 누리게 되는 동시에 마땅히 져야할 의무가 있다. 또한 요건에 따라 교회의 선거권과 피선거권을 가질 수 있으며 공동의회의 회원으로서 역할을 할 수 있게 된다.

그러므로 정회원이 되기 위해서는 분명한 기준이 존재한다. 즉 아무나 기본적인 신앙고백이 없는 상태에서 교회의 회원으로 받아들일 수 없다. 만일 그렇게 한다면 그것이 교회가 타락해가는 원인을 제공하게 된다. 따라서 교회의 당회는 정회원이 될 성도들에게 그에 연관된 문답을 해야만 한다. 기본적인 모든 것들이 충족될 때 비로소 정회원 자격을 얻을 수 있게 되는 것이다.

그리고 성찬 참여를 위해서는 특별한 과정을 거쳐야만 한다. 누군지도 모르는 상태에서 아무에게나 성찬에 참여하도록 해서는 안 된다. 따라서 당회는 그에 대한 신중한 자세로 임해야 하며 성찬의 소중함을 잃지 않도록 감독해야할 의무를 지니고 있다.

정회원 가입 문답

1. 본 교단의 신앙고백과 고백진술문, 그리고 헌법을 기꺼이 받아들이는 지요?

2. 하나님 중심, 성경중심, 교회중심의 성실한 삶을 살고자 애쓰는지요?
3. 교회를 개인의 신앙에 맞추려 하지 않고 자신의 신앙을 교회에 맞추겠
   는지요?
4. 가정생활과 사회생활에 신실한 자세로 임하기로 작정하시는지요?
5. 교회의 질서를 따르고 화합하기 위해 최선의 노력을 기울이고자 하는
   지요?

| 해설 |

　교회의 정회원이 되는 것은 개인의 결단에 의존하지 않는다. 즉 어떤 사람이 정회원이 되고자 원한다고 해서 그렇게 되는 것이 아니다. 또한 회원들 가운데 누군가가 일방적으로 특정인을 교회에 가입시킬 수도 없다. 그것은 교회의 공적인 의사에 따라야 하며 당회와 새로운 교인 사이에 언약적 확인이 동반되어야 한다.

　정회원이 되기 위해서는 분명한 신앙고백이 필수적이다. 또한 교단 헌법에 명시된 고백진술문을 비롯한 신학적인 입장과 헌법을 이해하고 받아들이고자 하는 마음이 있어야 한다. 당회는 그것을 신실하게 확인하고 교회 질서에 관한 모든 것을 고지해주어야만 한다.

　또한 성도들의 삶 가운데 가장 중요한 것은 하나님, 성경, 교회 중심의 삶을 살고자 하는 신앙 자세이다. 이는 하나님을 진정으로 믿고 경외하는 성도의 가장 기본적인 자세라 할 수 있다. 그리고 하나님의 말씀인 성경이 절대 진리라는 사실을 알고 성경에 대한 온전한 믿음을 필수적으로 한다.

　뿐만 아니라 교회 중심이라 하는 말은 자신과 가족의 삶을 교회에 온전히 맡기는 것에 연관되어 있다. 모든 성도들이 교회에 맡겨진 상태라면 성도들은 상호 그에 대한 올바른 인식을 하고 있어야만 한다. 비로소 영적으로 실제적인 한 교회 공동체를 이루게 되는 것이다. 그리하여 하나님의 백성으로서 가정생활과 사회생활에 신실한 자세로 임하게 된다.

또한 새로 지 교회에 가입하는 성도는 자신을 교회의 가르침에 온전히 맡길 수 있어야 한다. 이는 물론 교회가 기본적으로 온당하다는 전제 아래서 그렇다는 의미이다. 즉 모든 성도들은 교회를 자기가 원하는 방식으로 맞추거나 이끌어 가려해서는 안 된다. 이와 반대로 자신의 신앙을 교회에 맞추려는 자세를 유지하는 것은 매우 중요하다.

그러므로 모든 성도들은 교회의 질서를 따라야 한다. 다소 다른 생각을 가지고 있을지라도 전체 교회의 결의와 의사에 순종하지 않으면 안 된다. 그래야만 교회 가운데 화합이 이루어질 수 있다. 모든 성도들은 그것을 위해 최선의 노력을 기울여야만 하는 것이다.

방문자(손님교인)를 위한 성찬 참여 문답

1. 성함이 어떻게 되는지요?
2. 어느 교단 어느 교회에서 세례를 받았는지요?
3. 신구약성경을 하나님의 말씀으로 믿고 사도신경과 정통교회가 상속하고 있는 신앙고백에 참여하고 있는지요?
4. 다른 교회에서 치리나 징계 중에 있지는 않은지요?
5. 우리 교회를 어떻게 알고 방문하게 되었는지요?

※ 필요할 경우 성찬을 나누기 전 광고: "우리 교회에서는 당회의 문답을 거치지 않는 사람들은 성찬에 참여시키지 않습니다. 신앙고백이 확인된 성도들만 성찬에 참여할 수 있습니다."

| 해설 |

지 교회에는 항상 외부의 손님들이 공예배에 참여할 수 있다. 특히 명절이나 휴가 기간에 교회를 방문하는 손님들이 있을 수 있으며 그 외에도 수

시로 방문객이 있을 수 있다. 우리 교단에서는 외부의 성도들이라 해서 무시하거나 가볍게 여기지 않는다. 성찬이 있을 때에는 저들의 신원과 신앙을 확인한 후에 성찬 참여를 허락한다. 그 일을 위해 당회는 항상 교회 가운데 외부 방문객이 있는지 살펴야 한다. 공예배를 시작하기 전에 참석한 손님이라면 당회는 약식 면담을 하게 된다. 그것을 위해 위의 각 조항들이 있는 것이다.

이름은 무엇인지, 세례는 어느 교회에서 받았는지 확인해야 한다. 그리고 신구약 성경과 사도신경을 비롯한 정통교회의 신앙고백 문서와 교리문답서들을 온전히 받아들이는지 물어보아야 한다. 또한 다른 교회에서 징계 중에 있지 않은지 확인하고 우리 교회를 방문하게 된 이유를 묻는다.

그 기본적인 문제에 대한 답변에 문제가 없을 경우 당회는 저들의 성찬 참여를 허락하게 된다. 우리 교회는 성찬에서 폐쇄적이거나 방임 혹은 개방적이지 않고 당회의 통제 아래 성찬 참여를 허락하게 되는 것이다. 이는 보편 교회에 속한 우리 교회임을 확인하는 동시에 하나님의 자녀라 고백하는 자들에 대해서는 어느 누구도 가볍게 여기거나 무시하지 않는다는 의미를 내포하고 있다.

그리고 필요할 경우 목사는 성찬을 나누기 전 당회의 문답을 거친 외부 성도들만 참여하고 그렇지 않은 이들은 성찬에 참여하지 않도록 하는 광고를 할 수 있다. 예배 시간이 지나 입당하는 방문자들에 대해서는 당회가 성찬 참여 문답을 할 수 없기 때문에 그들에게는 성찬 참여를 허락지 않는 것이다. 이렇게 함으로써 성찬이 온전히 시행되도록 최선의 노력을 기울여야 한다.

세례 및 입교 예식서

| 개괄적 해설 |

지 교회에 있어서 세례와 입교는 매우 중요한 의미를 지니고 있다. 일반적으로 '입교' 라는 용어는 유아세례를 받은 성도가 본인의 입술로 공적인 신앙고백을 함으로써 정식으로 성찬회원이 되는 것을 의미한다. 이는 교회의 울타리를 의미한다. 또한 그 세례는 지 교회 공동체 뿐 아니라 보편교회 안으로 들어오게 된다는 사실을 포함하고 있다. 따라서 세례는 우주적인 개념을 지니고 있는 것이다.

세례는 기본적으로 하나님께 속한 성도로서 '죽임' 과 '죽음' 의 의미를 동시에 내포하고 있다. 즉 예수 그리스도 안에서 살고자 하는 고백으로 인해 말씀이 옛 사람을 물 가운데 죽이고 동일한 말씀이 그 죽은 성도를 물에서 건져냄으로써 되살리게 되는 것이다. 신약성경에서는 노아 시대 모든 인간들을 심판할 때 살려주신 여덟 명이 세례를 받은 것으로 묘사하며(벧전 3:20,21), 이스라엘 백성이 홍해 바다를 건널 때 물 가운데 살아나게 된 것으로 세례라고 말하고 있다(고전 10:1,2).

세례와 유아세례는 언약의 상속과 직접 연관되며 당사자 및 부모에 대한 정당한 교육과정과 교회의 보증을 거쳐야 한다. 우리 교단의 경우 세례와 입교를 위해서는 8주간의 교육을 받아야 하며 유아세례의 경우는 그 부모가 4주간의 교육과정을 거쳐야 한다. 그 교육은 당회의 결의에 따라 목사가 담당하게 된다.

소정의 모든 교육이 끝나게 되면 당회의 문답을 거쳐 교회에서 공적으로 고백하며 의례를 행하게 된다. 당회는 세례를 받고 입교하게 될 성도의 기본적인 신앙 지식과 신앙고백을 확인해야 한다. 그런 후 공예배 시간에 교회 가운데서 말씀을 맡은 교사인 목사에 의해 거룩한 의례가 베풀어지게 된다.

세례를 받은 성도들은 이제 매주일 하늘로부터 내리는 신령한 음식인 성찬을 나누게 된다. 즉 세상에서 먹는 음식에 기본적인 의미를 두는 것이 아니라 영생하는 음식에 의미를 두게 되는 것이다. 그 음식은 인간들의 노력에 의해 얻은 것이 아니라 전적인 하나님의 은혜로 말미암아 허락되는 신령한 음식이다.

유아 세례 순서

[예배 전 절차]

- 집례자: "당회는 유아 세례를 받을 자녀의 부모 교육을 실시했으며 신앙 고백을 확인했습니다. 그 사실을 다시 한 번 교회 앞에서 공적으로 확인하고자 합니다."
- 부 모: 회중 앞에서 다짐하는 공적인 고백

| 해설 |

유아세례는 교회를 위한 소중한 언약에 연관되어 있다. 그 부모가 하나님께서 맡긴 어린 자녀를 위한 일차적인 언약적 보호자가 된다. 따라서 목사와 당회는 유아세례를 받게 될 당사자의 부모를 교육한 후 그에 대한 공적인 확인을 해야 한다.

그러므로 공예배를 시작하기 전 집례자인 목사는 자녀의 부모 교육이 정당하게 이루어졌음과 당회가 그 신앙 고백을 확인했음을 교회 앞에서 다시 한번 공적으로 확인하게 된다. 그것을 통해 온 교회는 그 부모의 신앙을 통해 자녀를 언약 가운데 교회의 자녀로 받아들일 준비를 하는 것이다.

그 다음 그 부모는 회중 앞에서 공적인 고백을 해야 한다. 자녀를 개인의 목적이나 욕망에 따라 양육하지 않고 교회의 의사에 따라 키우겠다는 다짐을 하게 된다. 물론 그 근저에는 하나님의 말씀과 건전한 신앙고백이 존재하고 있다. 교회에 속한 온 회중은 그 고백을 마음으로 받아들인다.

[예배 중 절차]

• 부모 호명

| 해설 |

일반 성인 세례와 마찬가지로 유아세례는 공예배 중에 시행되어야 한다. 집례자인 목사가 유아세례를 받을 자녀의 부모를 호명하는 것은 단순히 이름을 부르는 것 이상의 의미를 지니고 있다. 거기에는 교회 앞에서 그 부모를 통해 자녀를 위한 상속과 언약의 관계를 확인하는 것이기 때문이다.

• 선언

세례는 새 언약 백성이 되었음을 표하고 인치는 것입니다. 물로 씻어 정결케 하는 의식은 성도를 정결케 하는 힘이 인간의 외부에 있다는 사실을 말해 줍니다. 우리는 예수 그리스도께서 죄를 씻어 주심으로써만 정결케 될 수 있음을 고백합니다.

유아는 스스로 자신의 신앙을 고백할 수 없으나 언약의 자녀라는 사실을 확인하고 공적으로 인칠 필요가 있습니다. 이 아이가 올바른 신앙을 고백하고 성찬 상에 나아오기까지 교회의 위탁을 받아 저를 양육하는 부모의 신앙적 자세가 중요하므로 이를 공적으로 확인하고자 질문을 하니 신실한 마음으로 답변해 주시기 바랍니다.

| 해설 |

공예배 시간 말씀선포를 마친 후 성찬을 시작하기 전 부모 서약을 하기에 앞서 집례자는 세례의 의미를 설명한다. 그와 동시에 세례는 새 언약의 백성이 되었다는 사실에 대한 표와 인이 된다는 점을 확인한다. 그리고 물로 씻어 정결케 하는 의식은 성도를 정결하게 하는 힘이 인간 자신이 아니라 오직 삼위일체 하나님께 달려 있다는 사실을 고백적으로 선언하게 되는 것이다.

그리고 유아는 스스로 자신의 신앙고백을 할 수 없지만 부모를 통해 그 아기가 언약의 자녀라는 사실을 확인하고 공적으로 인칠 필요가 있다는 사실을 선언한다. 그리고 세례를 받게 되는 아기가 나중 성장하여 올바른 신앙을 고백하고 성찬상에 나아오기까지 부모가 교회의 위탁을 받아 그를 양육해야 한다는 사실을 전한다. 그 중요한 부모의 신앙자세를 공적으로 확인하기 위해 신실한 마음으로 답변하도록 주지시킨다.

• 부모 서약

질문1: "이 아이가 죄악 중에 잉태되고 태어나서 영원한 심판의 자리에 놓여 있지만, 예수 그리스도 안에서 거룩하게 구별되어 그의 몸된 교회의 지체가 되어야 한다는 사실을 믿습니까?"

| 해설 |

세례를 베풀기 전 말씀사역자인 집례자를 통해 그 부모의 서약 순서를 가진다. 그것은 공적으로 온 교회 앞에서 이루어진다. 첫 번 째 서약할 내용은 유아 세례를 받게 될 그 아이가 죄악 중에 잉태되고 태어나서 영원한 심판의 자리에 놓여있다는 사실에 대한 확인과 그가 예수 그리스도 안에서 거룩하게 구별된 사실을 믿는지 확인하는 것이다.

이는 일반적인 관점에서 볼 때 죄에 대한 인식과 습성이 생겨나기 전에 모든 인간은 아담의 범죄로 말미암아 원죄를 소유하게 된다는 사실에 대한 확인이다. 그 죄인인 아기가 그리스도 안에서 언약 가운데 하나님의 몸 된 교회의 지체가 된다는 것이다. 그에 대한 사실을 믿고 있는지 교회 앞에서 공적으로 서약해야 하는 것이다.

질문2: "교회에서 가르치는 신구약성경과 그에 조화되는 신앙고백서들에 담긴 교훈이 구원을 위한 참되고 안전한 교훈인 것을 믿습니까?"

| 해설 |

두 번째 서약해야 할 내용은 교회에서 가르치는 신구약 성경을 하나님의 절대 진리로 믿는가에 대한 확인과 연관되어 있다. 천상으로부터 계시된 하나님의 말씀을 믿지 않는다면 세례를 받을 수 없다. 그리고 성경에 조화되는 신앙고백서들에 담긴 교훈이 구원을 위한 참되고 안전한 교훈인 것을 믿는다는 사실을 고백해야 한다.

그것은 사도 신경, 니케아 신조, 아타나시우스 신조, 칼케돈 신조, 벨직 신앙고백서, 하이델베르크 요리문답, 도르트레이트 신조, 웨스트민스터신 앙고백서 및 대 · 소 요리문답을 포함하고 있다. 그 사실을 교회 앞에서 공적으로 고백하는 가운데 서약을 해야만 한다.

질문3: "부모의 세속적인 염원이 아닌 성경의 가르침과 소망에 따라 주님의 교양과 훈계로 가르치며, 자녀에게 신앙의 본을 보이고 자녀들을 위한 기도에 힘쓸 것을 약속합니까?"

| 해설 |

세 번 째 서약해야 할 내용은 유아세례를 받게 될 자녀에게 부모의 세속적인 염원이나 욕망이 아닌 성경의 가르침과 더불어 참된 소망을 소유하도록 양육하고자 해야 한다. 또한 세상의 값어치나 논리를 멀리하고 주님의 교양과 훈계로 가르치기 위해 애써야 한다.

그리고 부모는 그 언약의 자녀를 위해 신앙의 본을 보여야 한다. 뿐만 아니라 그 아기를 위해 참된 기도에 힘써야 한다. 그 기도는 자녀가 세상에서 성공하고 풍족하게 살아갈 수 있도록 기도하는 것이 아니라 하나님의 말씀과 더불어 한 평생 살아가도록 기도해야 하는 것이다. 그 사실을 교회 앞에서 약속하는 가운데 서약을 해야 한다.

• 세례

"예수 그리스도를 믿는 성도 ○○○(와 ○○○)의 자녀 ○○○에게 성부와 성자와 성령의 이름으로 세례를 주노라."

| 해설 |

집례자는 교회의 무리 앞에서 성부 성자 성령의 이름으로 물로 세례를 주어야 한다. 우리 교단의 일반적 원칙은 물에 잠기는 침례가 아니라 온 회중이 볼 수 있는 그릇에 담긴 물로써 약식 세례를 베푼다. 그러나 그것이 세례 자체가 약식이라거나 권위가 덜하다는 의미로 받아들여서는 안 된다.

공예배 시간에 세례를 베푸는 자는 외형상 특정 목사이지만 실상은 하나님의 말씀이라 할 수 있다. 즉 인간의 권위로 세례를 베푸는 것이 아니라 하나님의 말씀을 맡은 교사인 목사가 세례를 베풀게 되는 것이다. 따라서 누구로부터 세례를 받았는가 하는 것은 절대적인 의미를 가지지 않는다.

즉 특별한 어떤 목사로부터 세례를 받으면 더 큰 의미를 지니는 것으로 이해할 필요가 없다. 반대로 그 아기가 성장하여 자기에게 세례를 베푼 목사의 생활을 보니 전혀 경건하지 않은 자로 드러난다고 해도 세례의 의미가 약화되거나 줄어들지 않는다. 중요한 점은 하나님의 몸된 교회 가운데서 계시된 말씀을 맡은 교사인 목사에 의해 세례가 베풀어졌다는 사실이다.

• 세례 및 선포

"성도 ○○○는 한국개혁장로회 ○○○ 교회의 유아세례 교인이 된 것을 성부와 성자와 성령의 이름으로 선포합니다. 아멘."

| 해설 |

목사는 유아세례를 받은 어린 아기가 교회에 속한 성도가 되었다는 사실을 선포한다. 그것은 성부와 성자와 성령의 이름으로 선포되어야 한다. 즉 목사인 인간 개인의 권위에 의존하여 선포되는 것이 아니다.

그 아기는 아직 아무 것도 인식하지 못하는 상태이지만 하나님의 언약 가운데로 들어가게 된다. 즉 유아 세례를 받은 그 아기는 자기 자신의 고백이 아니라 교회의 보증에 의해 세례를 확인하게 되는 것이다. 이는 저도 모르는 사이에 교회의 모든 신앙고백에 온전히 참여하게 된다는 의미를 지니고 있다.

교회와 부모는 유아세례를 받은 어린 자녀들이 그 사실을 명확하게 인식할 수 있도록 지속적인 도움을 주어야 할 의무가 있다. 그리하여 유아세례를 받은 언약의 자녀들은 교회에 속한 성도로서 공적인 지위를 누리게 된다. 이에 대해서는 온 교회가 잘 깨닫고 있어야만 한다.

입교와 성인 세례 순서

| 개괄적해설 |

우리 교단에서는 입교와 성인 세례 교육을 8회 이상 시행한다. 물론 유아세례를 받고 입교할 성도들은 교회 안에서 어릴 때부터 주일학교를 통해 양육 받아온 상태이다. 또한 세례를 받게 될 성도들은 교회의 전체적인 공부를 통해 교육을 받아왔다. 따라서 입교와 세례를 위한 교육은 신학과 신앙에 대한 전반적인 정리의 시간이라 말할 수 있다. 그 과정에서 자신의 신앙고백을 확인하게 된다.

[예배 전 절차]

- 집례자: "당회는 입교와 세례를 받을 성도(들)에 대하여 교단이 정한 합법적인 교육을 실시했으며, 신앙 고백을 확인했습니다. 그 사실을 다시 한 번 교회 앞에서 공적으로 확인하고자 합니다."

| 해설 |

공예배를 시작하기에 앞서 집례자는 회중 앞에서 당회의 결의에 의해 목사가 입교와 세례를 받게 될 성도에게 교단이 정한 합법적인 교육을 실시했음을 알려야 한다. 그리고 당회가 그의 신앙 고백을 확인했음을 알려야 한다. 그것은 교회 앞에서 공적으로 확인하는 의미를 지니고 있다.

- 수세자 및 입교자: 회중 앞에서 다짐하는 공적인 고백

| 해설 |

세례를 받는 자나 입교하는 자는 회중 앞에서 다짐하는 고백을 해야 한다. 가능한 한 문서로 작성해서 읽는 것이 바람직하다. 이는 임기응변적으로 생각나는 대로 말하는 것이 아니라 자신의 정체성을 확인하는 공적인 고백이 되어야 하기 때문이다.

[예배 중 절차]

- 호명

| 해설 |

공예배 시간 세례와 입교의례를 행하기에 앞서 절차에 따라 목사가 그 이름을 불러 일으켜 세움으로써 성례를 시작하게 된다.

- 신앙 확인
  성도 ○○○의 신앙을 당회가 살피고 인정하였습니다. 이 자리에서 공적으로 신앙을 확인하려 하니 진실하게 답변해 주시기 바랍니다.

| 해설 |

집례자는 먼저 당회가 그 당사자의 신앙을 살피고 인정한다는 사실을 말한다. 그리고 하나님을 경배하는 자리에서 공적으로 신앙고백을 하는 일에 진실하게 답변해 달라는 당부를 한다.

• 선언

세례는 새 언약 백성이 되었음을 표하고 인치는 것입니다. 우리는 언약의 물로써 옛사람이 죽고 새사람이 되었음을 고백합니다. 물로 씻어 정결케 하는 의식은 성도를 정결케 하는 힘이 인간의 외부에 있다는 사실을 말해줍니다. 우리는 예수 그리스도께서 죄를 씻어 주심으로써만 정결케 될 수 있음을 고백합니다. 이에 대한 믿음을 공적으로 확인하고자 질문을 드리니 신실한 마음으로 서약에 임해 주시기 바랍니다.

| **해설** |

집례자인 목사는 세례의 의미를 선언하게 된다. 세례는 새 언약의 백성이 됨을 표하고 인치는 의례이다. 따라서 언약의 물로써 옛 사람이 죽고 새 사람이 되었음을 고백해야 한다. 물로 씻어 정결케 하는 의례는 성도를 정결케 하는 힘이 인간 자신의 성품이나 행위가 아니라 그 외부에 존재한다는 사실을 선언한다.

이는 하나님의 자녀라면 오직 예수 그리스도께서 죄를 씻어 주심으로써 정결케 될 수 있음을 고백한다는 사실을 말해주고 있다. 따라서 그에 관한 믿음을 공적으로 확인하기 위해서 당사자에게 질문하게 된다. 그러면 당사자는 하나님과 교회 앞에서 진실한 마음으로 서약을 해야만 한다.

• 공적인 서약

질문1: "그대는 하나님의 진노를 받아야 마땅한 죄인인 줄 인정합니까?"

| **해설** |

서약을 위한 첫 번 째 질문은 당사자가 하나님의 무서운 진노를 받아야

할 마땅한 죄인인 줄 인정하느냐에 관한 내용이다. 이는 물로 세례를 받을 때 옛 사람이 물에 빠져 죽게 되는 것에 연관되어 있다. 즉 자기가 심판을 통해 멸망 받을 자란 사실을 깨닫게 됨으로써 하나님의 도우심을 필요로 하게 되기 때문이다.

> 질문2: "그대는 예수 그리스도의 십자가 사역을 통한 은혜로 구원받게 됨을 믿습니까?"

| 해설 |

두 번 째 질문은 예수 그리스도의 십자가 사역에 관한 내용이다. 그 십자가 사건을 통해 영원한 구원을 받게 됨을 믿는지 확인하는 것이다. 즉 예수 그리스도가 십자가에 달리신 것은 죄 없는 분이 자기를 위해 대신 죽게 된 사실을 의미한다는 것을 깨달아야 한다.

> 질문3: "그대는 주 예수 그리스도가 유일한 구주되심을 믿습니까?"

| 해설 |

세 번 째 질문은 영원한 구원은 전적인 하나님의 은혜이며 예수 그리스도와 그의 십자가 사역이 구원을 위한 유일한 방편이 된다는 사실에 대한 고백을 확인하는 것이다.

> 질문4: "그대는 성령의 소원을 따라 육체의 욕망과 싸우며 살기로 다짐합니까?"

| 해설 |

네 번 째 질문은 세례를 받고 옛 사람이 죽고 새 사람이 되었다는 표를 가진 성도로서 어떤 자세로 살아갈 것인가에 대한 질문이다. 하나님의 자녀들은 성령의 소원에 따라 육체의 욕망과 싸우면서 살아가야 한다. 그 사실을 교회 앞에서 공적으로 확인하게 되는 것이다.

질문5: "그대는 교회의 지체로서 교회의 사역과 권징에 복종하기로 작정합니까?"

| 해설 |

다섯 번 째 질문은 성도의 교회 생활에 대한 것이다. 세례를 받은 성도들은 당연히 교회의 지체가 되며 몸에 붙은 지체로서 살아가야만 한다. 따라서 성도는 개인의 판단이나 욕망이 아니라 교회에 사역에 참여해야 하며 권징에 복종해야 한다. 목사는 교회 앞에서 공적으로 그에 대한 자세를 확인해야 한다.

• 세례

"예수 그리스도를 믿는 성도 ○○○에게 성부와 성자와 성령의 이름으로 세례를 주노라."

| 해설 |

앞에서의 모든 질문에 공적인 답변을 하게 되면 집례자인 목사 곧 말씀을 맡은 교사는 물로 세례를 베풀게 된다. 그 때 목사는 성부와 성자와 성령의 이름으로 세례를 주어야 한다. 이는 공예배 가운데 하나님과 회중 앞

에서 이루어지는 것으로서 개인의 직분적 자격이 세례의 근거가 아니라는 사실을 말해주고 있다.

- 선포

"성도 ○○○는 한국개혁장로회 ○○○교회의 입교인(세례교인)이 된 것을 성부와 성자와 성령의 이름으로 선포합니다. 아멘."

| 해설 |

물로 세례를 받게 되면 집례자는 그가 한국개혁장로회 ○○○ 교회의 입교인(세례교인)이 된 사실을 성부와 성자와 성령의 이름으로 선포하게 된다. 이는 성경과 명시된 교단의 신앙고백에 온전히 참여한다는 것을 의미한다. 이는 또한 지 교회 뿐 아니라 보편교회에 속한 성도로 인정받는다는 사실을 말해주고 있다.

또한 세례와 유아세례, 그리고 입교를 위한 신앙 고백과 확인은 나중 권징사역의 기초가 된다. 즉 세례를 받고 입교한 성도나 자녀에게 유아세례를 받게 한 부모는 서약에 대한 책임을 지는 마음을 가져야 한다. 따라서 그들이 만일 하나님과 교회 앞에서 서약한대로 살아가지 않는다면 교회와 당회의 책망을 받을 수밖에 없다. 이는 지상 교회를 온전히 세워나가는데 있어서 매우 중요한 방편이 된다.

한국개혁장로회 신학교

| 개괄적해설 |

독립적인 교단이 되기 위한 기초적인 필수요건은 질서 유지를 위한 교단 헌법과 성경과 교리에 대한 해석과 더불어 교회의 상속을 위해 진리를 가르치는 교단 신학교가 존재해야 한다는 사실이다. 이는 사실 지상 교회에 매우 중요한 의미를 지니고 있다.

이는 독립된 교단은 신학 사상적으로 외부에 의존하지 않는다는 사실을 말해준다. 물론 흩어진 건전한 교단들과 협력할 수 있으며 많은 교훈을 받고자 하는 자세를 유지해야 하지만 의존적이지는 말아야 한다. 이를 위해 교단의 신학교는 교회의 상속, 보존, 유지를 위해 절대로 중요한 의미를 지니게 된다.

신학교 설립 의의

| 해설 |

한국개혁장로회는 사도교회와 정통 개혁교회의 역사적 상속을 위한 목회자 양성을 목적으로 신학교를 개설하게 되었다. 동시에 본교는 계시된 신구약성경 66권을 기초로 하여 체계적인 신학을 공부하고자 하는 일반 성도들에게 학습의 기회를 주고자 한다. 또한 변천하는 세상 가운데서 신학적 해석이 요구될 경우, 본교는 각 교회 당회와 노회를 통한 연구와 더불어 최종적인 신학적 답변을 제시하는 기능을 담당하게 된다. (우리 신학교는 2016년 3월에 경북 영천시 금호읍 성천리 395-1번지에서 개교했다.)

학 칙

제1장 _ 총칙

제1조(목적): 교회를 위해 경건하고 신실한 말씀 사역자를 양성하고, 성숙한 신앙인을 교육하고자 한다.

| 해설 |

신학교의 존재 목적은 분명하다. 타락한 세상 가운데 존재하는 참된 교회의 보존과 상속이 그 목적이다. 따라서 신학교에서는 교회를 위해 경건하고 신실한 말씀 사역자를 양성하는 것이 중요한 사역이다. 또한 교회에 속한 성도들이 성숙한 신앙인으로 자라가는 데 영적이며 학문적인 도움을 주는 것이 그 사명이다.

제2조(명칭): 한국개혁장로회 신학교(이하 본교)라 한다.

| 해설 |

본교의 명칭은 교단의 명칭과 더불어 한국개혁장로회 신학교이다. 학교의 이름에서 드러나 보이듯이 교단 정치적으로는 장로교의 원리를 따르며 그 정신은 정통적 개혁주의 신학의 원리를 배경으로 한다. 이는 우리 신학교가 보편교회를 의식하지 않은 채 독자적인 노선을 걸어가지 않고 역사적 정통 신학 사상 가운데 존재해야 함을 드러내 보여주고 있다.

제2장 _ 개설과정, 입학

제3조(개선 과정)
① 일반 과정: 신학 일반에 관한 기초 교육과정
② 심화 과정: 신학 일반에 관한 심화 교육과정
③ 연구 과정: 경건과 학문을 겸비한 목회자 양성과정.

| 해설 |

우리 신학교는 세 개 과정이 개설되어 있다. 일반 과정은 신학을 체계적으로 공부하고자 하는 학생들에게 기본적인 신학 일반을 가르치는 기초 교육과정이다. 또한 심화과정은 일반과정을 마친 성도들 가운데 좀더 깊이 있는 신학을 알고자 하는 이들을 위하여 개설되었다. 그리고 신학교의 가장 중심부를 이룬다고 할 수 있는 연구과정은 목회자 양성과정이다. 그 과정에 속한 학생들은 주님의 몸된 교회 가운데서 목사의 직분을 담당하기 위해 경건 훈련과 더불어 심도 있는 학문을 연마하게 된다.

제4조(입학 시기): 매학기 초 20일 이내로 한다.

| 해설 |

신학교 입학을 위해서는 학기 중에 수시로 지원하거나 허락할 수 없다. 매학기 시작 전에 절차를 거쳐 학생들을 모집하게 되며 학기 초 20일 이내에는 긴급한 경우 학기 초 20일 이내 지원서를 제출하고 과정을 거쳐 입학을 허락할 수 있다.

제5조(입학 자격)
① 일반 과정: 서류 전형과 면접시험을 통과한 자
② 심화 과정: 서류 전형과 면접시험을 통과한 자

| 해설 |

일반 과정과 심화과정의 경우 서류 전형과 면접시험을 통과하면 입학 자격을 갖추게 된다. 서류 전형을 통해 기본적인 학습 능력을 가졌는지 확인한다. 그리고 면접을 통해 신앙고백이나 기본 신학사상에 대한 질문을 할 수 있다. 나아가 건전한 교회에 속해 있는지, 이단 종파에 빠진 경력은 없는지, 그리고 본교의 정신을 충분히 이해하고 있는지 물어보아 합당한 답변을 하게 되면 통과하게 된다. 그때 면접시험 자리에는 복수의 교수들이 임석해야 하는 것이 기본 방침이다.

----

③ 연구 과정: 아래의 서류를 구비하고 면접시험에 통과한 자
  • 한국개혁장로회(이하 본 교단) 소속교회 치리회(당회)의 추천서 혹은 본 교단 목사 2인의 추천서
  • 소명에 관한 생각을 포함한 자기소개서
  • 제 졸업 증명서 및 성적 증명서
  • 경력 증명서

| 해설 |

목회자 양성 기관으로서 연구 과정은 학생을 받을 때 외부적인 확실한 조건과 함께 심층적으로 살펴보아야 한다. 그것을 위해 먼저 본 교단 소속 교회의 추천서 혹은 본 교단 목사 2인 이상의 추천서를 받아야 한다. 이는 단순 추천이 아니라 목회자로서 그의 외적 소명을 확인했음을 의미하고

있다.

그와 더불어 분명히 확인해야 할 점은 그의 내적 소명이다. 그것을 위해 지원자는 본인의 소명에 관한 내용을 포함한 소개서를 제출해야 한다. 학교는 그것을 면밀히 살펴보아야 한다.

또한 지원자는 각종 학교 졸업증명서와 성적 증명서를 제출해야 한다. 그것은 단순히 성적을 확인하는 것이 아니라 무슨 과목을 얼마나 공부했으며 그에 대한 지원자의 생각을 알아볼 필요가 있다. 물론 학교 성적이 좋은 사람이 더 훌륭한 목회자가 될 수 있다는 것을 의미하지는 않는다.

그리고 그의 모든 경력을 확인할 수 있는 증명서를 제출해야 한다. 목회자가 되기 위해 신학교에 지원한 사람의 지나온 삶의 여정을 구체적으로 확인하는 것은 매우 중요하다. 설령 과거에 다소 부정적인 일을 했다고 할지라도 그 사실을 경력서 혹은 이력서에 포함시켜야 한다. 그것은 과거를 캐묻고자 함이라기보다 적어도 그에 대하여 정확히 알아야 된다는 사실을 의미하고 있다.

이 모든 것들을 통해 학생의 삶을 이해하고 학습능력을 확인하게 된다. 물론 그 모든 것은 세상적인 잣대로 평가하고자 하는 것이 아니다. 하나님의 말씀을 공부하고 교회 공동체 가운데서 목회를 하게 될지 모르는 형제에 대하여 올바르게 알고 이해하는 것은 매우 중요하다.

제3장 _ 수업 연한, 일수

제6조(수업 연한과 수강 과목)
 ① 각 과정의 최단 이수 기간은 일반 과정 2년, 심화 과정 2년, 연구 과정 3년이다.
 ② 일반 과정과 심화 과정은 한 학기 4과목 수강을 기본으로 한다.

③ 연구 과정은 기본 수강 과목과 더불어 교무회의에서 특별히 요구하는 필요 수강 과목의 내용에 따른다.

| 해설 |

수료를 위한 각 과정의 최단 이수 기간은 일반 과정 2년이며 심화 과정 2년이다. 또한 연구 과정은 3년이다. 일반 과정과 심화과정은 한 학기 4과목 수강을 기본으로 한다. 그리고 연구과정은 기본 수강 과목과 더불어 교무회의에서 요구하는 필요 수강 과목의 내용에 따른다. 각 과정의 이수를 위해서는 과목마다 특별한 과제와 연구를 요구할 수 있다.

제7조(수업 일수)
① 1년에 2학기를 기준으로 하며, 매학기 14주를 기본으로 한다.
② 1학기는 3월 초에, 2학기는 9월 초에 시작한다.

| 해설 |

수업일 수는 1년에 2학기를 기준의 한다. 한 학기 동안은 14주 수업을 기본으로 한다. 1학기는 3월 초에 개강하여 6월 중에 종강하며 2학기는 9월 초에 개강하여 12월 중에 종강을 하게 된다.

제4장 _ 휴학, 복학, 제적, 졸업 및 수료

제8조(휴학): 질병이나 사고 혹은 기타 사유로 4주 이상 결석해야 할 경우에는 소정의 절차를 거쳐서 휴학할 수 있다.

| 해설 |

입학한 학생이 구체적인 사유가 있을 경우에는 휴학을 할 수 있다. 질병이나 사고 혹은 기타 사유가 생겨 불가피하게 4주 이상 결석해야 할 경우에는 휴학을 해야 한다. 그 때는 지속적으로 수업을 받을 수 없는 구체적인 사유서를 제출하여 교수회의 적절한 절차를 거쳐야만 한다.

제9조(복학): 휴학 사유가 소멸되었을 경우 소정의 절차를 거쳐 복학할 수 있다.

| 해설 |

휴학의 사유가 소멸되었을 경우에는 그에 대한 확인서 제출과 더불어 소정의 절차를 거쳐 복학할 수 있다.

제10조(제적): 다음의 경우는 본교에서 제적한다.
① 성경과 신앙고백에 어긋난 언행을 하여 교육하기에 부적합한 자
② 성향과 행실이 불량하여 본교 설립 목적에 부적합 한 자
③ 학업에 불성실하거나 학업 성취도가 지나치게 낮은 자

| 해설 |

학생에게 신앙적인 문제가 있다고 판단 될 경우 신학교는 교수회를 거쳐 제적할 수 있다. 성경이 하나님으로부터 계시된 완벽한 말씀이란 사실을 믿지 않는 학생은 학교에 둘 수 없다. 기본적인 신앙고백을 거부하는 경우에도 그와 마찬가지다. 또한 그 본질적인 원리에 어긋나는 언행을 함으로써 교육하기에 부적합한 자로 판정이 되면 학교는 당연히 저를 제적

해야만 한다.

또한 본 교단의 고백진술문과 신학에 반하는 성향과 행실이 불량하여 다른 학우들에게 해악을 끼치는 경우도 제적 대상이 된다. 이는 본교 설립 목적에 부적합 한 자로 볼 수밖에 없기 때문이다. 이는 신학교의 건전성을 유지하기 위한 불가피한 방편이므로 그렇게 하지 않으면 안 된다.

그리고 학업에 불성실하거나 학업 성취도가 지나치게 낮은 자 역시 제 적 대상이 된다. 이는 개인 당사자의 문제에 그치는 것이 아니라 다른 학 생들의 학습 의욕을 저하하는 원인이 되기 때문이다. 모든 학생들은 영적, 재정적으로 교회의 직간접적인 지원을 받고 있으므로 성실하게 학업에 임 해야 할 의무가 있다.

제11조(졸업 및 수료)
① 연구 과정을 졸업한 자는 본교나 본 교단과 공식적인 교류가 있는 교 회에서 목사나 선교사 등 교역자로 청빙 받을 수 있다.
② 일반 과정과 심화 과정을 졸업 및 수료한 자는 상급 과정에서 공부할 수 있는 기회를 얻는다.
③ 과정을 끝내고 과제물을 제출하지 않을 경우 수료하게 된다.

| 해설 |

연구 과정을 졸업한 자는 본교나 본 교단과 공식적인 교류가 있는 교 회의 청빙을 받을 경우 목사로 임직 받을 수 있다. 또한 교회의 파송에 의 해 선교사로서 사역할 수 있는 자격을 획득하게 된다. 이는 공신력을 갖 춘 신학교에서 그 신학과 신앙에 대한 보증이 된다는 사실을 말해주고 있다.

일반 과정을 졸업하거나 수료한 학생은 심화 과정에 입학할 수 있는 자 격을 얻게 된다. 그리고 심화 과정을 마친 경우에는 연구 과정에서 공부할

수 있다. 이는 학문 연구에 연관되는 의미를 지닌다. 그러나 목회자 후보
생이 되기 위해서는 교회의 추천과 더불어 별도의 조건이 요구된다.

공부 과정에 따라서는 끝낸 후 학교에서 요구하는 특별 과제물이나 논
문 등을 제출해야 할 경우가 있다. 이는 심화 과정과 연구 과정에 해당된
다. 즉 심화 과정과 연구과정은 졸업을 위해 논문을 써야 한다. 논문을 제
출하지 않을 경우 졸업이 아니라 수료하게 된다.

제5장 _ 교과 과정

제12조(이수 단위): 교과 이수 단위는 학점으로 표시한다.

제13조(학점 평가)
① 평가 근거
- 일반 과정: 출석, 수업 태도
- 심화 과정: 출석, 수업 태도, 각 과목별 과제물
- 연구 과정: 출석, 수업 태도, 각 과목별 과제물, 시험(추가 과제물로
  대체 가능)

② 과목별 등급
- A+ (95~100점, 평점 4.5)
- B+ (85~89, 3.5)
- C+ (75~79, 2.5)
- D+ (65~69, 1.5)
- F (59이하, 0)

- A (90~94, 4.0),
- B (80~84, 3.0)
- C (70~74, 2.0)
- D (60~64, 1.0)

| 해설 |
성적 평가는 일반 과정의 경우 출석과 수업태도를 주로 본다. 또한 심화

과정은 출석과 수업태도, 그리고 각 과목별 과제물을 근거로 하여 학점을 주게 된다. 그리고 연구 과정의 경우에는 출석과 수업 태도, 각 과목별 과제물, 그리고 시험이나 추가 과제물을 근거로 성적을 평가 한다. 과목별 등급은 위의 기준에 따른다.

제14조(취득 학점)
① 졸업에 필요한 최소 취득 학점은 일반 과정 32학점, 심화 과정 36학점(논문 4학점 포함), 연구 과정 96학점(논문 6학점 포함)을 기준으로 한다.
② 교무회의가 인정하는 신학교나 학자에게서 취득한 학점은 연구과정 졸업 및 수료에 필요한 학점으로 인정될 수 있다.

| 해설 |

각 과정을 졸업하기 위해서는 학칙에 규정된 최소한의 학점을 취득해야 한다. 일반 과정은 한 학기당 네 과목 8학점을 2년 4학기 동안 총 32학점을 요구한다. 또한 심화 과정의 경우 수학 기간과 학점 이수 요건이 일반 과정과 동일하지만 논문 4학점을 포함해 총 36학점 취득을 취득해야 한다.

그리고 연구 과정의 경우 3년 6학기 동안 커리큘럼 상 내부학점 48학점과 내외부의 특별 과목 42학점과 논문 6학점 총 96학점을 취득해야 한다. 특별 과목의 경우 교무회의가 인정하는 신학교나 학자에게서 취득한 학점을 교수회의의 결의에 따라 인정할 수 있다. 즉 소정의 외부 과목을 인정하여 졸업 및 수료에 필요한 학점으로 인정할 수 있다.

제15조(출석 일수): 학생은 수강 신청한 교과목의 강의에 출석해야 하며, 1/4 이상을 결석할 경우는 해당 과목의 학점을 취득할 수 없다.

| 해설 |

모든 학생은 수강 신청한 교과목에 성실하게 참여할 의무가 있다. 수업
의 3/4 이상을 출석하지 못할 경우 학점을 위한 시험을 칠 자격을 상실한
다. 또한 특정 교수 과목을 초과 이수했다고 할지라도 그 과목이 다른 교
수 과목을 대체하지 못한다.

제16조(추가 시험): 질병이나 사고 및 부득이한 사유로 정기 시험에 응시
하지 못한 자는 일정 금액을 납입하고 추가 시험을 칠 수 있으나 취
득 최고 학점은 A까지로 한다.

| 해설 |

특별한 사유로 정기 시험에 응시하지 못하는 학생의 경우 일정 금액을
납입하고 추가 시험을 칠 수 있다. 그 이유는 질병이나 사고 등 부득이한
사유가 있을 경우로 제한된다. 추가 시험에 대한 학점은 A학점을 넘을 수
없다.

제17조(재시험): 평점이 F이하인 자는 일정 기한 내에 일정 금액을 납입
후 교장의 허락을 받아 재시험에 응할 수 있으나 성적 취득 최고 학
점은 C+까지로 한다.

| 해설 |

평점이 F이하인 경우 일정 기한 내에 일정 금액을 납입한 후 재시험에
응시할 수 있다. 그럴 경우 담당 교수의 청원에 따라 교장의 허락을 받아야
한다. 재시험을 통해 취득하게 되는 성적의 최고 학점은 C+이하로 한다.

제18조(성적 무효): 학점 평균이 D+이하인 자는 다음 학기로 진급할 수 없다.

| 해설 |

한 학기의 전체 학점의 평균이 C⁻이상을 취득해야 한다. 그렇지 않을 경우 다음 학기로 진급하지 못한다. 이는 성적이 지극히 불량하여 학업 능력이 없는 것으로 간주하기 때문이다. 또한 동일한 학기에 개설된 과목을 부분적으로 취득하고 전체 과목에 대한 학점을 취득하지 못하면 해당 과정을 수료할 수 없으며 그 다음 과정으로 입학할 수 없다.

제6장 _ 교원과 직무

제19조(교원 종류와 개설과목)
① 교원은 본 교단 소속 교수와 시간 강사로 구성한다.
② 교원이 담당할 과목은 성경신학, 조직신학, 역사신학, 적용신학, 교양 과목 등이다.

| 해설 |

신학교에 가르치는 전담교수 요원은 본 교단 소속이어야 하며 그외 시간 강사로 구성한다. 교수는 맡은 바 담당과목을 매 학기 정례적으로 강의한다. 그에 반해 시간 강사는 학교의 필요에 따라 학기마다 초빙할 수 있다.

개설 과목은 성경신학, 조직신학, 역사신학, 적용신학, 교양과목 등이다. 과목의 성격과 구체적인 내용은 교수회에서 결정한다. 개설되는 각 과목은 가능한 한 전공자로 하는 것을 원칙으로 한다.

제20조(교원 임명)

① 교장: 본 교단의 목사로서 본교의 건학 정신을 실천할 수 있는 경건과 신학을 겸비한 사람으로 교무회의에서 선임하되, 임기는 3년이며 연임할 수 있다.

② 교수: 본 교단의 목사나 신학적 식견을 가진 성도로서 석사 이상의 학술학위를 가진 자나 신앙과 신학을 확인할 수 있는 출판물이나 논문이 있는 자를 교수가 추천하여 교무회의에서 결정한다. (단, 목사가 아닌 경우에는 해당 전공분야 강의를 원칙으로 함.)

③ 강사: 본 교단 외부에서도 강사를 초빙할 수 있으며 교무회의에서 결정한다.

| 해설 |

학교장은 교무회의 결의에 따라 본 교단 소속 목사 교수 가운데서 선출한다. 교장이 되기 위해서는 교단의 정체성과 신학교의 건학 정신을 성실하게 실천할 수 있는 인물이어야 한다. 기본적인 경건과 건전한 신학을 겸비하는 것이 기본 조건이다. 교장의 임기는 3년이며 학교의 사정에 따라 연임할 수 있다.

제21조(교장)

① 학교 제반 업무를 총괄하고 건학 정신을 구현한다.

② 교수를 겸직할 수 있다.

| 해설 |

교장은 학교의 제반 업무를 총괄한다. 그리고 교단의 신학적 정체성을 배경으로 건학 정신을 구현하도록 힘써야 한다. 교장은 고유한 직무 이외에 교수직을 겸직할 수 있다.

제22조(교무 회의)
① 교무회의는 본교 교수로 구성한다.
② 교학처장은 교과 과정 운영, 학생의 학적과 학업 관리와 관련된 업무를 전담한다.
③ 학생처장은 교수와 학생이 연구와 학업에 전념할 수 있도록 필요한 재정과 서무와 관리 등 학교 운영의 제반 사항을 전담한다.

| 해설 |

교무회의는 본교 교수로 구성하며 교학처와 학생처를 둔다. 교학처장은 교과 과정 운영과 학생의 학적과 학업 관리에 연관된 업무를 담당한다. 그리고 학생처장은 교수와 학생이 연구와 학업에 전념할 수 있도록 필요한 재정과 일반 서무와 관리 등 운영의 제반 사항을 전담하게 된다.

제7장 _ 부칙

① 학칙은 2016년 1월 본 교단 노회의 승인과 함께 효력을 가진다.
② 학칙은 교무회의 전원합의에 의해 수정할 수 있다.

| 해설 |

본 학칙은 2016년 1월 본 교단 노회의 승인과 함께 효력을 가지게 되었

다. 한국개혁장로회 신학교가 동년 3월에 개교하게 된 것은 교단 헌법 정신에 입각하여 작성된 본 학칙에 근거하고 있다.

위에 명시적으로 기록된 학칙은 수정되지 않는 한 효력을 가진다. 학칙의 수정이 필요하다고 판단될 때는 교무회의 전원합의에 의하여 수정할 수 있다. 전원합의를 통해 수정될 수 있다는 것은 기존 학칙에 대한 신뢰를 보여주는 의미를 지니고 있다.

한국개혁장로회신학교 교수(강사) 서약서

| 개괄적해설 |

신학을 가르치는 교수는 매우 중요하다. 모든 교수는 신학교에서 통일성 있는 신학 사상을 소유해야 한다. 이는 시간 강사 역시 마찬가지다. 만일 교수가 잘못된 신학사상을 가지고 있다면 학생들 뿐 아니라 교단 전체가 사상적 위기에 처할 수밖에 없게 된다. 그러므로 신학교에서 가르치는 모든 교수 요원은 아래 내용에 대하여 분명한 서약을 해야 한다.

----

1. 성경: 나는 신구약성경 66권이 하나님의 말씀이며 그리스도인의 삶에 대한 유일한 법칙이라 믿는다. 나는 성경의 무오, 축자영감, 유기적 영감을 인정한다.

| 해설 |

신구약 성경 66권은 하나님으로부터 계시된 진리의 말씀이다. 즉 성경은 인간들의 손에 의해 기록되었지만 하나님께서 직접 영감하신 내용이다. 그 말씀은 하나님의 자녀들인 그리스도인의 삶에 대한 유일한 법칙이 된다.

그러므로 신학교에서 가르치는 교수는 성경 원전의 일점일획도 틀리지 않은 무오성, 모든 내용이 하나님의 계시에 따라 기록된 축자영감, 그리고 기계적 영감이 아니라 유기적 영감에 의해 기록된 사실을 받아들여야 한다. 그것은 입술로서 인정하는 차원을 넘어 진정으로 그렇게 고백해야 하는 것을 의미한다.

> 2. 고백: 나는 사도신경, 니케아신조, 아타나시우스신조, 칼케돈신조, 벨직
> 신앙고백서, 하이델베르크요리문답, 도르트레히트신조, 웨스트
> 민스터 신앙고백서 및 대소요리문답을 성경의 가르침과 조화되
> 는 것으로 고백한다.

| 해설 |

하나님께서는 예수 그리스도의 모든 사역과 성령 강림을 통해 지상교회를 세우셨다. 역사 가운데 존재해온 교회 안팎에는 항상 도전과 시험이 있어왔다. 그 가운데 믿음의 선배들은 교회를 온전히 보존하기 위해 성경의 교훈을 배경으로 신앙고백서와 교리문답서를 작성했다. 오늘날 우리는 정통교회들 가운데서 허락된 그 문서들을 존중한다. 사도신경, 니케아신조, 아타나시우스신조, 칼케돈신조, 벨직신앙고백서, 하이델베르크요리문답, 도르트레히트신조, 웨스트민스터 신앙고백서 및 대소요리문답 등이 곧 그 문서들이다.

> 3. 정치: 나는 장로교 교회정치가 성경의 교훈과 원리에 부합하는 것으로
> 여기며, 한국개혁장로회의 헌법에 담긴 신학과 정신을 존중한다.

| 해설 |

한국개혁장로회 신학교에서 가르치는 교수는 장로교 정치 원리에 대한 이해를 해야만 한다. 장로교정치는 감독정치나 회중정치가 아니다. 따라서 장로교 교회 정치가 성경의 교훈과 원리에 부합하는 것으로 받아들여야 한다. 그리고 한국개혁장로회 헌법에 담긴 신학과 정신을 소중하게 받아들이는 자여야만 한다.

---

4. 나는 이 학교에서 위의 내용과 상반되거나 조화되지 않는 내용을 직접적으로나 간접적으로 가르치지 않을 것이며(여기서 간접적이라는 말은 넌지시 말하거나 관심을 불러일으키는 것을 포함한다). 이것을 위반할 경우 본 학교 교수(강사)직의 해직, 정직 등의 조처에 이의를 제기하지 않을 것을 서약한다.

| 해설 |

신학교 교수는 어떤 경우에도 앞의 내용과 상반되거나 조화되지 않는 내용을 가르쳐서는 안 된다. 강의 목적상 건전한 비판을 가하는 것은 가능하다. 하지만 직접 혹은 간접적으로 넌지시 긍정적인 표현을 하거나 신학적으로 부당한 관심을 불러일으킬만한 강의를 시도하지 말아야 한다. 이를 위반할 경우에는 본 신학교의 교수(강사)직의 해직, 정직 등의 조처에 이의를 제기하지 않을 것에 대한 자세를 확고히 해야 한다.

----

5. 나는 학생들에게 모범이 되는 경건생활을 유지할 것을 서약한다.

| 해설 |

교수들은 항상 학생들에게 모범이 되는 경건생활을 유지할 수 있어야 한다. 이는 신학교 교수는 단순히 지식을 전달하는 자가 아니라는 사실을 말해주고 있다. 건전한 지식과 더불어 하나님을 진정으로 경외하는 성도로서의 삶을 살아갈 때 하나님으로 말미암는 진리가 학생들에게 전달될 것이기 때문이다.

한국개혁장로회(KRPC) 신학교

서약일 :   년 월 일

서약자 :   (인)

특별부록

| 특별부록 1 |

중요한 신학적 문제에 대한
일치된 입장의 필요성

(** 이 글은 공적으로 결의된 사항이 아니라 필자의 견해이다. 동일한 교단에 속한 교회라면 통일성 있는 신학적 입장을 확립하여 소유해야 할 필요성이 있다. 목사와 교사, 그리고 장로들은 당연히 그에 대한 내용을 잘 숙지하고 있어야만 한다. 그렇지 않으면 장차 동일한 교단 내부에서 다양한 입장을 내세우게 되고 그것은 결국 교단 분열이나 불화의 원인이 될 우려가 있다. 따라서 본 교단에서도 조속히 신학적 입장이 정리되기를 바란다.)

〈내용〉

우리는 전체적으로 칼빈주의 5대 교리 [인간의 전적부패, 무조건적 선택, 제한 속죄, 불가항력적 은혜, 성도의 견인]과 5-solas [오직 성경, 오직 은혜, 오직 믿음, 오직 그리스도, 오직 하나님의 영광]을 고백적으로 받아들인다.

1. 성경관

우리는 하나님의 말씀이 천상으로부터 계시된 절대 진리라는 사실을 믿는다. 따라서 성경의 원본은 일점일획도 틀리지 않는다는 사실을 받아들인다. 성경은 기계적 영감이 아니라 유기적으로 영감된 사실과 축자 영감되었다는 점을 추호도 의심하지 않는다. 우리가 주의해야 할 점은 신구약 성경 66권의 정경성은 후대의 교회가 결정한 것이 아니라는 사실이다. 원래 하나님의 말씀이라는 사실을 교회가 확인했을 따름이다.

2. 특별계시의 종결

하나님의 특별계시는 기록된 성경 이외에 직접 자기 백성에게 계시하는 것을 의미한다. 신구약 성경 66권이 완성되기 전 즉 예루살렘 성전이 파괴되기 전에는 종종 특별 은사로서 계시가 주어졌다. 그러나 기록계시의 완성과 더불어 산발적으로 허락되던 특별계시가 종료된 것으로 믿는다. 따라서 현대의 방언, 예언, 통변 등의 종교적인 현상을 하나님의 계시로 받아들이지 않는다.

3. 하나님의 예정과 선택 시기

하나님께서는 창세전에 이미 자기 백성을 확정하셨다. 아직 인간이 범죄하기 전에 자기 자녀들을 선택하셨던 것이다. 우리 시대 신학자들 가운데는 소위 전택설과 후택설을 구분하여 따로 받아들이려는 경향이 있지만 우리는 그것을 의미 있는 것으로 보지 않는다. 성경은 우주만물과 인간이 창조되기 전에 하나님께서 언약 가운데 자기 자녀들을 예정하셨음을 말씀하고 있을 따름이다. 그것은 인간들의 의지와는 전혀 상관없는 전적인 하나님의 뜻에 달려 있는 것이다.

4. 창세기 1장과 천지창조

창세기 1장의 기록은 단순한 문학적 표현이나 상징에 그치는 것이 아니다. 그 모든 내용은 역사적 사실 및 실체와 연관되어 있다. 그러므로 우리는 성경에 기록된 대로 하나님께서 육일 동안 천지 만물을 창조하신 사실을 믿는다. 이에 대해서는 십계명에서 분명히 증거하고 있다(출 20:11). 이 때문에 웨스트신앙고백서에서는 그에 대한 고백적 입장을 명확하게 밝히고 있다(웨신 제4장 1항).

5. '하나님의 형상'

하나님께서는 자신의 형상에 따라 인간을 창조하셨다. 이는 인간이 다른 모든 피조물과 다르며 동물들과도 전혀 다른 성격을 지니고 있음을 말해주고 있다. 하나님의 형상은 하나님께서 직접 창조하시기로 작정하시고 창세전부터 예정된 백성들에게 주어졌다. 따라서 범죄 후의 모든 인간들이 소유한 아담의 형상과 하나님의 형상은 구별된 개념을 지니고 있다. 이 세상에 태어난 모든 인간들은 범죄한 아담의 형상을 지니고 있는 죄인이다. 이에 반해 예수 그리스도는 완벽한 하나님의 형상으로서(골1:15; 고후4:4) 하나님의 자녀들은 예수 그리스도를 통해 그 형상이 회복된 자들이다.

6. 인간의 존재 의미

하나님께서는 자신의 형상에 따라 흙으로 인간을 지으셨다. 또한 그 인간들에게는 특별한 임무를 감당하기 위해 창조되었다. 인간의 존재 의미 가운데 가장 중요한 것은 하나님의 피조세계를 다스리는 임무이다. 하나님은 자신이 창조한 모든 것들을 다스리도록 하시기 위해 인간을 창조하셨다(창1:26-28). 우리는 이를 두고 하나님의 관리자 혹은 청지기로서의 인간이라는 사실을 말하고 있다. 이에 대해서는 오늘날 우리 역시 하나님께서 맡기신 사명을 올바르게 감당하며 살아가야 한다는 사실을 믿는다. 따라서 창세기 1장 26절을 소위 '문화명령'이라 주장하는 것을 받아들이지 않는다.

7. 죄의 본질과 인간과 피조 세계

인간의 죄는 하나님에 대한 배신행위와 직접 연관되어 있다. 하나님께서 에덴동산 중앙에 선악과나무를 심어두신 것은 하나님과의 언약을 기억하도록 하기 위해서였다. 그 언약은 하나님의 모든 피조세계를 아담에게 맡기신 것을 의미한다. 즉 인간들이 하나님을 신뢰하기 전에 하나님께서 먼저 모든 피조세계를 맡기시고 언약을 세우셨던 것이다. 아담이 사탄의 유혹에 의해 선악과열매를 따먹은 것은 그 언약을 일방적으로 파기하고 하나님께서 맡기신 피조세계를 사탄에게 갖다 바친 것을 의미하고 있다. 이는 인간들이 하나님을 배신한 것을 말해주고 있다. 이로써 배신한 아담과 그의 후손들, 그리고 오염된 피조세계는 불의한 존재가 되어버렸다. 따라서 하나님께서는 모든 피조세계를 더 이상 의롭게 보지 않게 되신 것이다.

8. 일반은총 : 문화와 문명에 대한 이해

문화와 문명을 일반은총으로 이해하는 것은 바람직하지 않다. 그것들은 창세기 4장에서 이땅에 소망을 두고 살아간 가인 계열의 사람들에게서 발생했다. 이는 창세기 5장 셋 계열의 사람들이 천상의 나라에 소망을 두고 살아간 것과 크게 대비된다. 그러므로 문화와 문명은 성경의 사역이 아닌 인간 역사를 통해 적립되어 온 산물이라 할 수 있다. 문화와 문명에 대한 지나친 관심과 의존은 하나님의 나라를 소망하는 삶의 자세를 방해하는 역할을 하게 된다는 사실을 잊어서는 안 된다.

9. '하나님의 아들들' 과 '사람의 딸들'

창세기 6장에 기록된 하나님의 아들들과 사람의 딸들에 대한 이해는 명확해야 한다. 하나님의 아들들이란 하나님의 언약에 속한 셋 계열의 사람들을 일컫는다. 그에 반해 사람의 딸들이란 가인 계열의 사람들을 지칭하고 있다. 노아 홍수 이전 셋 계열의 사람들이 세상에 속한 가인 계열 사람들의 화려하고 다채로운 삶을 부러워하여 받아들였기 때문에 하나님께서는 저들을 책망하셨다. 하나님의 아들들을 천사로 주장하는 것은 근본적으로 잘못되었기에 우리는 그와 같은 견해를 받아들이지 않는다.

10. 노아홍수의 범위와 의미

노아홍수는 메시아를 거부하고 이 세상의 복락을 누리려고 하는 인간들에 대한 하나님의 무서운 심판이다. 그 홍수는 국지적이 아니라 전 지구에 미친 전무후무한 대홍수였다. 즉 지구 전체를 물로 뒤덮게 된 것이다. 그로 말미암아 홍수 이전의 모든 문명과 문화는 완전히 단절되었다. 과거에 소유했던 문명은 지진과 화산폭발 등으로 인해 땅속으로 완전히 묻혀 버렸다. 또한 과거 문명 상실과 더불어 인간들의 문화도 엄청난 변화를 가져올 수밖에 없었다. 따라서 그 후부터 인간들은 1차 산업에 주력하는 것과 동시에 마치 원시인들과 같은 모습을 띠게 되기도 했다.

11. 출애굽 연대문제

이스라엘 민족이 애굽으로부터 탈출한 연대에 관하여 BC 1446년대 설을 인정한다. 야곱의 집안은 그로부터 정확하게 430년 전인 BC 1876년에 가나안 땅에서 애굽 땅으로 내려갔다. 따라서 광야에서 40년을 지난 후 가나안 땅으로 들어간 해는 BC 1406년이다. 우리는 성경에 기록된 이에 관한 연대의 기록을 그대로 받아들인다(신8:4; 왕상6:1; 출12:41, 참조).

12. 이사야서 저자 문제

이사야서는 단일 저자인 선지자 이사야가 전 생애에 걸쳐 계시 받아 기록한 책이다. 어리석은 신학자들 가운데는 그 저자를 여러 명이 있는 듯이 여겨 제1이사야, 제2이사야라는 용어를 사용하지만 그것은 잘못된 주장이다. 비록 앗수르 시대에 살았던 선지자 이사야가 그보다 훨씬 나중 시대인 바벨론과 페르시아에 대한 정확한 예언을 할지라도 그것은 하나님의 계시로 말미암은 것으로서 그 정경성에 대해 추호의 의심도 할 필요가 없다.

13. 동방박사

예수님께서 탄생하셨을 때 동방으로부터 예루살렘과 베들레헴을 방문했던 박사들은 천문학자나 점성술가가 아니다. 즉 과학자나 우상숭배자들이 아니었다. 그들은 이방 지역의 남은자들로서 구약 성경을 연구하던 서기관들이었다. 그리고 그때 약속의 땅을 방문했던 자들은 세 명이 아니라 여러 명으로 구성된 무리로서 약속에 따라 이땅에 오신 메시아를 왕으로 맞이하는 사신 역할을 했다.

14. "역사적 예수"

우리는 참 역사적 예수님을 믿지만 자유주의자들이 주장하는 "역사적 예수"(historical Jesus)는 받아들이지 않는다. 성경에 기록된 모든 내용들은 사실이며 복음서에 나타난 예수님의 기적을 포함한 모든 행적들은 실제로 일어난 역사적 실제이다. 우리는 그것을 신화나 종교적인 언어로 매도하는 자들의 잘못된 태도를 매우 우려한다.

15. 예수님의 음부 강하와 그 목적

십자가에 달려 돌아가신 예수님께서 무덤에 계실동안 음부에 내려가셨다. 그것은 지옥에 있는 자들에게 복음을 전파하려는 목적이 아니었다. 이는 하나님의 아들이신 예수 그리스도께서 지옥에 존재하는 자들에게까지 자기가 사탄의 세력에 승리한 만왕의 왕이라는 사실을 선포하는 의미를 지니고 있다.

16. 사도교회 시대와 보편교회 시대

우리는 신약 시대를 크게 사도교회 시대와 보편교회 시대로 구분한다. 예수님의 출생부터 신약 시대가 시작되지만 그의 십자가 사역과 부활 승천 사건이 있은 후부터 AD 70년 예루살렘 성전이 파괴될 때까지의 40년

동안을 특별계시가 주어지던 사도교회라 칭하며 그후 시대를 말씀과 성령에 의해 인도받는 보편교회로 이해한다.

17. 성경 기록이 완성된 시기 문제

구약성경의 기록과 더불어 신약성경이 완성된 때는 예루살렘 성전이 파괴되는 AD 70년 이전으로 이해한다. 이는 예루살렘 성전파괴와 더불어 예루살렘 공의회의 사명이 완성된 것으로 보는 것에 연관되어 있다. 예루살렘 공의회의 중요한 사명은 신약성경의 정경임을 확인하는 일이었다. 흔히 주장하듯이 요한복음과 요한서신들, 그리고 계시록이 도미티안 황제 시대인 AD 90년대에 기록되었다는 사실은 전승일 뿐 사실이 아니다.

18. 히브리서 저자 문제

히브리서는 사도 바울에 의해 기록된 것으로 이해한다. 그 서신의 저자에 대해서는 여러 가지 주장들이 있으나 성경의 내증을 기초하여 살펴볼때 바울이 하나님으로부터 계시 받아 기록한 책으로 보는 것이 가장 자연스럽다. 설령 바울이 아니라 다른 사도가 히브리서를 기록했다고 할지라도 정경성에는 전혀 문제가 되지 않는다.

19. '새 하늘과 새 땅'

이 세상과 '새 하늘과 새 땅' 사이에는 일반적인 연속성이 없다. 즉 문명과 문화적으로 연속되지 않는다. 이 세상에서의 아름다운 선율의 음악을 비롯한 예술과 인간들에게 긍정적으로 탁월한 혜택을 주는 과학의 일부가 다음 세계에 승계되는 것이 아니다. 이 세상의 모든 과학 문명과 예술들은 타락한 인간들의 두뇌와 손끝에 의한 것이다. 거기에 하나님의 특별 은총적 영향이 있다고 할지라도 그것은 성령의 사역의 결과라 할 수 없다. 성령으로 말미암은 것이 아닌 불신자들의 공적들이 영원한 새 하늘과 새 땅에 승계되지 않는 것이다.

20. 천년왕국설

신학자들은 흔히 천년왕국을 언급하며 전천년주의, 후천년주의, 무천년주의로 나누어 설명한다. 우리는 예수님께서 재림하신 후 어떤 형태로든 타락한 세상이 천년동안 존재한다는 주장과 천년동안 성도들이 특별한 왕 노릇을 한 후 최종적으로 예수님이 재림한다는 주장을 받아들이지 않는다. 성경의 가르침을 볼 때 성도들은 보편교회에 속해 왕이신 예수 그리스도와 함께 세상에 구원과 심판을 선언하는 왕의 사역에 참여하게 된다. 이는 특히 AD 70년 예루살렘이 파괴된 후 예수님의 재림까지의 기간 즉 보편교회 시대를 천년왕국 시대로 이해한다.

21. 세례와 성찬이 베풀어지는 영역

세례와 성찬은 교회의 공예배 시간에 베풀어지는 것이 원칙이다. (병중에 있거나 전쟁 중에 특별한 예외가 있을 수 있다.) 따라서 신학교 경건회를 비롯한 다른 일반적인 기독교 모임에서는 세례와 성찬을 베풀지 않는다. 세례가 베풀어지지 않는 곳에서 성찬이 나누어지는 것은 왜곡된 종교적 열성에 의한 결과이다. 하나님의 말씀이 공적으로 선포되는 공예배 시간에 세례가 베풀어지고 성찬이 나누어져야 하는 것은 지극히 당연한 일이다.

22. 축도 문제

축도는 말씀선포와 성례가 있는 공예배 시간에 행해져야 한다. 그 이외의 교회적 모임에서 축도가 행해지는 것은 바람직하지 않다. 결혼식에서나 장례식에서는 축도를 하지 말아야 하며 개인 가정심방이나 개업을 비롯한 특별한 경우에도 마찬가지다. 축도는 교인들에게 복을 빌어주는 행위가 아니며 언약의 선포이기 때문에 고린도후서 13:13이나 민수기 6:24

26 등에 기록된 말씀을 그대로 사용해야 하며 불필요한 미사여구를 섞어 목사 개인의 의도를 드러내는 수단으로 사용하지 말아야 한다.

23. 신학교에서 설교연습 문제

신학교에서 수업시간에 설교연습을 하는 행위는 매우 잘못된 것이다. 설교연습이라는 과목은 설교에 대한 건전한 비평학이어야 하며 가짜로 설교를 해보는 시간이 아니다. 실제가 아닌 상황을 가정하거나 결혼식이나 장례식을 설정한 후 멋진 설교를 연습하는 것은 위험하지 않을 수 없다. 그 가짜 설교를 듣고 가짜로 아멘하고 가짜로 감명을 받는 일은 있어서는 안 된다. 그런 위선적인 행위가 지속되면 공예배 시간에 교회 앞에서 설교하면서도 진실한 말씀선포가 아니라 연습에 의한 가짜 설교를 실행할 우려가 따르기 때문이다.

24. 요한계시록의 지향점 문제

요한계시록의 지향점 문제는 매우 중요하다. 그 가운데는, 요한이 AD 90년 이후에 계시록을 기록한 것으로 보고 그 지향점을 지나간 AD 70년 예루살렘 성전파괴에 집중한다는 과거주의, 그와 더불어 동시에 장차 이르게 될 종말을 지향한다는 부분적 과거주의인 원근통시적 미래주의, 그리고 최종 심판과 예수님의 재림에 초점을 맞춘 미래주의 등 상이한 주장들이 있다. 우리는 요한계시록이 AD 70년 이전에 기록된 책으로서 원근통시적 미래를 향한 말씀으로 받아들인다.

25. 갈라디아서 수신자 문제

사도 바울이 갈라디아서를 기록한 것은 첫 번째 전도여행을 한 후 유대 율법주의를 내세운 거짓 교사들이 그 지역에서 활약하던 때 계시 받은 책으로 이해한다. 이는 남 갈라디아설로 일컬어지며, 사도 바울과 바나바가 예루살렘을 방문하게 된 경위가 기록된 사도행전 15:23 이하의 내용과 연관된 것으로 이해한다. 따라서 그보다 훨씬 후기에 기록되었다고 주장하는 갈라디아설을 타당성 있는 견해로 받아들이지 않는다.

26. 사도 바울의 아라비아 3년

신학자들 가운데는 바울이 다메섹에서 탈출한 후 머물렀던 아라비아를 팔레스틴 동쪽에 위치한 특정 지역으로 보는 자들이 있다. 그러나 그가 삼 년 동안 체류했던 아라비아는 일반적으로 생각하는 아라비아 사막지역이 아니다. 그곳은 바울 자신이 갈라디아서에서 언급한 것처럼 시내산으로 보는 것이 가장 자연스럽다. 하나님께서는 율법에 충실한 바울이 복음을 깨달은 후 모세와 엘리야의 언약적인 흔적이 남아 있는 시내산으로 인도하여 사도로서 훈련시키셨던 것이다.

27. 주일과 십일조 문제

우리는 한 주일 가운데 안식 후 첫날을 언약의 주일로 지켜야 한다고 믿는다. 매일매일이 주일이라고 하는 말은 의미가 없지 않으나 역사적 언약과 보편교회의 공예배를 위해 주일은 여전히 중요한 의미를 지니고 있다. 또한 우리는 소득의 십일조의 언약적인 개념이 오늘날 우리에게도 살아 있다는 사실을 받아들인다. 이는 주일과 십일조 문제가 자의적이 아니라 하나님의 언약과 그가 요구하시는 최소한의 조건에 기꺼이 참여하는 소중한 은혜의 방편으로 받아들이는 것에 연관되어 있다.

28. 공예배 시간의 연보

공예배 시간에 공적인 연보를 내는 것은 단순히 돈을 바치는 행위가 아니다. 연보의 액수의 많고 적음에서 기본적인 의미가 발생하지도 않는다. 연보가 공예배에서 중요한 것은 그것이 성도들의 삶으로부터 발생하는 소중한 고백이 되기 때문이다. 세상에서의 생존 조건이 되는 건강과 재능과 기회는 하나님으로 말미암아 허락된 은총이다. 그로 말미암아 얻게 된 소득 가운데 일부를 공예배 시간을 통해 연보하는 것은 공적 고백의 성격을 지니고 있는 것이다.

29. 천주교의 영세 인정 문제

우리는 천주교회의 영세를 인정하지 않는다. 그러므로 천주교인이었다가 복음을 알고 교회에 가입하기 위해서는 세례를 받아야 한다. 천주교는 성경관을 비롯하여 삼위일체론, 예수 그리스도를 통한 구원관, 교회론 등 신학과 신앙 전반에 심각한 문제를 안고 있다. 거기다가 올바른 성찬이 전제되지 않은 상태에서 베풀어진 영세는 아무런 의미가 없다. 일부 기독교 교단에서 인정하듯이 천주교의 영세를 인정하려면 역으로 저들의 성찬에 참여함에 있어서도 거리낌이 없어야 한다.

30. 정교분리의 원칙

교회와 세속 국가 사이는 상호 분리되어 있다. 교회와 국가는 독립된 상태에 놓여 있으므로 상호 간섭하지 말아야 한다. 즉 교회가 국가를 간섭하거나 지배하려 해서는 안 되며 국가가 교회를 간섭하거나 통치 대상으로 여겨서도 안 된다. 교회와 성도들은 세속 국가의 부당한 지시나 지침을 거부할 수 있는 자유와 양심의 자유를 가진다. 따라서 교회와 국가는 분리된 상태에서 신실한 자신의 직무에 충실한 자세를 유지해야 한다.

31. 하나님의 선교(Missio Dei)

우리는 이른바 '하나님의 활동에 참여'한다고 주장하는 '하나님의 선교'를 거부한다. 즉 교회는 해방신학, 정치신학, 민중신학, 흑인신학, 여성신학, 인권운동, 혁명적 정치참여, 사회사업 등 소위 약자들의 편에서 균형을 회복하는 것을 주된 목적으로 삼지 않는다. 지상 교회는 세상을 향해 하나님의 구원과 심판을 선포하는 가운데 맡겨진 사명을 감당하게 된다. 인간들의 지위나 신분, 빈부 등 외적인 형편에 따른 편견을 가지지 않지만 약자들의 편에 선 행동 신학(Doing Theology)을 받아들이지 않는다.

32. 교회 안에서 특별 프로그램 경계

지상 교회의 중심에는 항상 순수 복음이 존재하고 있어야 한다. 따라서 복음 이외 더 큰 관심을 끌만한 것들이 교회 안에 생겨나지 않도록 경계해야 한다. 즉 교회에서 영어공부 반을 만들거나 악기, 미술, 스포츠 등을 위한 그룹이 형성되는 것을 허락하지 말아야 한다. 설령 좋은 의도라 할지라도 교인들의 관심이 그쪽으로 치우칠 우려가 있다. 그렇게 되면 하나님을 경배하고 진리를 추구하는 일보다 특별한 재능을 가진 자들의 친교가 교회에서 더 크게 부각될 우려가 따를 수밖에 없다.

33. 조직신학 체계

교단신학의 통일성을 위해서는 조직신학의 체계가 매우 중요하다. 우리는 그 체계를 계시를 기초로 한 삼위일체 하나님을 중심 골격으로 한다. 즉 〈계시론, 신론, 인간론, 기독론, 구원론, 성령론, 교회론, 종말론〉을 조직신학의 기본적인 체계로 삼는다. 모든 신학의 출발은 하나님의 계시로부터 시작되며 그 마지막에는 하나님의 심판과 더불어 종말론이 위치한다. 그리고 그 중간에 성부 성자 성령 하나님의 사역이 존재하며 각기 '신론-인간론', '기독론-구원론', '성령론-교회론'으로 정리되는 것이다.

34. 성령 강림의 단회성 문제

우리는 오순절 성령 강림은 단회적인 사건인 것으로 받아들인다. 예수님께서 승천하신 후 자신의 교회를 위해 이땅에 보내신 성령 하나님은 지속적으로 교회 가운데 계시면서 사역을 감당하고 계신다. 그러므로 오순절 날 강림하신 성령께서 하늘로 다시 올라가셨다가 각 개인 성도들의 마음에 또다시 내려오시기를 되풀이하는 것이 아닌 것으로 이해한다.

35. 요한계시록의 음녀 바벨론

요한계시록에 기록된 음녀 바벨론은 상징적인 의미로 예루살렘을 일컫는다. 신학자들 가운데는 음녀 바벨론을 로마로 주장하는 자들이 있지만 배도에 빠진 예루살렘을 음녀로 보는 것이 자연스럽다. 음녀란 정결한 상태를 유지해야 할 것을 전제로 하는 용어이다. 로마는 원래부터 정결한 도시가 아니었으므로 배도라는 말이 적용되지 않는다. 그에 반해 거룩해야 할 예루살렘은 배도에 빠져 음행에 빠진 도시로 이해할 수 있게 된다.

36. 반려동물 혹은 애완동물

우리 시대에 반려동물 혹은 애완동물 문제는 심각한 지경에 와있다. 애완이란 동물에게 인격을 부여하는 것에 연관된 것으로 동물애호와는 구별된다. 동물에게 인격을 부여해 인간처럼 사랑한다는 것은 경계해야 할 문제이다. 현대에 이르러 비정상적인 교회들 가운데 애완동물에게 세례를 베풀거나 축복을 빌어주는 집단적 종교 행위 등은 매우 우려할 만하다. 어떤 경우에도 사람보다 동물이 더 귀하게 여겨지는 일이 있어서는 곤란하다.

37. 예배시 악기 사용

공예배시 시편의 찬송과 신앙고백을 넘어서는 즐거움을 제공하거나 관심을 끌만한 악기 사용을 금한다. 뿐만 아니라 일반적인 공적인 모임에서 과도한 악기 사용을 조심한다. 이는 말씀을 중심으로 인격적인 교제를 나누어야 할 교회와 성도들이 시끄러운 악기에 더 중요한 것을 빼앗기지 않

기 위해서이다. 교회에서는 피아노를 비롯한 건반 악기를 사용하는 것을
원칙으로 하며, 그 목적은 곡조에 따라 통일성 있게 노래 부르도록 약간의
도움을 받기 위한 것에 있다.

38. 칭의와 성도의 견인

하나님으로부터 참된 구원을 받은 성도는 어떠한 경우에도 그 구원을
상실하지 않는다. 예수 그리스도를 통해 의로운 자로 인정을 받은 자라면
하나님으로부터 영원토록 보호받게 된다. 성도가 의인으로 인정받는 것은
인간의 노력이나 결단에 의한 것이 아니라 예수 그리스도의 보혈로 말미
암는다. 따라서 설령 잠시 세상에 한눈이 팔리는 경우가 있다고 할지라도
하나님의 붙들림에 의해 궁극적인 구원을 받게 되는 것이다. 따라서 우리
는 유보적 칭의을 거부하며 성도의 견인 교리를 소중하게 받아들인다.

| 특별부록 2 |

치리장로와 직분행위에 관한 이해 [1]

이광호 목사_ KRPC

"미쁘다 이 말이여, 사람이 감독의 직분을 얻으려하면 선한 일을 사모한다 함이로다 그러므로 감독은 책망할 것이 없으며 한 아내의 남편이 되며 절제하며 근신하며 아담하며 나그네를 대접하며 가르치기를 잘하며 술을 즐기지 아니하며 구타하지 아니하며 오직 관용하며 다투지 아니하며 돈을 사랑치 아니하며 자기 집을 잘 다스려 자녀들로 모든 단정함으로 복종케 하는 자라야 할찌며 사람이 자기 집을 다스릴 줄 알지 못하면 어찌 하나님의 교회를 돌아 보리요 새로 입교한 자도 말찌니 교만하여져서 마귀를 정죄하는 그 정죄에 빠질까 함이요 또한 외인에게서도 선한 증거를 얻은 자라야 할찌니 비방과 마귀의 올무에 빠질까 염려하라"(딤전3:1-7); "내가 너를 그레데에 떨어뜨려 둔 이유는 부족한 일을 바로잡고 나의 명한대로 각 성에 장로들을 세우게 하려 함이니 책망할 것이 없고 한 아내의 남편이며 방탕하다 하는 비방이나 불순종하는 일이 없는 믿는 자녀를 둔 자라야 할찌라 감독은 하나님의 청지기로서 책망할 것이 없고 제 고집대로 하지 아니하며 급히 분내지 아니하며 술을 즐기지 아니하며 구타하지 아니하며 더러운 이를 탐하지 아니하며 오직 나그네를 대접하며 선을 좋아하며 근신하며 의로우며 거룩하며 절제하며 미쁜 말씀의 가르침을 그대로 지켜야 하리니 이는 능히 바른 교훈으로 권면하고 거스려 말하는 자들을 책망하게 하려 함이라"(딛1:5-9)

---

[1] 이 글은 KRPC(한국개혁장로회) 초임장로 교육을 위해 작성되었다(2017년 12월 9일, 실로암교회 예배당, 신임 장로 예정자: 신상균, 최재호).

1. 서론

교회는 하나님께서 자신의 거룩한 피로 값 주고 사신 공동체이다. 이땅에 어느 누구도 교회를 자신의 소유로 생각해서는 안 된다. 그것은 하나님의 것을 가로채는 도둑질이 될 수 있기 때문이다. 따라서 모든 성도들은 하나님의 몸 된 교회를 온전히 세우는 일에 참여함으로써 그의 뜻에 순종해야 한다.

하나님께서는 자신의 교회를 세워 가시기 위해 특별한 직분들을 허락하셨다. 목사, 장로, 집사 등을 항존직이라 일컫는 것은 그 직분들이 교회 가운데 항상 있어야 한다는 사실을 말해주고 있다. 하지만 그로 말미암아 교회 가운데 상하 관계의 특권층이 형성되거나 교인들 사이에 특별한 지분 관계가 조성되어서는 안 된다.

그런데 그 직분은 개인 성도들이 스스로 자원함으로써 맡게 되는 성질의 것이 아니다. 따라서 직분은 일반적인 관점에서 말하는 자발적 봉사와는 전혀 다른 성격을 지니고 있다. 모든 직분자들은 하나님께서 지상 교회의 공적인 절차를 통해 맡기신 사역을 감당하는 성도로 이해하는 것이 바람직하다.

이 가운데 목사와 장로는 교회의 감독자로서 매우 중요한 책무를 부여받은 직분자들이다. 그들은 세상의 잘못된 가치가 교회 안으로 유입되는 것을 방지함으로써 순결한 교회의 본질을 유지하기 위해 최선의 노력을 기울여야 한다. 집사가 교회 내부의 가시적인 부분들에 연관된 물리적 운영을 감당하는 직분이라면 목사와 장로는 치리회에 속한 직분자로서 노회와 총회, 그리고 보편교회에 연결된 위치에서 그 사역을 감당해야만 한다.

여기서는 특히 치리 장로들이 반드시 기억하고 실천해야 할 내용들을 간략하게 정리해 보고자 한다. 특히 본 교단(KRPC)에서는 4년 임기의 치리

장로로 처음 세움을 받게 되면 임기 시작 전에 반드시 일정 교육을 이수하고 인준 받아야 한다(한국개혁장로회, 헌법, 제13조 장로, 참조). 이 글은 본 교단 신임 장로들의 교육과정을 위해 작성된 것이다.

2. 현대 한국교회에 '장로교' 와 '장로' 가 존재하는가?

한국에 이름으로서 장로교회와 장로는 있다. 하지만 장로들이 수없이 많이 있음에도 불구하고 그 직분 사역을 감당하지 않는 호칭만의 장로들만 있을 따름이다. 즉 성경과 교회 질서 가운데 맡겨진 장로의 기능을 제대로 이행하는 장로는 찾아보기 어렵다. 그런 차원에서 본다면 한국에 장로교가 존재하지만 실제로는 거의 존재하지 않는다. 치리 장로가 건전한 감독 기능을 하지 않는 교회를 진정한 장로교라 말할 수 없기 때문이다.

대다수 한국 장로교의 장로들은 가르치는 장로인 목사의 사역에 올바르게 협력하는 방법을 모르고 있다. 그러다보니 치리 장로가 가르치는 장로인 목사 직분에 종속되는 경우가 많다. 혹 그것이 아니라면 장로들이 그 감독 직분의 사역을 멀리한 채 정치적인 기득권을 가지고 목사들을 조정하는 경우마저 있다.

이는 결국 장로로서 성경과 신학적인 근본 이해가 없으므로 인해 참 교회에 대한 이해와 목사의 설교를 분별할 수 있는 능력이 부족한 현실에 기인한다. 그로 말미암아 교회 가운데 선포된 말씀을 근거로 하여 성도들과 그 가정을 돌아보는 심방은 아예 사라져 버리게 되었다. 오늘날 한국 장로교 가운데 성도들의 가정을 심방하는 장로들이 과연 얼마나 있을까? 이 근본적인 원리가 사라진다면 실질적인 장로교라 말할 수 없는 것이다.

한국교회의 일반적인 형편이 그렇다고 해서 우리마저 저들을 핑계대거나 따라갈 수는 없다. 적어도 본 교단에서는 장로의 직분에 대한 명확한 이해가 있어야만 한다. 교회에 의해 세움 받은 장로가 어떤 직분적 자세를 유지해야 하며 무엇을 어떻게 해야 하는지 그에 대한 올바른 이해를 함으로써 그를 실천해야만 하는 것이다.

3. 장로의 중요한 실제적 직무

(1) 교회론의 기초에 대한 이해
① 장로들의 모임인 당회의 권위

장로 직분자로 세워지는 것은 장로들의 회합체인 당회의 구성원이 된다는 사실을 의미하고 있다. 교회의 일반적인 모든 일들에 대한 최종적인 권위는 세례교인들의 총회인 공동의회에 있다. 따라서 교회의 일반 행사를 비롯한 재정적인 문제에 관해서는 공동의회의 결의와 보고 및 승인이 있어야 한다.

그렇지만 신학적인 문제에 연관되는 것은 당회가 최종적인 권위를 가지게 된다. 즉 성경해석과 교리문제는 당회가 결의한다. 물론 그 가운데 중요한 신학적 문제들은 노회를 거쳐야 한다. 즉 교회의 신학을 해석하고 적용하는 것들에 대해서는 장로들의 모임인 당회 소관이며 공동의회의 결의나 승인을 요하지 않는다.

그러므로 장로는 자유주의, 신비주의, 세속주의 등 잘못된 사상이 교회에 유입되는 것을 방지하기 위해 관심을 기울여 살펴야 한다. 뿐만 아니라 당회는 항상 세속적인 풍조와 일반적인 유행이 교회 안으로 유입되지 않도록 각별한 노력을 기울여야 한다.[2] 이를 위해서 장로들은 교회 내부와

---

2) 장로들은 항상 교단의 '고백 진술문'과 '헌법'에 기록된 내용을 통해 교인들이 세속에 물들지 않도록 보호해야할 의무가 있다. 그리고 교단의 특별한 '결의사항'을 기억하고 있어야 한다. 예를 들어, 본 교단 2017년 05월 27일 '제03차 정기노회'에서는 성도들을 위한 '권면과 지도 내용'이 결의되어, 각 교회에 공적으로 공지한 바 있다: [예배당에 올 때 지킬 사항을 각 교회 당회에서 권면하고 지도하기로 하다. ① 나시 티, 속살 비치는 옷, 짧은 반바지, 찢어진 청바지, 체

외부를 항상 민감하게 살피지 않으면 안 된다.

② 교회 공동체

장로는 지상 교회에 대한 올바른 이해를 하고 있어야만 한다. 감독의 직분을 가진 장로가 보편교회와 지교회에 대한 제반 문제를 모르고 있다면 진정한 감독의 직무를 감당하기 어렵다. 뿐만 아니라 만일 감독자인 장로가 교회에 대하여 잘못된 사고를 하고 있다면 일반 교인들이 그것을 보고 왜곡된 개념을 가지게 될 우려가 따른다.

우리가 반드시 이해해야 할 바 교회론의 기초는 참 교회의 유일한 주인은 예수 그리스도라는 사실이다. 따라서 장로는 교회에 연관하여 항상 공적인 입장을 견지해야 하며 개인적인 경험에 따른 사적인 주장을 자제할 수 있어야 한다. 이는 성경을 통한 공적인 확인과 더불어 직분자로서 개인적인 위치가 드러나야 한다는 사실을 말해주고 있다.

또한 장로는 반드시 지교회가 하나님으로부터 계시된 말씀에 근거한 언약 공동체라는 사실을 기억하고 있어야만 한다. 따라서 교회에 속한 모든 성도들은 하나님 말씀을 근거로 한 당회의 지도에 따라 그에 순종하며 살아가고자 하는 순전한 마음을 가지게 된다. 이는 역사적 교회와 현재 지상에 흩어진 보편교회에 속한 지교회의 성도로서 위치를 깨달아야 한다는 사실에 연관되어 있다.

그리고 장로는 교회 공동체가 외적인 명칭만 가지는 것이 아니라는 사실을 기억해야 한다. 즉 신앙공동체로서 실제적인 의미를 유지해야만 한

육복, 슬리퍼 착용하지 않도록. ② 문신, 타투, 각종 피어싱, 짙은 (입술) 화장과 염색, 지나친 장신구를 착용하지 않도록. ③ 주일(오전 오후 예배와 공부와 성도의 교제 시간 동안)에 휴대폰 사용하지 않도록. ④ 공손한 언어를 사용하도록. ⑤ 어른들에게 공손하게 인사 하도록] – 여기에 언급된 각 내용들은 사문화 되지 않도록, 장로들이 교인들을 조심스럽게 돌아보며 살펴 감독해야 한다. 설령 교회의 결의에 잘 따르지 않는 어린교인들이 있다고 할지라도 그에 무관심하거나 방치해서는 안 되며 적절한 깨달음을 줄 수 있도록 노력해야 한다.

다는 사실을 깨닫고 있어야 한다. 교회는 종교적인 취향이 동일한 사람들끼리 모인 회합이 아니기 때문이다.

이는 하나님 나라를 중시하는 지교회에 속한 모든 성도들이 상호간 실제적인 삶에 대한 구체적인 책임의식이 존재해야 한다는 사실을 말해준다. 즉 어떤 성도가 스스로 해결할 수 없는 극한 어려움에 처한 것을 알면 교회에 속한 온 성도들이 그에 대한 짐을 나누어 질 수 있는 준비를 갖추는 것에 연관되어 있다. 장로는 항상 이에 연관된 교회 내부의 전반적인 상황을 살펴야 한다.

(2) 말씀과 교리 및 신학적 이해
① 말씀과 신학에 대한 공적인 입장

장로의 기본 자격 요건 가운데 가장 중요한 것은 하나님의 말씀에 대한 체계적인 깨달음과 교리에 대한 정확한 이해이다. 따라서 장로는 본 교단의 교리와 신학적인 문제에 대한 올바른 이해를 하고 있어야만 한다. 여기서 주의를 기울여야 할 점은 모든 장로들이 이에 대한 '상호 공적인 지식'을 소유해야 한다는 사실이다.

만일 장로들의 말씀에 대한 이해나 신학적인 주장이 서로 다르면 교회와 교인들에게 상당한 혼선을 줄 수밖에 없다. 따라서 장로는 성도들과 대화할 때 개인의 주장이나 생각이 아니라 교회의 공적인 입장을 알고 그 지식을 배경으로 설명해야 한다. 또한 어떤 교인이 말씀에 대한 해석이나 신학적 질문을 해올 때 체계적인 올바른 지도를 할 수 있어야 한다. 이는 공적인 입장을 뒤로한 채 개인적인 주장을 펼치거나 교단 교회 밖의 신학적인 사조에 동조하는 일이 없어야 함을 의미하고 있다.

② 목사의 설교와 가르침에 대한 겸손한 수용, 그리고 적극적인 참여

교회의 교사로 세워진 목사는 하나님의 말씀을 선포하는 공적인 직분자이다. 따라서 교단의 정립된 신학을 벗어나 개인적인 판단에 따라 설교하지 않도록 깊은 주의를 기울여야 한다. 또한 설교의 근거는 반드시 기본적인 텍스트인 성경에 기초해야만 한다는 사실을 잊어서는 안 된다.

우리가 여기서 기억해야 할 바는 말씀 사역에 연관된 목사의 원만한 사역을 위해서는 반드시 장로들의 적극적인 참여가 요구된다는 사실이다. 공예배 시간에 선포되는 설교 본문을 정함에 있어서도 목사 개인이 자의적 판단에 따라 임의로 정하는 것은 지양되어야 한다. 그렇게 되면 목사는 자기가 하고 싶은 말을 설교하기 위해 본문을 선택할 우려가 따르기 때문이다. 당회가 성도들을 심방한 결과에 따라 논의하는 가운데 설교 본문을 결정하게 되는 것은 그와 밀접하게 연관되어 있다.

그러므로 교회 가운데서 온 성도들에게 계시된 말씀의 꼴을 먹이는 목사의 공적인 설교에 장로들은 더욱 마음을 기울여 참여해야 한다. 하지만 이 말이 목사의 설교를 단순히 감독하는 차원에서 이해해서는 안 된다. 이는 하나님의 말씀을 선포하는 목사와 마찬가지로 장로는 일반 교인들에 앞서 더욱 잘 경청함으로써 참여해야 함을 의미한다.[3] 그러는 중 혹 진리에서 벗어난 설교를 하거나 잘못된 교리를 전파할 경우 조심스럽게 그 문제를 해결할 준비를 갖추고 있어야 한다.

그와 같은 일이 발생하게 될 경우 장로로서 매우 주의해야 할 점은 개인적인 판단과 주장을 고집하지 말아야 한다는 사실이다. 당회원 상호간에는 말씀과 신학적 이해에 대한 대립적 관계가 발생하지 말아야 하기 때문이다. 따라서 그에 연관된 교단의 공적인 입장을 먼저 살펴볼 수 있는 안목을 가져야만 한다. 그것을 기초로 하여 장로들의 모임인 당회에서 그에 관한 공적인 논의를 할 수 있게 되는 것이다.

---

3) 목사는 공예배에 참여한 성도들을 향해 일방적으로 설교하는 자가 아니라 하나님의 말씀을 선포하는 그 자신이 선포되는 말씀에 대한 우선적인 경청자가 되어야만 한다.

③ 직간접적인 교회 교육 참여

치리하는 장로는 성도들을 살피며 직간접적으로 교회 교육에 참여해야한다. 경우에 따라서는 주일학교 교육을 담당해야 하며 부서에 따른 각종교육 프로그램에 적극적인 자세로 참여할 수 있어야 한다. 직접 교육을 시행하지 않는다고 할지라도 교육 현장에 참석하여 교육의 내용을 신실하게감독해야만 한다.

그리고 간접적인 교육 역시 매우 중요하다. 일반 교인들이 더욱 명확하게 이해해야 할 어떤 신학적인 내용이 있다고 판단될 경우 장로는 교인들을 대신하여 공적으로 대리 질문을 해 줄 수 있어야 한다. 예를 들어 주일혹은 다른 공부시간에 연약하거나 지식이 부족한 다른 교인들을 위해 대신 질문함으로써 교회의 교사인 목사가 그에 답변하도록 하여 교인들을교육시키게 되는 것이다. 이는 자라나는 청소년들을 비롯한 일반 성도들과 전체 교회를 위해 매우 중요한 기능을 하게 된다.

(3) 장로의 지위와 교회적 삶

① 교회에 대한 전반적인 파악

장로는 항상 교회의 전반적인 상황을 올바르게 파악하기 위해 최선의노력을 기울여야 한다. 이는 개인의 정서적인 판단이 아니라 공적인 안목으로서 접근해야 할 문제이다. 이 말은 각 개인 성도들을 관심 있게 살피되 그 범주를 넘어 다른 성도들과의 상호 관계를 염두에 두고 살펴야 하는것을 의미하고 있다.

다시 말해 각 성도들이 교회에 대해서 어떤 관심과 생각을 가지고 있는지, 다른 성도들과의 관계가 원만한지, 가정 문제에는 어려움이 없는지, 개인적으로 힘든 일이나 심각한 갈등은 없는지 살펴야 하는 것이다. 물론 그것을 직접 질문하거나 분석해서 파악하는 것에 얽매이지 않고 일상적인대화의 과정을 통해 자연스럽게 전반적인 형편을 알아가는 것이 지혜로운 방법이다.

②목사와 협력 및 보호

장로에게 맡겨진 가장 중요한 임무는 말씀 안에서 목회자와 협력하는 일이다. 따라서 목사의 직분 사역을 위해 적극적인 도움을 줄 수 있어야 한다. 그것이 교회와 성도들을 위한 가장 중요한 일이 되기 때문이다.

이 말은 목사가 하나님의 말씀을 묵상하여 선포하며 가르치는 일을 준비하는 데 방해되는 요소가 발생하지 않도록 최선의 노력을 기울여야 함을 의미하고 있다. 즉 목사의 잘못된 비리 행위가 아닌 여타의 경우로 인해 교회에서 발생하는 불필요한 문제로 말미암아 목사의 설교와 교육을 위한 준비에 장애가 되는 요소가 발생한다면 그것을 지혜롭게 제거할 수 있어야 하는 것이다.[4]

우리는 하나님의 말씀을 선포하고 교육하는 교사인 목사가 항상 사탄의 공격에 노출되어 있다는 사실을 기억해야 한다. 어떤 의미에서는 사탄의 제일 공격 대상은 하나님의 말씀을 설교하는 목사라 할 수 있다. 모든 성도들이 사탄의 유혹의 대상이지만 목사는 특히 공격대상이 된다는 점을 잊어서는 안 된다.

사탄이 원하는 것은 지상 교회 가운데서 하나님의 말씀이 왜곡되게 전해지도록 하는 것이다. 따라서 악한 세력은 다양한 방법들을 동원하여 목사의 설교 준비를 훼방한다. 그리고 목사가 올바른 설교를 하지 못하도록 온갖 노력을 다 기울여 끊임없이 방해거리를 제공하게 된다. 사탄은 성도들이 하나님을 올바르게 경배하지 못하도록 끊임없이 교묘한 작전을 펼치고 있는 것이다.

---

4) 예를 들어, 누구라도 목사를 무고히 불필요한 구설수에 올려서는 안 된다. 그리고 목회자의 가정을 정서적 공격의 대상으로 삼는 경우가 발생해서도 안 된다. 그것은 결국 교회를 해치는 일이 되기 때문에 장로는 항상 그에 능동적으로 대처할 자세를 취하고 있어야 한다.

그러므로 가르치는 교사인 목사는 스스로 그점을 분명히 깨달아 항상 기도 가운데 신실한 처신을 해야만 한다. 또한 장로는 그 상황을 미리 알고 적절하게 대처해야 한다. 즉 그에 적극적인 참여를 함으로써 순수한 말씀선포와 더불어 참된 예배가 시행되도록 하는 것이 장로에게 맡겨진 가장 중요한 직분적 사역 가운데 하나이기 때문이다.

③ 각 부서들과 공적 혹은 사적인 모임에 대한 감독

장로의 중요한 임무 가운데 또 다른 하나는 성도들의 각 모임을 적절하게 살펴 감독하는 일이다. 올바른 감독이 사라지게 되면 교인들이 제각기 자신의 취향대로 사고하고 행동함으로써 교회를 올바르게 유지하기 어렵게 된다. 물론 그 감독은 장로 개인의 주관적인 판단이 아니라 교회의 공적인 판단을 근거로 하고 있어야 한다.

그러므로 장로는 우선 교회의 승인을 받은 각 부서에 대한 감독을 해야 한다. 이는 교회에 속한 공식적인 부서들에 대한 정당한 감독이 지속적으로 이루어져야 함을 의미하고 있다. 교회의 교육 부서들과 다양한 행사에 대해서도 관심을 기울여야 하며, 상속받아 유지되어 온 교회의 건전한 전통이나 방향에서 급작스럽게 크게 벗어나는 일이 발생하면 그에 대한 정당한 권면을 할 수 있어야만 하는 것이다.[5]

---

5) 우리 교단에서는 CCM이나 무분별한 악기 사용을 금하고 있다. 그런데 신앙이 어린 청년들이 대학교 기독교 동아리 등에서 그런 것들을 경험한 후, 자기들끼리 모인 자리에서 그런 음악을 도입한다면 장로는 그것을 금지시킬 수 있어야 한다. 그 전에 행하지 않던 새로운 종교적인 행태를 도입할 경우에는 반드시 당회에 먼저 물어보아야 한다. 그런 것을 방치하게 되면 나중에는 더 우려스러운 것들이 걷잡을 수 없이 들어오게 될 것이기 때문이다. 또 다른 한 예로 교회의 각 부서는 소위 '회식문화'와 같은 형태의 유입을 경계해야 한다. 교회 안에서 함께 음식을 만들어 먹거나 회의 등 각종 모임에서 같이 식사할 수 있지만, 단순히 수고했다는 이유로 바깥으로 나가 교회의 경비로 회식을 하는 것은 최대한 자제되어야 한다. 교회의 각 부서마다 그렇게 하게 되면 자칫 무분별한 세속적인 문화가 밀려들어올 위험이 따르기 때문이다.

또한 교인들 가운데는 항상 비공식적인 모임이 생겨났다가 사라지기를 되풀이하게 된다. 물론 교인들 사이에 사적인 건실한 교제가 잘 이루어지는 것은 바람직한 일이다. 이는 교인들 상호간에 이루어지는 건전한 사적인 모임이 필요함을 의미하고 있다. 학생들과 청년들, 그리고 장년들 가운데 참된 교제를 하는 것은 교회가 권장할만한 사항이다.

그렇지만 여기서 중요한 점은 장로들과 당회가 교인들이 자유분방한 교제에 빠지지 않도록 적절한 감독을 해야 한다는 사실이다. 교회 안에서 계층적 혹은 특수한 모임이 생겨나지 않도록 해야 하는 것이다. 만일 부유한 자들이 따로 모임을 만들거나 소위 그럴듯한 직업을 가진 자들의 모임, 혹은 지식 정도가 높은 자들이 따로 모임을 조직한다면 그것을 중단시켜야 한다. 그런 모임이 생겨나게 되면 하나님 앞에서 신분과 지위, 빈부 차이를 인정하지 않는 성도들 사이의 보편성이 사라지게 된다.

그리고 설령 별 문제없어 보이는 무난한 모임으로 보일지라도 사적으로 조직화 되는 것을 방지해야 한다. 이는 물론 단순한 간섭이 아니라 교인들 상호간에 파당이 형성되지 않고 선한 교제가 이루어지도록 지원하는 의미를 지니고 있다. 감독자인 장로들이 이에 무관심하게 되면 심각한 문제가 발생하게 될 경우 적절한 지도를 할 수 없는 위태로운 지경에 빠질 우려가 따르게 될 것이기 때문이다.

④ 교회 내에서 모범적인 삶

장로는 교회 가운데서 항상 여러 성도들의 본이 되는 신앙적인 삶을 살아가도록 노력해야 한다. 이는 단순히 윤리적인 문제에 연관되거나 국한되지 않는다. 중요한 사실은 장로들은 계시된 성경 말씀에 대한 순종과 올바른 신학에 따라 하나님을 진정으로 경외하는 모습을 보여주어야 한다는 점이다. 이는 장로 직분이 개인을 위한 것이 아니라 교회와 성도들을 위한 공적인 직분이라는 사실에 연관되어 있다.

장로는 그것을 위해 신실한 감독자로서 교회의 모든 공적인 모임에 필히 참석해야 할 의무를 가진다. 물론 그것은 억지가 아닌 교회를 위한 자발적인 기쁨의 참여에 근거한 임무여야 한다. 장로는 모든 성도들이 자신의 직분행위를 직간접적으로 지켜보고 있음을 잊어서는 안 된다. 만일 장로로서 자기 직무를 태만하거나 소홀히 하게 되면 신앙이 어린 교인들과 연소한 자들은 그 잘못된 언행을 그대로 답습할 우려가 따를 것이기 때문이다.

그리고 그와 같은 모범적인 삶은 겉으로 드러나는 형식적인 것만을 의미하지 않는다. 자칫 잘못하면 남에게 보이기 위한 외식에 빠질 수 있음을 기억해야 한다. 이는 의도적인 행동을 통해 다른 교인들에게 모범적으로 보이라는 것이 아니라 신앙적인 삶 가운데 자연스럽게 그런 삶이 드러나야 한다는 사실을 말해주고 있다. 장로의 겸손한 직분 사역은 항상 교회 가운데 노출되어 있음을 기억해야 한다.

⑤ 본 교단과 교회에 대한 자존감을 가진 모습 견지

장로는 자기가 속한 교단과 교회에 대한 겸손하고 신실한 자존감을 가져야 한다. 이는 상대적 우월감이나 교만한 마음을 먹는 것과는 근본적으로 다른 개념이다. 장로들이 그런 자세를 유지할 때 비로소 교단과 교회가 하나님 앞에서 말씀과 전통적 신앙고백을 기초로 하여 성실하게 세워가는 최선의 노력을 기울일 수 있게 되는 것이다.

또한 장로는 모든 교인들이 그와 같은 자존감을 유지할 수 있도록 도움을 주어야 한다. 나아가 다음 세대를 이어갈 청년들과 어린아이들이 그와 같은 자세를 소유할 수 있도록 최대한의 노력을 기울여야 한다. 그렇게 함으로써 본 교단과 교회뿐 아니라 주변의 다른 교회들과 성도들에게도 선한 영향을 끼칠 수 있기 때문이다.

그러기 위해서는 장로들이 최선을 다해 교회와 성도들을 돌아볼 수 있어야 한다. 교회 내부적으로는 말씀과 교리에 대한 선명성을 유지하도록 애써야 하며, 동시에 외부로부터 세속적인 풍조가 들어오지 못하도록 방어하는 자세를 유지해야 한다. 장로들의 건전하고 겸허한 직분 사역을 통해 건전한 자존감이 넘치는 신앙공동체로서의 교회가 온전히 상속되어 갈 수 있기 때문이다.

⑥ 일종의 영적 외교관 신분

치리회에 속한 모든 장로는 교회의 감독 직분자로서 일종의 영적 외교관 신분을 지니게 된다. 교단 교회의 신앙과 신학 사상을 외부 사람들에게 그대로 내보이게 되기 때문이다. 영적인 외교관은 본 교단 교회의 정체성으로부터 모든 것을 출발해야 한다. 세속국가의 일반적인 경우를 들어 말한다면, 어떤 경우에도 주변 국가에 대한 굴욕 외교란 있을 수 없다. 외부의 좋은 점을 배우고 받아들이되 소속국가의 정체성을 기초로 해야 하듯이 교회에 속한 장로들 역시 그와 마찬가지다.

이는 먼저 장로 직분자로서 주변의 다른 교단 교파 가운데서 간접적으로 드러나게 적용되어야 할 문제이다. 그리고 불신자들이 속한 주변 사회 가운데서도 동일하게 적용되어야 한다. 이는 본 교단의 신학과 신앙적인 정체성을 잘 이해하는 것과 동시에 일상적인 삶 가운데 그 실상이 배어 있어야 한다는 점을 말해주고 있다. 교회의 감독 직분을 맡은 장로가 독립성 있는 정체성을 유지할 때 온 교인들이 본 교단 교회가 지닌 신학적 자부심을 가지게 된다. 이에 대한 분명한 깨달음을 가지는 것은 매우 중요하다.

(4) 장로의 가정과 교회의 확대 가족 개념 이해

① 가정 문제

장로는 온전한 가정생활을 해야 한다. 이는 완전한 가정을 세워야 한다는 말과는 그 개념이 크게 다르다. 즉 '온전한 가정'과 '완전한 가정'은 동일한 의미라 할 수 없다. 이 세상에는 완전한 가정이 존재할 수 없다. 하지만 완전한 가정이 아니라 할지라도 온전한 가정은 존재한다. 모든 성도들이 그러해야 하지만 특히 장로들은 온전한 가정을 이루기 위해 모든 노력을 기울여야 한다.

그러므로 장로 직분을 맡은 형제들은 온전한 가정을 세워감으로써 가족들 사이에 원만한 관계를 유지할 수 있어야 한다. 언약으로 맺어진 각 성도들의 가정이 전체 교회를 구성하는 기초 단위가 된다. 따라서 장로들은 자신의 가정이 다른 성도들의 본이 될 수 있도록 최선을 다해야 한다. 그렇게 함으로써 일반 성도들의 가정을 온전히 세우는 일에 도움을 줄 수 있어야 한다. 건강한 교회를 이루어 가는 근저에는 성도들의 온전한 가정들이 존재하고 있다는 사실을 기억하지 않으면 안 된다.

② 성도들을 위한 가정 심방

장로 직분은 성도들을 감독하는 영적인 행위와 밀접하게 연관되어 있다. 따라서 장로는 교회에 속한 모든 성도들에 대하여 확대 가족의 관점에서 균형 잡힌 관심을 기울이고 있어야 한다. 그런 중 심방이 필요하다고 판단될 경우 목사를 비롯한 당회원들과의 공식 혹은 비공식적인 대화 가운데 심방을 할 수 있어야 한다. 물론 그 결과는 나중 편파적인 오해가 발생하지 않도록 당회에 보고되어야 한다.

성도들을 심방하는 주된 목적 가운데는 언약의 가정을 온전히 세우고자 함과 동시에 지도와 격려와 교육 등 다양한 내용들이 포함되어 있다. 그와 더불어 공예배와 성찬 참여를 위한 확인이 진행되며 적절한 권징사역이 이루어지게 된다.[6] 장로의 주된 임무가 목사의 목회에 협력하며 말씀선포

---

6) 여기서 말하는 권징사역(discipline)이란 일반적으로 생각하는 벌을 주는 징계를 의미하지 않는다. 이는 하나님의 말씀을 통해 성도들을 개별적으로 권면하고 지도하는 것을 의미한다.

에 올바르게 참여하는 동시에 말씀을 배경으로 하여 각 성도들의 가정을 심방하는 것이란 사실을 항상 기억하고 있어야만 하는 것이다.

또한 여기서 기억해야 할 점은 각 가정의 구성원들이 성실한 시민으로 살아가는지에 대한 확인의 필요성이다. 교회에 속한 성도들은 국가의 시민으로서 정당한 삶을 살아가도록 노력해야 하며, 그 자녀들도 그에 관한 적절한 교육과 훈련을 받아야 한다. 이는 물론 대화 가운데 자연스럽게 그에 대한 확인과 교훈이 따르도록 해야 한다. 이로써 전체 교인들이 국가에 속한 건전한 시민으로서 자신의 책무를 잘 감당할 수 있도록 독려하게 된다.[7]

③ 당회에서 논의된 사항에 대한 지혜로운 처신

장로는 교회의 책임 있는 공인으로서의 직분적 지위를 분명히 인식하고 있어야 한다. 이와 동시에 장로는 영적인 가족 구성원으로서 모든 성도들을 보호하는 직분자로서 처신해야 한다. 당회는 집사회와 달리 권징사역과 더불어 비밀스런 사안을 다루게 될 경우가 있다. 따라서 특별한 사안에 대해서는 당회의 결의에 따라 절대로 외부에 발설하지 말아야 할 내용이 존재할 수 있다. 그런 경우 그에 관한 당회의 준칙을 지켜야만 한다. 그것은 아내를 비롯한 가족은 물론 어느 누구에게도 말해서는 안 된다.

예를 들어, 교회 안에 간음사건이 발생하게 된다면 마땅히 엄격한 징계를 내려야 한다. 그러나 그에 관한 사건을 교회에 드러내지 말아야 하며 당회록에 기록조차 하지 말아야 할 경우가 발생할 수 있다. 오히려 그 사안에 대한 비밀을 철저히 지켜야 할 경우가 있을지 모른다. 자칫 경솔한

---

7) 물론 세속국가가 내세우는 법령이나 지침 가운데 하나님의 말씀에 반하는 문제가 있다면 '양심의 자유'로써 그것을 거부해야 한다. 즉 국가법을 준수하되 성경과 교회의 원리에 충실한 가운데 국가에 속한 시민으로서 의무를 다해야 하는 것이다.

282 · 교회헌법 해설

처신을 하게 되면 의도치 않게 당회가 한 가정을 파괴하거나 해체하는 일에 주도적인 역할을 할 우려가 따르기 때문이다.

또한 당회에서 논의되고 결의된 사항을 외부에 알릴 때는 반드시 순서와 절차에 따라야 한다. 본 교회에 공지되지 않아 직분자들과 교회의 회원들도 모르는 상태에서 그 내용을 외부인들이 먼저 알게 해서는 곤란하다. 즉 본 교회 교인들이 외부인들을 통해 교회의 결의 사항이나 정보를 듣게 되는 일이 발생해서는 안 된다. 이에 대해서는 장로를 비롯한 직분자들이 각별히 신경 써야 할 필요가 있다.

우리가 여기서 반드시 기억해야 할 바는, 당회는 교회에 속한 모든 성도들의 가정을 지켜 보호해야 할 책무를 가지고 있다는 사실이다. 따라서 누군가 사악한 범죄를 저질렀을 때 당회록에 범죄자의 이름 첫 자를 딴 영문 알파벳이나 한글의 첫 자음 표기도 하지 말아야 한다. 후일 누군가 그것을 볼 때 불필요한 궁금증을 일으키게 되어 어떤 심각한 문제로 비화될지 아무도 알 수 없기 때문이다.

④ 장로들 상호간의 존중과 진정한 화합

장로는 하나님과 성도들 앞에서 항상 겸손한 자세를 유지해야만 한다. 하나님의 말씀과 참된 교리에 반하는 주장과 행동을 취하지 않는 한 상호간 존중하는 마음을 버려서는 안 된다. 따라서 누구든지 장로로서 일방적인 주장을 펼치는 것은 극히 자제되어야 하며, 당회원인 다른 장로의 견해를 겸손하게 경청할 수 있어야 한다.

당회원 상호간에 그리스도 안에서 신뢰하는 자세를 유지하는 것은 절대적이다. 그것을 통해 상호 인정과 더불어 화합을 도모할 수 있기 때문이다. 그로 인해 당회원들 상호간에 화합할 수 있으며 전체 교회가 진정한 화합을 이룰 수 있게 되는 것이다. 장로들 즉 당회원들 상호간에 불화하거나 남을 자기보다 낮게 여기는 마음이 없어 갈등을 일으키게 된다면 그것

은 장로들이 앞서 하나님의 교회를 해롭게 하는 두려운 행위를 하는 것과
마찬가지다.

교회에 세워진 감독자로서 이에 대한 올바른 이해를 하는 것은 절대로
중요하다. 그것이 곧 하나님의 교회를 온전히 세워 상속해 가는 가장 중요
한 기초가 되기 때문이다. 장로로서 교회와 성도들을 사랑한다는 의미는
성도들에 대한 정서적인 감정이 아니라 당회원들의 올바른 신앙 자세와
안정된 직분 사역이라는 사실을 기억해야만 한다.[8]

4. 결론

우리 교회는 성경의 교훈을 따른 항존직에 관한 실제적 의미를 받아들
이고 있다. 따라서 교회에는 목사, 장로, 집사는 항상 존재해야 하는 것으
로 이해한다. 이는 지상 교회에 개인적인 독재자가 존재할 수 없으며 각기
교회로부터 맡겨진 직분에 따라 성실한 사역을 감당해야 한다는 사실을
말해주고 있다.

특히 장로 직분자는 교회에 속한 각 부서들과 개인 성도들에 대하여 겸
손하게 감독하는 역할을 해야 한다. 정당한 감독 행위일 경우 교회에 속한
모든 성도들은 마땅히 그에 순종해야 한다. 누구든지 그에 거부하면 하나
님의 교회를 업신여기는 행위가 될 수 있음을 기억하지 않으면 안 된다.

그러므로 교회가 하나님의 뜻을 기억하는 가운데 선출하여 세운 장로

---

8) 이 말은 가정에서 부모가 자식을 사랑하는 방편과 동일한 관점에서 이해될 수 있
다. 자식에 대한 진정한 사랑은 단순한 감정이 아니라 부모인 부부의 삶의 자세
와 밀접하게 연관되어 있다. 이는 부부가 서로 존중함으로써 자녀들 앞에서 화목
한 모습을 보이는 것이 자녀들을 위한 참된 사랑의 방편이 된다는 사실과 같다.
만일 자식을 사랑한다는 부부가 자식들이 보는 앞에서 무분별한 갈등과 다툼을
지속한다면 그 감정이 어떠할지라도 그것은 자녀를 진심으로 사랑하는 것이 아
니라 도리어 심한 고통에 빠뜨리게 되는 것과 동일한 이치이다.

직분을 맡은 형제는 자기에게 맡겨진 직무를 온전히 감당해야 한다. 그것은 선택 사항이 아니라 필수적인 직무이다. 따라서 장로는 교회가 맡긴 직분 사역을 적극적으로 감당할 수 있어야 한다. 이는 그 직분이 보편교회에 속한 신앙공동체로서 지교회에 세워진 공적인 감독직에 해당되기 때문에 더욱 그렇다.

교회가 기도하는 가운데 정당한 방법으로 세움 받은 신임 장로들이 위에 언급한 내용들을 잘 살펴 맡겨진 직무를 잘 수행할 수 있기 바란다. 그것은 개인의 종교 활동을 위해서가 아니라 주님의 몸된 교회를 올바르게 세워나가는 중요한 방편이 되기 때문이다. 따라서 그 직분을 소홀히 여기거나 본분을 벗어나 임의로 행할 경우 교회와 다른 직분자들은 그를 책망할 수 있음을 기억해야 한다.

또한 우리는 장로가 교회의 감독 직분자이기는 하지만 성도들 위에 군림하는 자가 아니라는 사실을 잊어서는 안 된다. 나아가 어떤 경우에도 장로 직분이 명예직이 될 수 없다는 사실을 염두에 두어야만 한다. 오히려 장로는 주님의 몸 된 교회를 섬기며 성도들을 돕는 직분자로서 신실한 자세를 유지해야 한다.

마지막으로 우리가 반드시 기억해야 할 바는 성실한 장로로서 감당하는 직분수행이 다음 세대를 위한 교훈으로 남아 상속되어 간다는 사실이다. 다음 세대를 이어갈 성도들은 앞선 직분자들이 행하는 것을 보며 배워가게 된다. 믿음의 선배들이 성숙한 자세로 올바른 직분수행을 한다면 후배들이 그대로 배울 것이며, 반대로 선배들이 성경을 벗어나거나 나태하게 되면 후배들은 그것을 그대로 본받게 될 것이다. 우리는 이 사실을 기억하며 두렵고 떨리는 자세로 맡겨진 직분을 수행해 가야만 한다.

"네가 진리의 말씀을 옳게 분변하며 부끄러울 것이 없는 일군으로 인정된 자로 자신을 하나님 앞에 드리기를 힘쓰라" (딤후 2:15)